BAUM-HEILKUNDE

René A. Strassmann

zyt-los, Verlag, CH-9122 Mogelsberg

Umschlag: Beat Almstädt,
Grafik & Design, CH-8008 Zürich
Satz und Druck: Löpfe-Benz AG,
CH-9400 Rorschach
2. Auflage

Inhaltsverzeichnis

III. Kapitel 53

Einzelpflanzenbeschreibung von 36 Bäumen und Sträuchern:

Gedanken

Überall höre und lese ich vom Baum- und Waldsterben. Vergeblich suche ich Worte wie 'Wald- oder Baumleben'.

Wird das Waldsterben lediglich von der biologisch - technischen Seite her angegangen, so ist die Wurzel des ganzen Übels noch lange nicht behandelt. Die Wurzel der Krankheit liegt auch diesmal wiederum im Menschen. Solange mit der selben Haltung, wie man sie heute allgemein zu Tage legt, weitergelebt wird, können lediglich Symptome einer röchelnden, nach Hilfe schreienden Erde behandelt werden. Die Ursachen sind nur durch eine gewandelte Haltung jedes einzelnen Menschen gegenüber dem Leben, der Erde und endlich auch gegenüber sich selber, zu heilen.

In der ganzen bisherigen Diskussion zum Thema 'Waldsterben' hörte ich unter anderem zwei Aussprüche, die für die Haltung vieler 'modern' denkenden Menschen bezeichnend sind. So gab mir ein einfacher Arbeiter zu verstehen: 'Vor Jahren war es das Wasser und heute ist es der Wald. Ebenso wie wir das Wasser wieder einigermassen in Ordnung brachten und verbessern konnten, wird es auch mit den Wäldern sein!'. Ich hoffe es, ja ich glaube daran, wie dieser Mann. Doch hinter diesem Satz versteckt sich noch etwas ganz anderes, nämlich so etwas wie: 'Was soll ich mich aufregen oder gar bemühen, vielleicht sogar mein Leben ändern? Ich darf so weitermachen und wenn dabei etwas in Brüche geht, so lässt sich sicher das Zerstörte wieder flicken.' Ist das so sicher? Kaum! Es kommt plötzlich einmal der Moment, wo die gesamte Zerstörung eine Eigenständigkeit entwickelt, die dem Menschen aus der Hand gleitet und nicht mehr kontrollierbar ist. Sind wir ehrlich: Zu einem Teil läuft dieser Mechanismus bereits! Seine Geschwindigkeit wird zunehmen, wenn der Mensch weiterhin in seiner Mittelmässigkeit verharrt bleibt und nicht bereit ist, sich ohne Kompromisse an seinen Platz zu verändern. Nicht die andern müssen für ihn etwas tun, sondern zuerst ist jeder einzelne für sich an der Reihe, in dem Bereich und Mass, wie es ihm möglich ist. Nur schon der kleinste Beitrag jedes Menschen kann zusammengenommen etwas Grosses ergeben.

Den zweiten Satz hörte ich von einem Schweizerpolitiker: 'Die Menschheit hat auch die letzte Eiszeit überstanden!'. Naiver geht es wohl nicht mehr. Und das von einem Politiker, der vom Volk gewählt wurde, der gegenüber dem Volk entsprechend verantwortlich ist. Mit dieser Haltung dürfen weiterhin Seen und Meere verschmutzt werden, tausende von Bäumen sterben und die Luft zum 'Abschneiden' dick sein. Die Natur, die Erde darf zerstört werden, die Menschheit ist davon nicht betroffen. Also, keine Sorge, der Mensch muss sich nicht weiter bemühen! Solche Aussprüche sind Ohrfeigen ins Gesicht der Erde. Es sind

Faustschläge, die allen gelten, auch jenen, die sich dösend und schlafend über alles hinwegsetzten, was auch immer mit ihnen geschehen mag. Solche Sätze verhöhnen alle Bemühungen der Erde, sich zu erhalten, mit dem Menschen zu wachsen.

Nur derjenige, der lernt Festgefahrenes loszulassen, kann erwachen - kann spüren, wie es um die Erde steht. Das bereitet Schmerzen und vor allem ist es kein einfacher Weg. Es erfordert die Anwesenheit des ganzen Menschen und nicht nur seines Körpers und Verstandes.

Irgendwann auf diesem Weg begegnet jeder Mensch dem Baum. Versucht er bei dieser Begegnung all die Erinnerungen, Erlebnisse und Bilder, die in ihm allmählich wieder erwachen, mit dem Baum in Verbindung zu setzen, beginnt er wieder von lebendigen Bäumen und Wäldern zu sprechen. Es kann mehr dazu beigetragen werden, die Lebendigkeit der Baum - und Waldwesen zu stützen und zu stärken, als wenn dauernd vom Waldsterben gesprochen wird und damit zu allem noch eine Endgültigkeit gemeint ist. Damit soll nicht über die Tatsache des Baumsterbens hinweg gegangen werden. Jedoch, nur davon zu sprechen und wenn möglich noch politischen Nutzen daraus zu ziehen, ist bezeichnend für die Haltung und den Umgang des Menschen mit der Erde und seinen Lebewesen.

Die Bäume sprechen eine Sprache, die nicht durch Oberflächlichkeit und durch mittelmässiges Leben vernommen werden kann. Ihre Sprache und ihre Geschichten sind in der offenen Begegnung mit den Bäumen zu vernehmen. Körper, Seele und Geist werden von den Bäumen angesprochen und berührt. Durch die widerspruchslos gelebte Intensität der Begegnung, die keine Wenn und Aber's kennt, wird es möglich, den Baum und damit sich selber in der vollkommenen Erscheinung wahrzunehmen. Lediglich die bedingungslose Offenheit, ohne zu fragen, zu fordern oder zu erwarten, ermöglicht es, den Baum als Ausdruck des Lebens zu erkennen. Die Bäume werden zu Bilderbüchern. Diese Bücher erzählen vom Baumleben, von den Baumkräften, die durch viele Symbole im Menschen verwurzelt sind.

In einer fast vergessenen Form der Heilkunde haben diese Bilder ihren Niederschlag gefunden. Zwar hat diese keinen eigentlichen Namen, denn damals wurde das Heilen gelebt. So habe ich versucht, dieser Heilform einen Namen zu geben: 'BAUM - HEILKUNDE'.

Um die Ursachen einer Zerstörung oder einer Erkrankung zu erkennen, setzt es dieselbe Offenheit voraus, von der bereits weiter oben gesprochen wurde. Darin ist unwillkürlich auch die vollständige Bereitschaft enthalten, die Wandlung, die Veränderung in sich anzunehmen.

Der Mensch muss endlich wieder erkennen, dass die Erde nicht ihm gehört. Er kann sie nicht besitzen. Der Mensch ist ein Teil der Erde, wie die Erde ein Teil des Menschen ist. Er kann wieder lernen, sie dankbar anzunehmen, mit ihr zusammen zu leben und sie nicht dauernd zu vergewaltigen.

Schon als Kind habt ihr den Apfelbaum, den Nussbaum, die Birke oder vielleicht die Linde geliebt. Vorbehaltlos und ohne zu fragen. Sie haben den Baum, eueren Baum gefällt. Wart ihr nicht auch traurig? Habt ihr nicht auch geweint? Beginnen wir die Bäume, den Wald, aber auch alles andere wieder zu lieben! Weinen wir um jeden einzelnen Baum, der durch die Unachtsamkeit, durch das Machtgelüste und durch die Lieblosigkeit stirbt! Liebende Trauer verändert auf sanfte Art und Weise. Sie verneint nicht das natürlich geborene Leben und Sterben, sie verändert den Menschen und seine Hingabe zum Baum, zur Erde zum Himmel. Sie heilt Ursachen! Sie heilt den Menschen!

Einleitung

Seit Jahren begleitet mich der Baum. Er birgt viele Geheimnisse, die er mir mitteilen möchte. Seine Art, sein Wesen hinterlässt immer wieder tiefe Eindrücke.

In Kursen und Vorträgen, in denen ich auf die Möglichkeit der Baumheilkunde hinweise, beobachte ich immer wieder, dass dieses Thema die Herzen bewegt. Vermehrt als zuvor er-lebe ich die Bäume und Sträucher. Ich entdecke dabei, dass sie mir einen Teil meiner Geschichte erzählen. Immer sind es ganz bestimmte Bäume und Sträucher, von denen ich mich zu ganz bestimmten Zeiten angezogen fühle. Daraus ergibt sich unwillkürlich auch die Frage, warum es dieser Baum oder Strauch ist und nicht ein anderer. So beobachte ich mich selber. Allmählich lerne ich, dass diese bestimmten Arten von Bäumen und Sträuchern mir durch ihre Persönlichkeiten, ihre Eigenschaften, ihre Charakteren und durch ihre Ausstrahlung erzählen, wer ich in diesem Augenblick bin. Sie werden zu einem Spiegelbild von mir. Sie widerspiegeln meinen jeweiligen Zustand. Meine Wünsche, mein Sehnen und mein Suchen drücken sie in diesen Momenten aus.

In der Schulzeit war es der Quittenbaum. Jener, der im Garten stand und mich einlud, auf ihm herumzuklettern. Ja, und da waren auch die zwei Eiben. Sie standen am Rand meines Schulweges. Niemand sagte mir damals, dass sie giftig scien. Niemand sagte mir auch, dass die roten Fruchthüllen geniessbar seien. Und dann, in der Zeit der Fruchtreife, pflückte ich ihre Beeren. Ich genoss sie, und sie taten mir gut.

Natürlich gab es auch Tannen, Buchen, Eschen und Weiden, auf denen Hütten gebaut wurden und an deren Ästen wir uns festhielten. Eine Kastanienallee war unser Tummelplatz. Ältere Leute sassen dort auf der Bank und gaben sich der Stille hin, die in der Allee zu spüren war. Wir Kinder spielten und schrieen. Doch keiner störte sich an unserem Lärm. Es war, wie wenn unser Lärm durch die Allee beschützt und für die alten Leute unhörbar wurde. Im Herbst begann das Sammeln der Kastanien. Mit Stöcken warfen wir nach ihnen, und wer beim Wurf die meisten Früchte herunter holte, hatte gewonnen.

Später kam eine Linde, die den Platz des Quittenbaumes, der Eiben und der Kastanienbäume einnahm. Die Linde war sehr alt. Sie wuchs im Innenhof eines Klosters. Ziemlich genau in der Mitte des Hofes. Um sie herum gestalteten sich unsere vielen, verschiedenen Spiele.

Bald kam jene Zeit, in der ich all diese Bäume vergass. Andere Dinge nahmen ihren Platz und ihre Bedeutung ein.
Ein Baum begleitete mich jedoch nach wie vor, er verliess mich nie ganz. Es war der 'Lebensbaum'. Der Baum, der als 'Baum im Paradies' bekannt ist. Durch seine Begleitung ergab es sich vor einigen Jahren, dass ich im Zusammenhang mit der Naturheilkunde, insbesondere der Volksheilkunde, wieder den Bäumen begegnete. Damals dachte ich noch nicht im geringsten daran, dass die Bäume in meinem derzeitigen Leben einen so grossen Platz einnehmen würden.

Durch die Arbeit als Kursleiter konnte ich vieles zusammentragen, erfahren, erkennen und finden, was mich immer mehr zu den Bäumen und Sträuchern hinzog. Zunächst begann ich die alte Form des 'Heilen mit Bäumen' in die Kurse und Seminarien einzubauen. Immer erlebte ich, wie tief die Menschen Eindrücke, Gefühle und Erlebnisse in sich tragen.
In dieser Zeit führten mich die Bäume wieder zu sich. Ich begegnete wieder der Eibe. An Orten, wo ich keine suchte, aber auch an Orten, wo ich schon oft war, die Eiben jedoch nie sah. Jetzt erkannte ich sie. Sie zeigten sich mir wieder. In dieser Zeit lernte ich, darauf zu achten, was die Begegnung mit einer Linde, Birke, Espe oder mit einem andern Baum in mir in Bewegung setzte. Ich durfte Menschen zu ihrem 'persönlichen' Baum hinführen und sie ihn erleben lassen. So entstand der Wunsch, mich über den Weg dieses Buches mitzuteilen. Und damit über die Arbeit als Kursleiter hinaus vermehrt an die Menschen zu gelangen und die Bäume sprechen zu lassen.
Dank diesen persönlichen Erfahrungen wird es möglich, aussenstehenden Menschen die Beziehung Mensch - Baum erleben zu lassen. So liegt es auch in der Natur dieses Buches, dass es in vielen Teilen eine persönliche Niederschrift ist. Indem ich mich mitteile, möchte ich versuchen, im Leser die Liebe zur Erde, zur Pflanze und zum Tier wieder zu wecken. Das wird nur möglich, wenn derjenige, der schreibt und sich mitteilt auch ganz offen ist. Durch diese Offenheit fliesst das Er-leben und Er-kennen. Entdeckt der Leser dabei, wie oft er ebenso ganz bestimmte Begegnungen mit Bäumen und Sträuchern in früherer Zeit hatte, ist die Mauer durchbrochen. Dabei werden Erinnerungen wach, die ihn erzählen lassen, was er damals fühlte, Liebe und Glück, Traurigkeit und Freude. Er entdeckt ganz allmählich wieder den Baum. Diesmal erlebt er ihn bewusst.

Das Weitergeben ganz persönlicher Erfahrungen kann es vielleicht ermöglichen, dem einen oder andern Menschen, die Liebe zu den Bäumen und schliesslich zu unserer gemeinsamen Mutter Erde und ihrem ursprünglichen Schöpfungsgedanken zu wecken. Und vielleicht wird es dadurch möglich, auch die Liebe zu sich selbst und damit zum Mitmenschen zu erleben. Jene Liebe, die stets heilt.

Es soll jeder das herauspflücken, was ihm zugänglich ist, doch darüber hinaus die Ganzheit und Zusammengehörigkeit der lebendigen Wesen nicht vergessen.

Sabin, jener Frau, mit der ich zusammen damals den Eibenwald finden durfte, möchte ich an dieser Stelle ebenso danken, wie jenen drei Krähen, die uns den Weg zum Wald wiesen.
Ganz besonders gilt der Dank den Bäumen, die mich dieses Buch schreiben lassen. Ihnen und unserer gemeinsamen Mutter soll es gewidmet sein.
Ich danke auch all jenen Menschen, die mich in irgend einer Weise bei der ganzen Arbeit unterstützten. Ohne sie wäre die Realisierung dieses Buches nicht möglich geworden.

Damit übergebe ich es Dir!

René Anton Strassmann

I. Kapitel

Der Baum als Symbol des Lebens

Volksbräuche rund um den Baum

Der Baum als 'Kraftspender' und als 'Krafträuber'

Der Baum als Symbol des Lebens

'Gott, der Herr, liess aus dem Ackerboden al-
lerlei Bäume wachsen, verlockend anzusehen
und mit köstlichen Früchten, in der Mitte des
Gartens aber den Baum des Lebens und den
Baum der Erkenntnis von Gut und Böse.'
(Gen. 2, 9-2, 10)

Dass ich hier eine Bibelstelle wähle, hat den Grund darin, dass auch in die-
sem Buch auf die Bedeutung des Baumes klar und eindeutig hingewiesen wird. Die
Frage, ob es nun ein Baum sei oder irgend eine andere Pflanze, ist unwesent-
lich. Darauf möchte ich hier nicht eingehen. Dieses Buch spricht mit Bildern.
Erst mit der Aufschlüsselung der Symbole, die durch die Bilder ausgedrückt
werden, wird klar, warum auch hier das Bild des Baumes gewählt wurde.
Wir finden diesen Baum auch in anderen Büchern, die zum Teil noch viel älteren
Ursprungs sind als die Bibel. So in den jüdischen Büchern der Gesetze und in
der jüdischen Geheimlehre. Dort wird dieser Baum als 'Lebensbaum' bezeichnet.
Aber auch in vielen anderen alten Kulturen wurde der Baum als Symbol des Le-
bens, der Gesetze und der Schöpfung gewählt. Wir kennen den Weltenbaum 'Yigg-
drasil', der bei den Germanen mit der Esche symbolisiert wurde.
Die Esche ist auch in einer indianischen Schöpfungsgeschichte zu finden. Der
Gott der Schöpfung schoss mit einem Pfeil auf die Esche. Aus der Wunde floss
das Eschenblut und ist zum Menschen gewachsen. Wieder ein Baum der Schöpfung,
jedoch bei einem ganz anderen Volk, zumindest was die örtliche Lage anbelangt.
Im Buddhismus hören wir vom 'Bodhi-Baum', ausgedrückt durch einen heiligen
Feigenbaum. Es handelt sich dabei um die Feigenart *Ficus religiosa*, in
Indien unter dem Namen 'Pipul' bekannt, die als Baum der Schöpfung und der Erleuchtung verehrt wird. Die Wurzeln des heiligen Baumes wachsen in den Himmel
und die Krone mit ihren Blättern in die Erde. Die Eigenart dieses Baumes liegt
darin, dass er aus den Ästen Schösslinge treibt, die bis zum Boden wachsen, wo
sie erneut Wurzeln bilden und zu einem neuen Baum gedeihen. Um den ganzen
Hauptstamm herum bildet sich so ein Kranz von freistehenden Stämmen, die das
ganze Blätterdach tragen. Dieser Baum erscheint zwischen Himmel und Erde
schwebend. Er kennt kein eigentliches Oben oder Unten. Sie finden sich im Baum
und sind miteinander vereint.
Unter einem solchen Feigenbaum, so wird es erzählt, soll Buddha seine Erleuchtung erfahren haben.

Der Hinduismus kennt den heiligen Feigenbaum ebenfalls. Vischnu soll unter diesem Baum geboren worden sein. Die *Bhagavad Gita* besingt den 'Bodhi-Baum' sehr schön als erstes, sichtbares Zeichen der Schöpfung, verbunden mit dem ewigen Urgeist von dem alles Werden und Wachsen ausgeht.

Der Islam kennt den 'Tuba-Baum'. Ka'b befragte einen Gesandten Allahs über die Bäume des Gartens. Der Gesandte beschreibt den 'Tuba-Baum' als den zahlreichsten der Bäume. Sein Aussehen wird sehr schön umschrieben: Die Blätter sind aus Seide und Brokat. Aus Chrysolith sind die Zweige, der Stamm aus Rubin und die Wurzeln aus Perlmutter. Auch beim 'Tuba-Baum' wachsen die Wurzeln in den Himmel und die Zweige in die Erde. Die siebzigtausend Zweige sind verbunden mit einem Bein des Thrones. Sein Licht erreicht jede Ecke und breitet seinen Schatten über jeden andern Baum des Gartens aus.

Die Essener, eine christliche Lebens-und Glaubensgemeinschaft, die aber schon vor dem Wirken Jesus existierte, kennen ebenfalls einen 'Lebensbaum'. Ob sie diesen Baum schon vor der Begegnung kannten, ist unklar. Man nimmt auch an, dass Jesus einige Zeit bei den Essenern gelebt hat und von ihnen als Mensch in die Mystik eingeweiht wurde. Der Lebensbaum der Essener steht wieder aufrecht. Er hat sieben Wurzeln und sieben Äste, die die natürliche Polarität ausdrücken.

Aus all dem lässt sich erkennen, dass dem Baum eine sehr zentrale Bedeutung zukommt. Allem gemeinsam ist sicherlich eine Urform des Baumes. Gemeint ist damit jene mystisch-religiöse Urform, die ebenso als Bild bei der Schöpfung des Menschen wieder anzutreffen ist. Der Baum drückt hier die Schöpfungsprinzipien aus. Er stand in allen Kulturen vor dem Menschen. Dieser Baum stellt überall den Baum des Lebens dar, in dem die ganze Weisheit, Klarheit, die ganze Wahrheit und Erkenntnis verborgen und verschlüsselt sind.

Es ist ein schöpfungsgeschichtlicher Inhalt, der unmöglich verstandesmässig analysiert und beschrieben werden kann. Dieser Inhalt ist letztlich in jedem Lebewesen derselbe. Dieser Baum ist dem Menschen nicht mehr bewusst, da der Mensch sich von ihm entfernt hat. Das heisst nicht, dass der Mensch unfähig ist, den Baum wieder wahrnehmen zu können. Das bedeutet lediglich, dass die Sprache des Baumes dem Menschen unverständlich wurde.

Durch die Individualisierung wurden all diese Bilder in jene verborgene Tiefe verdrängt, in der alles zum Einen zusammenfliesst. In der alles Leben zum Gelebten wird. Der Baum steht hier als Symbol des gemeinsamen und immer gleich bleibenden Ursprungs.

Modern ausgedrückt ist der Baum ein ursprüngliches, für alle Lebewesen gleichbleibendes, archetypisches Bild. Damit wird der Baum im Garten Eden zum Baum der Erkenntnis, zum 'Lebensbaum' und zur Weltesche 'Yggdrasil'. Ihn zu finden, ist die Sehnsucht des Lebens.

Damit ist jedoch nur ein Teil der Symbolik ausgedrückt. Allerdings jener Teil, bei dem es sich um den Kern handelt. Ein weiterer, wichtiger Inhalt scheint mir die Bedeutung des Baumes als Lebewesen.
Tief in die Erde reichen seine Wurzeln. Sie verbinden sich mit allem. Sie umschliessen alles. Aus der Wurzel strebt der Baum empor, zum Stamm, zum Laubast oder Nadelzweig, zur Blüte und zur Frucht. Die Wurzeln tragen die Dunkelheit der Erde hinauf zum Licht des Himmels. Die Blätter und Blüten verbinden sich mit der Luft, mit dem Licht und mit dem Himmel. Die irdische Schwere wird leicht. Blätter und Blüten lassen den Himmel und seine Elemente durch sich hindurchfliessen und führen dessen Licht hinunter zur Erde. Das Dunkle wird zum Hellen, das Helle wird zum Dunkeln. Es ist ein stetes Wechseln, immer bestrebt auszugleichen, zu harmonisieren. Die Helligkeit des Himmels durchlichtet die Dunkelheit der Erde. Die Erde wird 'erlöst'. Es ist kein Kampf. Beide, Dunkelheit und Helligkeit, ergänzen sich. Sie brauchen einander, damit der Baum überhaupt Baum ist.
Der Baum im Garten Eden trägt das Symbol der Erlösung, des Geheilt-Seins, des In-sich-Ruhenden. Der Austausch, das Fliessen ist harmonisch. Es wird nichts mehr durchlichtet und nichts mehr verdunkelt. Dieser Baum IST.

Das Durchlichten, das Fliessen von der Wurzel zur Blüte, von der Erde zum Himmel und vom Himmel zur Erde, steht als Symbol des Lebens. Hinzu kommt die Gestaltung, das Wachsen der Frucht, die das Leben, aus dem sie gewachsen ist, in den neuen, jungen Kreislauf weiterträgt. Dieser Kreislauf, 'Wurzel-Blätter Blüte-Frucht', steht für unser Leben, für alles Leben.
Wir erfahren unser Leben, indem sich dieses Fliessen in jedem Augenblick vollzieht. An einem ganz einfachen Beispiel ausgedrückt:
Im Augenblick der Krankheit nehmen wir ganz bewusst wahr, was eigentlich Gesundheit ist. Manchmal fühlen wir uns sehr gesund. Die Lebenskräfte überschäumen. Dann auf einmal, ausgelöst durch irgendwelche Umstände, sind wir geschwächt, krank. Dieses Hin und Her entspricht dem Fliessen. Die Krankheit kann zur Gesundheit werden und die Gesundheit zur Krankheit.
Das ist ebenso Leben wie alles andere, das fliesst und sich bewegt.

LEBEN HEISST BEWEGEN!

Immer im Bestreben, ausgeglichen, das heisst GEHEILT sein; GEHEILT zu werden!

Die Arbeit führt mich immer wieder in viele verschiedene Gegenden. Ich bin nicht nur innerlich, sondern auch äusserlich sehr viel unterwegs. Hin und wieder verbringe ich einige Tage in der Gegend, in der ich aufgewachsen bin. Ich fühle mich dort zuhause. Es ist keine fremde Gegend, auch wenn ich schon seit einigen Jahren nicht mehr dort wohne. Bei der Rückreise aus der heimatlichen Gegend an den Wohnort taucht sehr oft das Bild des Baumes in mir auf. Dann ist in mir das Gefühl, als ob ich an jenen Ort zurückkehre, an dem meine 'Wurzeln' sind. Dort ruhe ich aus. Schöpfe Kraft und entspanne mich. Das bedeutet mir der Wohnort. In die heimatlichen Gegenden reise ich zu den 'Blüten'. Sie möchten dort 'befruchtet' werden und die 'Samen' möchten dort wieder keimen.

Verwurzelt sein an einem Ort, das ist der Baum. An diesem Ort wächst er, nimmt er seine Aufgaben wahr. Hier lebt er und erkennt er sich. Uebertrage ich diese Gedanken in mein Bild des Wanderers, des Reisenden, so entdecke ich mich und meine Wünsche.

Ist nicht auch der Baum im Garten Eden jener Baum, der an seinem Wohnort verwurzelt ist und sich nach seiner Heimat sehnt?! Sind nicht die verbotenen Früchte Ausdruck seiner Sehnsucht, seines Verlangens, sich mitzuteilen, sich weiterzutragen, hineinzuwachsen in seinen Ursprung, der ihm ja bekannt ist? In diesen Fragen liegen die Antworten dieser Symbolik, ausgedrückt mit der VERWURZELUNG!

Den Baum des Garten Edens tragen wir in uns. Jedes Lebewesen den gleichen Baum.

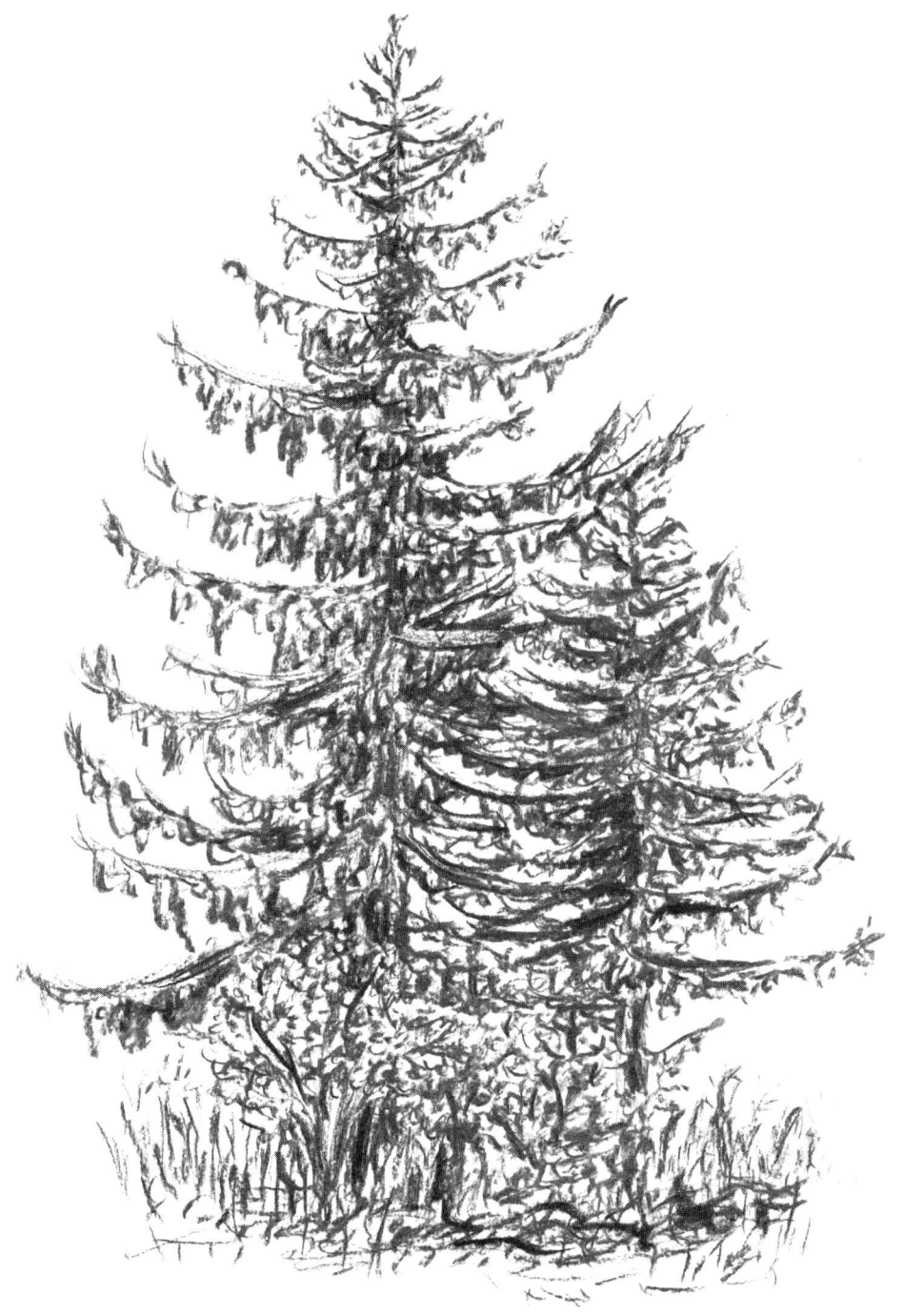

Volksbräuche rund um den Baum

Wir können hingehen, wohin wir wollen, in jedem Land, in jeder Kultur finden wir unzählige Bräuche, die sich rund um den Baum bewegen.

Die Baumarten sind sehr fein unterschieden. Wir begegnen warmen und kalten, feuchten und trockenen Bäumen. Man spricht von Bäumen, die Kraft nehmen und von Bäumen, die Kraft geben.

Bäume werden als Zeichen und Ausdruck der Freude und der Trauer gepflanzt. Sie sind Zeichen der Geburt und des Todes. Weisheit und Narrentum tragen sie in sich. Fast jeder Baum und Strauch hat so in der Volksheilkunde in irgend einer Form eine Bedeutung. Wir entdecken dabei, dass oft von Tal zu Tal dem gleichen Baum verschiedene, nicht selten ihm ganz entgegengesetzte Eigenschaften zugegesprochen werden.

Viele dieser Bräuche stammen aus uralten Zeiten, an die sich kaum mehr einer erinnern kann. Sie stammen aus jenen Zeiten, in denen die Erde dem Menschen noch ein offener Schoss war. In der Tiefe unseres Bewusstseins sind alle diese vergangenen Tage bis zu ihrem Ursprung hin eingeschlossen. Hin und wieder ahnt der eine oder andere von diesen Zeiten. Mancher im Mittelalter oft verdammte und als heidnisch verschriene Brauch hat sich doch in unsere Zeit hinübergerettet. Als ob er uns mahnen will.

Wer mit offenen Augen und Ohren, mit offenem Herzen an die Bräuche herangeht, kann die Geschichten hören, sehen, ja manchmal auch wieder miterleben. In der Tiefe des Herzens beginnt es zu schwingen und das Lied zu singen vom unendlichen Glanz unseres gemeinsamen Ursprungs.

Lieder und Gedichte bringen viele solcher Bräuche zu Tage. Aber auch Sagen und Legenden aus vergangenen Kulturen erzählen uns aus der Vergangenheit der Bäume. Oft lassen sich darin Augenblicke und Situationen der Gegenwart erkennen. Manchmal tragen sie sogar versteckte Hinweise auf die Zukunft. Hinweise auf die Zukunft des Einzelnen, aber auch der Gemeinschaft, ja selbst der Erde. Meines Erachtens eine der wichtigsten und bedeutungsvollsten Epen, die uns aus unserer Vergangenheit überliefert ist, stammt aus der altnordischen Liedersammlung, der 'Edda'. Dort finden wir im 'Havamal' einige Hinweise, die auf die tiefe Bedeutung des Baumes, aber auch auf die innige Beziehung Mensch-Baum hinweist. Ich zitiere hier die Stelle aus 'Odins Runenlied' übersetzt von Felix Genzmer (aus dem Buch: 'Die Edda' erschienen im Eugen Diederichs Verlag, Düsseldorf):

'Ich weiss, dass ich hing
am windigen Baum
neun Nächte lang,
mit dem Ger verwundet,
geweiht dem Odin
ich selbst mir geweiht,
an jenem Baum,
da jedem fremd,
aus welcher Wurzel er wächst.
Sie spendeten mir
nicht Speise noch Trank;
nieder neigt ich mich,
nahm die Runen,
nahm sie rufend auf;
nieder dann neigt ich mich.

Neun Hauptlieder
lernt ich vom hehren Bruder
der Bestla, dem Bölthornsohn;
von Odrörir,
dem edelsten Met,
tat ich einen Trunk.

Zu wachsen begann ich
und wohl zu gedeihn,
weise ward ich da;
Wort mich von Wort
zu Wort führte,
Werk mich von Werk
zu Werk führte
Nun sind Hars Reden
in seiner Halle gesagt,
gar rätlich Reckensöhnen,
nicht rätlich Riesensöhnen.
Heil, der sie wies!
Heil, der sie weiss!
Er wahre sie wohl!
Heil, die sie hörten!'

Wenn ich andere Kulturen betrachte, so lässt sich ganz Ähnliches, ja auffallend Gleiches finden. So zum Beispiel bei verschiedenen, nordamerikanischen Liedern. Bei verschiedenen Indianerstämmen wird ein Knabe, der für die Schule des Medizinmannes auserwählt ist, zu seiner Vision geführt, indem er, gut vorbereitet, 9 Tage und Nächte auf einem bestimmten Baum zubringen muss. Der Knabe wird dabei angebunden. Er darf sich weder rühren noch bekommt er zu essen und zu trinken. Die Visionen, die sich unwillkürlich einstellen, sind dann auch die Wegweiser, wie die Schulung des Knaben weitergeht.

Es sind neun Tage und neun Nächte, die der Knabe auf dem Baum zubringen muss, so wie es das 'Runenlied' beschreibt, jedoch auf einem ganz anderen Kontinent. In indianischen Ritualen und Zeremonien steigt noch heute der Medizinmann oder Schamane mit Hilfe eines Baumes in die geistigen Welten hinauf oder hinab. Der Baum ist der Weg, der Vermittler ob im Norden oder Süden, im Osten oder Westen.

Was finden wir bei uns noch von diesen ursprünglichen Bräuchen? Es sind meist nur noch Bruchstücke davon, stark verändert. Dennoch lassen sie uns den Ursprung ahnen.

Als Zeichen des Frühlings und der Fruchtbarkeit wird ein Kletterbaum, der Maibaum, aufgestellt. Auf ihm wird geklettert, hinaufgestiegen und hinuntergeglitten. Erinnert das nicht an schamanische Zeremonien?

Da wird eine Linde gepflanzt, wenn in der Familie ein Stammhalter geboren wird. Erstaunlicherweise ist es nicht eine Eiche, die als 'männlicher' Baum gilt, nein es ist eine Linde, ein 'weiblicher' Baum. Die Linde ist der Baum, der die Mutter Erde, den Ursprung, die Weiblichkeit in reinster Form symbolisiert. Schauen wir uns um, so finden wir keinen Baum mehr, der die natürliche Weiblichkeit so fein und ausgeglichen in sich trägt wie die Linde. In ihr sind Mutter und Vater, Mann und Frau verschmolzen.

Für die zweiten, dritten männlichen Nachkommen werden meistens Walnussbäume gepflanzt. Wird ein Mädchen geboren, was läge näher als einen Kirschbaum zu pflanzen. Hier treffen wir manchmal auch den Apfelbaum und ganz selten den schwarzen Holunder an. In Gegenden, in denen der Feigenbaum wächst, wird dieser bei der Geburt eines Mädchens gepflanzt. Dabei lassen sich zwei Formen des Pflanzens finden. Die eine Form ist ganz einfach: Eine Frucht oder auch eine Jungpflanze wird in der Nähe des Wohnortes gepflanzt.

Früher, als die Hausgeburt noch üblich war, stand vorwiegend eine zweite Art des Pflanzens in Gebrauch. Dabei wird in das Pflanzloch die Placenta gelegt und direkt darauf die Jungpflanze gepflanzt.

Dass sich hier ganz enge, persönliche Beziehungen zwischen dem neugeborenen

Kind und dem für ihn gepflanzten Baum entwickeln, liegt in der Natur des Rituals. Dass dem so ist, höre und erlebe ich immer wieder: Eine Frau, auf diese Thematik angesprochen, erzählte mir, dass sie für ihre Tochter einen Feigenbaum gepflanzt hatte. Soweit so gut. Doch der Baum wollte nicht wachsen. Er blieb klein und behielt lediglich seine zwei, drei Blätter. Das Mädchen wuchs heran. Noch im Vorschulalter erkrankte es schwer. Ärztliche Untersuchungen ergaben, dass das Mädchen die Krankheit schon seit seiner Geburt in sich trug. Jetzt, wo die Krankheit erkannt war, konnte sie behandelt werden. Das Mädchen genas vollständig. Mit seiner Genesung begann der Feigenbaum zu wachsen und zu gedeihen.
Vielen ähnlichen Beispielen begegne ich immer wieder.

Ausser dem Brauch, bei einer Geburt einen Baum oder Strauch zu pflanzen, sind viele andere Bräuche bekannt und leben im Volk weiter. Die einen dienen um Krankheiten, Unglück, Blitzschlag und Feuer von Haus und Hof fernzuhalten. Andere wiederum sind äussere Zeichen von Frühlingsanfang, Erntedank, Fischfang oder Jagdbeginn. Es wird am Haselstrauch abgelesen, ob die jeweiligen Fischarten zum Fischen bereit seien oder nicht. Treibt der Haselstrauch Blätter und wachsen sie, so ist die Zeit gut. Steht das Wachstum der Blätter still, dann sollte mit dem Fischfang noch gewartet werden.
Viele 'heidnische' Bräuche wurden im Laufe der Zeit 'christianisiert'.

Zur Unterscheidung von 'männlichen' oder 'weiblichen' Bäumen, also zur Polarität, die ursprünglich nichts mit einer Diskriminierung oder Unterdrückung der Frau oder des Mannes zu tun hatte, möchte ich noch sagen, dass diese Polarität schon in der Natur der Erde liegt.
Polaritäten wie Mann-Frau, Aktiv-Passiv, Tag-Nacht, Hell-Dunkel sind natürliche Voraussetzungen des Lebens. Es sind Voraussetzungen des irdischen Lebens, die als Prinzip in allen Ebenen verankert sind, bis hin zum Ursprung des Lebens. Im Ursprung sind die Polaritäten aufgehoben. Sie sind in der Einheit des Schöpfungsgedankens aufgelöst.
Sie sind in sich nicht schlecht oder gut. Sie sind! Schlecht, ja miserabel, ist das, was der Menschen daraus gemacht und davon abgeleitet hat. Ob nun Matriarchat oder Patriarchat, beides ist in extremer Form nicht Natur. Natur ist Mitte, die Ausgeglichenheit, und zwar nicht nur äusserlich, sondern hauptsächlich innerlich, im Einzelnen wie in der Gemeinschaft der Begegnung.

Der Baum als 'Kraftspender' und als 'Krafträuber'

'Es gibt Bäume, die Kraft geben, aber auch
welche, die Kraft nehmen!'

So lautet die Antwort, die mir zukommt, wenn ich die Frage nach dem vorhandenen Wissen um die Kraft der Bäume stelle. Dem Volk ist bekannt, zumindest hat man davon schon gehört, dass es Bäume gibt, die jemandem Kraft spenden, aber unter Umständen auch Kraft nehmen können.

Als kraftspendender Baum kann allgemein die Eiche erlebt werden.

Eine Bäuerin erzählte mir von ihren Erlebnissen mit einer Eiche, die in der Nähe des Hofes wuchs. Die Frau beobachtete, dass sich Tiere, die sich unwohl fühlten, oft zu dieser Eiche begaben. Dann kam eine Krankheit auf die Bäuerin zu. Sie musste das Bett hüten. In der Erholungszeit dachte sie: 'Warum begebe ich mich nicht zur Eiche? Was den Tieren gut tut, wird sicher auch mir nicht schaden.' Regelmässig setzte sich die Bäuerin unter die Eiche. Sie empfand in kurzer Zeit eine deutliche Besserung ihres von der Krankheit noch geschwächten Zustandes. Nach diesem Erlebnis suchte die Frau stets dann die Eiche auf, wenn sie das Gefühl hatte, dass es ihr nicht besonders gut gehe und es ihr an Lebenskraft fehle.

Eine eher tragische Geschichte, die ich lange Zeit nicht annehmen konnte, bis mir dasselbe auch aus der Türkei bekannt wurde, ist die Geschichte mit dem Walnussbaum.

Der Walnussbaum wirkt beruhigend, einschläfernd, oft sogar fast betäubend. Aus der Schweiz erzählte mir ebenfalls eine Bäuerin, dass zwei Burschen sich ein Spiel daraus gemacht hätten, unter einem Walnussbaum auszuruhen und zu schlafen. Aus dem Spiel wurde eines Tages bitterer Ernst, indem der eine nicht mehr aufwachte.

Ja, und dann besuchte uns Halidai, eine türkische Frau, die in der Schweiz lebt. Wir kamen miteinander ins Gespräch, und unter anderem erzählte ich ihr die Geschichte mit dem Walnussbaum. Halidai war weder erstaunt noch berührte sie die Geschichte besonders. Sie lächelte und sagte mir, dass in der Türkei der Walnussbaum als Lebenskrafträuber gilt. In ihrer Familie hätte ein Mädchen als Freitod den Tod mit dem Walnussbaum gesucht. Sie sei zu ihm gegangen, hätte sich hingelegt und sei unter dem Baum gestorben.

Zur ersten Geschichte mit der Eiche als 'Kraftspender' lässt sich sagen, dass die Frau die bestmöglichen Voraussetzungen, die es zu einer Heilung überhaupt braucht, mitbrachte: die innerste Ueberzeugung, der Glaube an die Kraft der Eiche und damit der Glaube an die Heilung. Ja, was braucht es denn mehr! Hier ist es Liebe. Liebe über den Baum, über sich selbst hinaus! Uneingeschränkter Glaube. Wenn die Schulmedizin fähig wäre, diesen Glauben, diese Liebe in ihren Patienten zu wecken, könnte sie ihre chemotherapeutischen Mittel und vor allem ihre Sichtweise über die Maschine Mensch ablegen. Das gilt sicher nicht nur für die Schulmedizin, sondern ebenso auch für die naturheilkundliche Medizin. Ich denke, es ist nicht allein dieser Glaube und diese Liebe. Es ist auch die Eiche, die hier als Vermittler steht. Die Eiche als Baum der Kraft. Sie verkörpert Gesundheit, Ausdauer und Stärke. Dieses Bild der Eiche tragen wir in uns. Betrachten wir eine Eiche in aller Ruhe und nehmen dabei wahr, was wir für Erinnerungen, Bilder und Gefühle mit diesem Baum verbinden, so weisen sie uns immer wieder auf ähnliche oder gar gleiche Bilder. Gleichgültig, wer die Eiche betrachtet, die Grundzüge der Charakterisierung bleiben die gleichen. Manchem erscheint die Eiche als mächtig, ja unheimlich, vielleicht sogar erdrückend. Auch das trägt die Eiche in sich. Wie wir sie aufnehmen und erleben, hängt von uns ab, von unserer körperlich-seelisch-geistigen Verfassung und nicht von der Eiche an sich.

Es ist mir nicht möglich, zu jeder Zeit eine Eiche aufzusuchen. Es müssen ganz bestimmte Bedingungen erfüllt sein, bis ich mich von einer Eiche angesprochen fühle. Sind die nötigen Umstände gegeben, kann ich die Eiche erkennen. In diesem Augenblick erlebe ich mich, erlebe ich die Umstände, die mir dieser Baum zeigt. Mit diesem bewussten Wahrnehmen der Gegebenheiten ist die Heilung bereits eingeleitet. Bei der Eiche ist es jetzt das Bild der Gesundheit, der Lebenskraft, der Ausdauer und der Stärke, die ich suche und nötig habe. Die Eiche weckt in mir diese Erinnerungen und Gefühle. Sie füllt mich ganz aus und lässt mich tatsächlich Kraft schöpfen. Kraft schöpfen aus diesen Bildern und uralten Erinnerungen. Heilende Liebe wird wachgerufen.

Derselbe Prozess lässt sich auf jeden andern Baum oder Strauch übertragen. Also auch auf den Walnussbaum. Zum Walnussbaum muss ich noch etwas beifügen. Wer im Hochsommer schon einmal unter einem Walnussbaum gelegen ist, der mag sich vielleicht noch an den intensiven, ja fast betäubenden Geruch, den der Baum ausströmt, erinnern. Arbeiten Bauern auf dem Feld und haben noch Kleinkinder im Kinderwagen bei sich, so stellen sie den Wagen gerne in die Nähe eines Walnussbaumes.

Ob hier der Geruch und seine -jetzt rein chemische- Zusammensetzung für die beruhigende, einschläfernde Wirkung mitverantwortlich ist, scheint nicht geklärt zu sein. Dass der Geruch eine grosse Rolle spielt, ist unbestreitbar. Wie alle Düfte, ob pflanzlichen, tierischen, ob natürlichen oder synthetischen Ursprungs, ihre charakteristischen Eigenschaften haben und bei organisch-seelisch-geistigen Wirkungen eine sehr wichtige Rolle spielen, so ist das sicher auch beim Geruch des Walnussbaums der Fall. Insekten und auch Säugetiere (Mäuse) weisen uns ja geradezu darauf hin. Sie meiden Orte, wo Walnussblätter ausgelegt sind, wegen des intensiven Geruchs, den die Blätter verströmen.

Ich habe jetzt ungewollt das eine und andere vorgegriffen. Im nächsten Kapitel komme ich noch eingehender darauf zu sprechen.

Es ist mir wichtig zu zeigen, dass ein Baum oder ein Strauch und dessen Eigenschaften auch wirklich erlebt werden können. Immer unter der Voraussetzung, dass wir wach, bewusst und offen an ihn herangehen.

Welcher Baum 'Kraftspender' oder 'Krafträuber' ist, bleibt nach wie vor vom einzelnen Menschen abhängig. So kann auch eine Eiche zum 'Krafträuber' werden, wenn sie missbraucht wird. Im Grunde lässt sich das ganz einfach ausdrücken:

Jede Eigenschaft oder Wirkung hat eine ihr polar gegenüberliegende Wirkung. Beides ist immer in jedem Ding vorhanden, sei es nun ein Stein, eine Blume, ein Strauch, ein Baum, ein Tier oder ein Mensch.

Das heisst, dass ein Baum, der beruhigend wirkt, ebenso auch die anregende Wirkung in sich trägt. Oder, dass ein Baum nebst der wärmenden auch die kältende Eigenschaft besitzt.

Der Mensch trägt auch solche Polaritäten in sich. So trägt die Frau auch die Männlichkeit in sich, und der Mann die Weiblichkeit. Das Geheimnis liegt darin, diese beiden Pole in sich zu einem ausgeglichenen Miteinander-ineinander-Fliessen zu führen.

II. Kapitel

Baum-Heilkunde

Der Baum als Vermittler

Weitere Möglichkeiten

Der 'persönliche' Baum

Besinnliches 'Er-Leben' und 'Er-Kennen' der Baum-Heilkraft

Baum-Heilkunde

Diese Form des Heilens unterscheidet sich in der Anwendung und im Vorgehen von den üblichen naturheilkundlichen Therapien. Obschon die Baum-Heilkunde im Heilungsprozess die gleichen Inhalte und Wege geht, sind dennoch ganz wichtige Merkmale vorhanden, die die Baum-Heilkunde von den andern Heilungsformen unterscheidet.

Um die Baum-Heilkunde und ihre Anwendungs- und Wirkungsweise zu verstehen, sind einige grundlegende Überlegungen zur Heilkunde zu machen. Heilkunde kann aus verschiedenen Einstellungen und Anschauungen heraus betrieben werden. Was allen Anschauungen gemeinsam ist, sind die Veränderungen, die durch die Wirkungen erreicht werden. Die Betrachtungsweise der ganzheitlichen Heilkunde schliesst, im Gegensatz zur Medizin, alles mit ein, was einer Heilung bedarf. Das bedeutet, dass der Mensch in einer ganzheitlichen Betrachtungsweise nicht nur körperlich-organisch, sondern auch seelisch und geistig in einem Heilungsprozess eingeordnet ist. Aus der Tatsache heraus, dass eine Beeinflussung des körperlich-organischen Lebewesens auch eine Beeinflussung der Gefühle (seelische Beeinflussung) und der Geistigkeit nach sich zieht, wird es umso wichtiger, eine Heilweise in Betracht zu ziehen, die zum vornerein die Ganzheit mit der Ursprünglichkeit des Lebewesens anspricht und verbindet. Umgekehrt wirkt eine Erfahrung oder ein Erlebnis auf geistiger Ebene über die Gefühle hin bis zur körperlich-organischen Ausdrucksweise. Das bedeutet, dass sich eine geistige Haltung in organischer Form ausdrückt. Was wiederum bedeutet, dass ein organisches Lebewesen durch seine Erscheinung und Ausdrucksweise die seelischen und geistigen Werte widerspiegelt.

Heilungsprozesse können nun grundsätzlich aus diesen zwei Wegen gewählt werden, wobei gegenseitige Wechselwirkung miteinbezogen werden kann. Aus einer materialistischen Sichtweise heile ich mit stofflichen, sogenannt unbelebten Heilmitteln den stofflichen Organismus. Diese wirken früher oder später über den Körper hinaus in die Gefühls- und Geisteswelt hinein. Fehler sind sehr schwerwiegend und stofflich oft nicht mehr korrigierbar. Wähle ich ein Heilmittel und eine Heilform, die zunächst die geistige Ebene als Wirkungsbereich umfasst, so dauert der Heilungsprozess an sich länger, jedoch wirkt er viel feiner in die stofflichen Bereiche.

(S.a.'Heilpflanzen' III.Teil v.R.A.Strassmann)

Aus den gleichen Gesichtspunkten heraus kann die Baum-Heilkunde als Therapie herangezogen werden. Hier beginnt die volkstümliche Art und Weise mit Bäumen zu heilen. Dies bedeutet soviel wie: Man geht zu diesem oder jenem Baum und dementsprechend heilt er uns dieses oder jenes körperliche Leiden. So kennt und wendet die Volksheilkunde die Bäume in erster Linie an. So werden folgende Bäume und Sträucher entsprechend empfohlen:

Ahorn (die hängenden Äste berühren)	Bei Hautausschlägen
Apfelbaum	Bei Geschwüren und Verhärtungen (in Krebstherapien zu empfehlen).
Birke	Ausgleichend bei geistigen Arbeiten. Regt die Geistestätigkeit an. Bei Gicht- und Rheumakrankheiten.
Buche	Bei Leber-Gallenbeschwerden. Stark anregend auf das Zentralnervensystem.
Eiche	Reguliert den Blutdruck und den Kreislauf. Wirkt allgemein stärkend. Zu empfehlen nach Krankheiten zur Erholung.
Erle	Bei Gicht und Müdigkeit.
Espe	Bei innerer Gespanntheit.
Esche	Regt an und wirkt stärkend auf den gesamten Organismus.
Fichte, Föhre	Trocknet aus und wirkt gegen Ueberspanntheit. Bei Gicht und Lungenkrankheiten. Allgemein nervenstärkend und entspannend.
Haselnussstrauch	Regt die Hautfunktion an und stärkt die Nerven und das Herz.

Holunderstrauch	Regt die Ausscheidungsorgane an und stärkt das Abwehrsystem. Wirkt vorbeugend gegen Erkältungskrankheiten.
Lindenbaum	Stärkt die Herztätigkeit. Beruhigt und entspannt.

Zunächst könnte man nun tatsächlich meinen, unter der Bezeichnung 'Baum-Heilkunde' seien ganz einfach die üblichen Anwendungsformen zu verstehen, die aus der allgemeinen Praxis der Pflanzen-Heilkunde bekannt sind. Also das Zubereiten von Teemischungen, von Tinkturen, Salben und allen weiteren möglichen Formen der Pflanzenzubereitungen. Vorerst stehen all diese Möglichkeiten im Hintergrund. Wir beachten sie vorläufig gar nicht weiter.

Die Baum-Heilkunde benötigt grundsätzlich keine Verarbeitung von Pflanzenteilen. Der Grundgedanke der Baum-Heilkunde ist in der Idee so alt wie die Menschheit. Leider ist er beinahe verlorengegangen, nur noch ganz wenigen Menschen ist zumindest das Vorgehen bekannt. Verlorengegangen daher, weil diese Art des Heilens Offenheit und Zeit haben möchte. Es gibt kein Rasen, kein Vorbeihasten und auch kein Verschlossensein. Mit dem allmählichen Verlust dieser Voraussetzungen hat auch eine so fein wirksame Art des Heilens keinen Platz in unserer technisierten, gefühlslosen und zeitarmen Gesellschaft. Hier liegt heute ganz besonders die grenzenlose Möglichkeit, wieder vertiefte Beziehung zur Erde, zu sich selber und schliesslich zum Menschen zu finden, ganz einfach wieder zu fühlen, Zeit zu haben und hier und jetzt zu sein. Sicherlich, es ist nur eine unter vielen Möglichkeiten, um dem Suchen nach sich und dem Mitmenschen Anstösse zu geben. Auch ist es nur eine der Formen der Pflanzen- und Naturheilkunde. Meiner Meinung nach jedoch eine der schönsten, die uns die Pflanzen-Heilkunde seit je her anbietet. Die Baumheilkunde heilt mit dem lebendigen Wesen des Baumes. Sie heilt mit der Kraft, die den Baum zu dem wachsen lässt, was er ist, wachsen lässt nach der Idee, der Eigenart, des Charakters und der Individualität, die jeder Baum als Einzelwesen zum Ausdruck bringt, eingeordnet in einem arteigenen Gemeinschaftsprinzip. Was heisst das für uns? Es bedeutet ganz einfach: eine Birke ist nicht einfach eine Birke. Sie ist die Birke und unterscheidet sich durch ihre Eigenart und durch ihre Ausstrahlung von allen anderen Birken. Ob nun diese eine Birke allein steht oder in Gemeinschaft mit zehn oder hundert anderen Birken, sie ist diese eine Birke. Auch wenn sie zur gleichen Art gehört und damit in einer übergeordneten Gemeinschaftsform mit allen Birken der Welt, ja selbst mit den noch nicht gewachsenen, erst als Idee vorhandenen Birken und auch mit all den vor ihr gelebten Birken verbunden ist, so ist sie dennoch ein Indivi-

duum. Diese Individualität ordnet sich mit einer selbstverständlichen Natür-
lichkeit in die gesamte Gemeinschaft ein. Diese Gemeinschaft ist das Fundament
des Wachstums, des Lebens und jeder weiteren Entwicklung.

In der äusseren Betrachtung einer bestimmten Art von Pflanze, sei es nun ein
Baum, Strauch oder eine Krautpflanze, gleichen sich alle einander. Sie lassen
sich voneinander nicht unterscheiden. Die gemeinsame Idee der Pflanze steht im
Vordergrund und drückt sich auch aus. In dem Moment, wo ich eine bestimmte
Pflanze aus einer Gruppe der gleichen Art näher betrachte und sie mit ihren
Artgenossen vergleiche, fallen oft kaum wahrzunehmende Unterschiede auf. Das
Einzelwesen zeigt seine individuelle Gestalt. Eine junge Birke, um bei diesem
Beispiel zu bleiben, zeigt sich uns in ihrem Charakter, in ihrer Eigenart und
in ihrer Ausstrahlung anders als eine alte, ausgewachsene Birke. Ebenso eine
gesunde Birke oder eine kranke Birke. Eine Birke, die auf gutem Boden wächst,
sieht anders aus als eine Birke, die auf einem Boden wächst, der zwar ihr
Wachsen ermöglicht, jedoch nicht ganz den Bedingungen entspricht, die die
Birke sich wünscht.

Und nun beginnt ein Baum, ein Strauch oder eine andere Pflanze ganz langsam
ihre Geschichte zu erzählen. Die Sprache setzt sich zusammen aus vielen verschiedenen Bildern, Gesichtern und Gestalten. Die Natur, die Erde und damit
alles was in ihr verborgen ist, öffnet sich uns. Zunächst zeigen sich uns
die äusseren Formen und Gegebenheiten. Allmählich lernen wir ihre Art von
Sprache, die Bildersprache, wieder zu verstehen. Wir entdecken dabei, dass
uns die Bildersprache im Grunde überhaupt nicht fremd ist, im Gegenteil, sie
zeigt sich uns als unsere Ursprache. Wir nehmen wahr, wie sich alles miteinander in einem gegenseitigen Austausch befindet. Jetzt halten wir Zwiesprache
mit der Natur, mit uns und darüberhinaus mit der Idee des Schöpfungsgedankens.
Diese Zwiesprache wird zur heilenden Kraft. Kein Blättersammeln, Wurzelgraben,
Blütenernten und Rindenschälen ist mehr notwendig. Die Quelle der heilenden
Kraft finden wir durch die vermittelnde Zwiesprache zwischen Baum und uns
in uns selber. Wir werden selber zum Heilmittel. Wir sind in uns Heilmittel
für uns und für den Baum, so wie der Baum Heilmittel in sich, für sich und für
uns ist.

Es ist ein Geschenk, das uns angeboten wird. Es wartet darauf, bis wir gelernt
haben, es als Geschenk anzunehmen und es dabei nicht als unseren Besitz er-
achten.

Das ist BAUM - HEILKUNDE!

Der Baum als Vermittler

'Und ich vernahm den Weltenbaum, wie er zu mir sprach:
Komm und erkenne Dich durch mich. Öffne Dein Herz.
Vernimmst Du meine Stimme, kann ich Dich begleiten
auf unserem gemeinsamen Weg, hin zum ewigen Ursprung
allen Lebens!'

Den Baum, nicht als Tee oder in irgend einer anderen Zubereitungsform, in einen Heilungsprozess miteinzubeziehen, erfordert keine bestimmten Voraussetzungen, ausser die innere Bereitschaft und Offenheit, auf ihn zuzugehen. Unserer inneren Offenheit und Bereitschaft geben wir in einer nach aussen hin sichtbaren Handlung, Form und Gestalt. Damit drücken wir uns zunächst einmal mit dem Verstand und dem Willen aus.

Die ursprünglichste Art und Weise einen Baum aufzusuchen, wird dadurch geäussert, indem ohne Schuhe und Socken, wenn möglich mit freiem Oberkörper oder ganz nackt, auf den Baum zugegangen wird. Die Fussspitzen berühren den Stamm, und die Arme umfassen den Baum. Die Arme können auch nach unten zeigen. Auch kann der linke Arm dem Stamm entlang hinauf und der rechte Arm dem Stamm entlang hinunter zeigen. Je nachdem kann auch die umgekehrte Armstellung von Gutem sein. Hier muss jeder für sich die im Moment für ihn persönlich richtige und angenehmste Form suchen. Wichtig dabei ist allein, dass man sich wohl fühlt, das heisst auch, dass man sich nicht beobachtet fühlt und so frei wie nur möglich ist. Also unter keinem inneren und äusseren Druck steht. Unter innerem Druck ist auch eine erwartende Haltung zu verstehen, die in irgend einer Form etwas Bestimmtes wünscht. Eine Haltung, die von jetzt an vom Baum zu fordern beginnt. Das wäre grundsätzlich falsch. Wenn auf einen Baum oder Strauch zugegangen wird, gehen wir ganz frei zu ihm, das heisst soviel wie: Es darf sich etwas entwickeln, muss sich aber nicht. Wenn ein Ereignis wahrnehmbar wird, ist es gut, und wenn nichts wahrgenommen werden kann, ist es auch gut. Das ist innere Freiheit. Sind wir so frei, spielt es keine Rolle mehr, ob etwas geschieht oder nicht, wir nehmen das an, was im jeweiligen Augenblick geschenkt wird. Für diesen Augenblick sind wir dankbar, und nicht für das, was hätte sein können. Es gibt keine Enttäuschung.

Damit haben wir den ersten Schritt getan. Der Baum wird ganz langsam wahrgenommen. Wir lehnen uns an ihn und ruhen bei ihm aus. Es ist eine stille Sammlung, in die hinein der Baum seine Bilder zu weben beginnt. Jetzt kann er mit der Zeit als Vermittler wirken. Der Baum ist nicht mehr nur Holz und Laub, er ist nun das Lebewesen, das er im Grunde schon immer war. Als Leben spüren wir ihn. Als Leben vermittelt er uns seine Geschichten und Bilder, seine Vergangenheit, seine Gegenwart und seine Zukunft. Als Lebewesen vermittelt er uns Kraft, Stille, Ruhe, Sammlung, aber auch Traurigkeit, Melancholie, alte Erinnerungen, Sorgen und Hoffnungen. Der Baum wirkt manchmal wärmend, manchmal kühlend. Hin und wieder lässt er uns in Träumen zerfliessen und dann führt er uns wieder auf den Boden zurück. Geborgenheit und Schutz lehrt er zu finden. Klarheit ist so nah bei der Dunkelheit. Er wirkt zerstreuend und vernichtend. Sanftes Streicheln wird zu harten Schlägen. Schmerzen lösen sich in zärtlichen Umarmungen. Wir erleben den Baum, der sich uns mitteilt. Wir stehen hier am Baum und erkennen durch ihn uns selber. Alle Grenzen sind aufgelöst. Der Baum wird zum vermittelnden Glied auf dem Weg der Erkenntnis und der Verwirklichung. Was wir an ihm wahrnehmen, so wie wir ihn in diesem Moment erleben, das sind wir, so sind wir jetzt in diesem Augenblick. Wir empfinden vom Baum jene Eigenschaften und Ausdrücke, für die wir in diesem Abschnitt unseres Weges wahrnehmungsfähig sind. Wir sehen die Bilder des Baumes, für die wir jetzt offen sind. Der Baum vermittelt durch seinen Charakter unseren Charakter. Der Baum vermittelt hier auf der geistig-seelischen Ebene. Aus dieser Ebene heraus wirkt er in die körperliche Ebene. Sein Vermitteln erleben wir im grobstofflichen Organismus als Heilungsprozess.

Innere, feinstoffliche, geistige Vorgänge drücken sich in der grobstofflichen, körperlichen Ebene durch die Form- und Gestaltsbildung aus. Inneres, Unsichtbares, wird sichtbar durch die Formgebung im stofflich-materiellen Bereich. In der ganzen Natur lassen sich diese Prozesse im äusseren Erscheinungsbild erkennen. Charaktereigenheiten, das 'innere Wesen', werden durch die Gestalt und Form wahrnehmbar.

Weitere Möglichkeiten

Zum einen zeigte ich die Schritte auf, die uns zum Baum hinführen, und zum andern handelte es sich dabei um eine Art Technik oder Uebung. In dieser Weise suchte man ursprünglich einen Baum oder Strauch auf. Da Heilen an sich ein umfassender Begriff ist und stets im Ganzen erkannt sein will, suchte ich nach anderen Formen, die mich grösstenteils von irgendwelchen Begrenzungen freimachten, seien es innere oder äussere Rahmen. Auf diesem Weg begegnete und begegne ich immer wieder Möglichkeiten, die mich noch näher zum Baum, näher zu mir, zum Leben und zum Menschen hinführen. Dabei verliert die Technik des Aufsuchens mehr und mehr an Bedeutung. An das beschriebene Vorgehen können wir uns dann halten, wenn uns ein ganz bestimmtes Problem oder eine Frage zum Baum oder Strauch führt. Auch dann wählen wir dieses Vorgehen, wenn der Wunsch in uns ist, uns ganz eng mit dem Baum zu verbinden. Ihn tief in uns hineinwachsen zu lassen, weil wir ein Teil von ihm werden möchten. Auch hier: immer, ohne dass es so geschehen muss, wie wir es uns im Augenblick wünschen, im Bestreben, ganz offen zu sein.

Im Laufe der Zeit können wir lernen, uns ganz einfach hinzugeben und den Baum ebenso auf uns zukommen zu lassen, wie wir bereit sind, auf ihn zuzugehen. Wir begegnen uns. Damit löst sich ein fast krampfhaftes Suchen nach dem geeigneten Baum. Es wird überflüssig. Wir können es auch damit vergleichen: jahrelang sucht man nach einem bestimmten Buch. Es bedeutet uns sehr viel. Vor lauter Suchen können wir es nicht mehr sehen. Wir sind so stark auf das Suchen konzentriert. Irgendwann ist es nicht mehr wichtig, dass wir genau dieses Buch erhalten. Wir werden frei vom Suchen. Es dauert eine gewisse Zeit und gerade jetzt, oder besser erst jetzt, begegnen wir dem Buch. Von dem Moment an, wo wir die Verkrampfung lösen, entsteht ein gleichmässiges Aufeinanderzugehen. Das gegenseitige Finden ist vorgegeben durch die lange Zeit des Wartens und des Suchens. Denselben Prozess erfahren wir beim Baum und Strauch.

Wir sind irgendwo unterwegs. Auf dieser Reise entdecken wir einen bestimmten Baum oder Strauch. Möglicherweise kennen wir ihn schon lange Zeit, jedoch war er immer im Hintergrund. Nie haben wir ihn so richtig beachtet und auf uns einwirken lassen. Aber diesmal ist etwas an ihm, das uns auf unerwartete Weise anspricht. Wir fühlen uns von ihm angezogen. Sind wir bereit, der Einladung des Baumes nachzukommen, so halten wir auf der Reise an. Einige Augenblicke bleiben wir ruhig stehen, um uns ein wenig zu sammeln. Erst jetzt gehen wir auf den Baum zu. Ein Begrüssen des Baumes, sei es nun wörtlich oder gedanklich, indem wir unsere Hand an seinen Stamm legen, äussert die innere Bereitschaft, uns zu ihm zu setzen und mit ihm ein Zwiegespräche zu halten. Jetzt setzen wir uns zum Baum hin, mit dem Rücken zum Stamm. Wir lehnen uns an ihn. Sobald sich dann ein Gefühl einstellt, das uns spüren lässt, die Zeit des Ausruhens, der Zwiesprache ist erfüllt, lösen wir uns langsam wieder vom Baum. Wir stehen auf. Dankbar nehmen wir wieder Abschied vom Baum. In diesen Augenblicken fühlen wir uns erfüllt.

Ein ander Mal bleiben wir in einigen Metern Entfernung vor dem Baum oder dem Strauch stehen. Seine ganze Erscheinung können wir dann wahrnehmen. Unwillkürlich grüssen wir ihn durch unser Staunen. Wir schauen hinauf zur Krone. Langsam werden wir ruhig. Die Eindrücke beginnen zu erwachen. Sie werden zu Bildern. Diese Bilder sind wie Träume und oft voller Symbole. Meist dauert es dann Tage, bis die Inhalte wirklich entschlüsselt sind.

Dann, wenn die Bilder wieder zu verblassen scheinen, empfinden wir eine tiefe Verehrung gegenüber dem Baum. Innere Freiheit erfüllt uns.

Manchmal ergibt es sich, dass wir in einiger Distanz um den Baum herumgehen. Die Schritte werden dabei langsamer. Es scheint so, wie wenn es ein Suchen nach einem Eingang ist. Dem Eingang in den Lebenskreis, in den Bezirk des Baumes und seines Wirkens. Bleiben wir stehen, so verweilen wir noch einige Augenblicke. Erst jetzt treten wir näher zum Baum und begrüssen ihn. Stehend lehnen wir uns mit dem Rücken an ihn. Mit offenen Augen blicken wir in die Ferne. Auch der Kopf lehnt am Stamm, und so schauen wir hinauf, durch die Äste hindurch in den Himmel. Die Füsse versinken in der Erde. Sie werden zu den feinen Wurzeln. Wir finden unsere Wurzeln, aus denen wir dann zum Baum wachsen. Wir sind Baum. Dadurch werden wir unserer inneren Welt gewahr, die der Baum in uns durch seine Erscheinung öffnet. So bleiben wir stehen, bis sich wieder die Zeit erfüllt hat. Wir bedanken uns wieder.

Es gibt Zeiten, in denen wir auch ganz klar den Wunsch verspüren, einen ganz bestimmten Baum aufzusuchen. Wir wissen zwar nicht welchen Baum, wo er steht und aus welchen Gründen. Aus diesem Wunsch heraus versuchen wir uns an den Baum oder den Strauch heranführen zu lassen, indem wir den Wunsch zu formulieren versuchen, ihn in Gedanken und Worte auszudrücken. Ist der Wunsch geformt, so dass wir direkt den Baum oder Strauch unseres Suchens ansprechen können, lassen wir uns zu ihm führen. Wir übergeben uns dabei der Kraft, dem Wesen, das in uns als 'Ursprungsgedanke', als 'Schöpferin-Schöpfer' wirkt. Der Uridee, die uns in unserem Zentrum miteinander verbindet, die allem Leben gemeinsam ist. Wir vertrauen auf die heilende Liebe. Wir dürfen uns auch wirklich übergeben und ganz auf die Liebe vertrauen, werden wir frei, frei von allem krampfhaften, verbissenen Suchen. Die Zeit kann den Wunsch reifen lassen. Meist dauert es einige Tage oder auch Wochen, bis wir dann den Baum oder Strauch unseres Suchens erkennen können. Dann ist die Zeit reif, ihm zu begegnen, das heisst den Problemkreis oder den Grund des Wunsches zu klären.

Begegnen wir einer Gruppe von Bäumen oder Sträuchern, versuchen wir aus einer offenen wartenden Haltung heraus wahrzunehmen, welcher Baum aus dieser Gruppe sich uns nähern kann. Es ist nicht immer der markanteste Baum oder Strauch, der durch sein Erscheinungsbild hervortritt, sondern sehr oft ein eher im Hintergrund stehender Baum. Durch ihn erleben wir dann die ganze Gruppe in einer Form von Gemeinschaft.

Bei vielen Bäumen, ganz besonders bei Sträuchern und bei Krautpflanzen, reicht es, einen Ast, ein Blatt oder eine Blüte mit der Hand zu berühren, um den körperlichen Kontakt aufzubauen. Es braucht nicht immer ein Sitzen oder Anlehnen zu sein.

Es gibt auch Pflanzen, die einen gar nicht so nah heranlassen wollen, sondern eher in einer gewissen Distanz bleiben möchten. Das soll angenommen und nicht einfach missachtet werden.

In besonderen Augenblicken habe ich das Bedürfnis, einen Teil des Baumes oder des Strauches in mir fest aufzunehmen. Hier ist es möglich die entsprechende Begegnung mit der regelmässigen Zubereitung eines 'SONNENTEES' zu verbinden. Dazu braucht es eine weite Schüssel aus Porzellan, Ton oder Steingut, nie aus Metall. In diese Schüssel wird frisches Quellwasser gegossen und zwar in einer Menge, die innerhalb von drei Tagen getrunken wird. Sie entspricht etwa drei Litern Wasser. Auf das Wasser werden nun die Pflanzenteile gelegt, aus denen auch in der üblichen Anwendung Tee gemacht wird. Ist die Schüssel soweit vorbereitet, wird sie jetzt direkt an die Sonne gestellt. Sie bleibt solange dort stehen, bis sich der grösste Teil des Pflanzengutes auf den Boden gesenkt hat. Jetzt wird abgesiebt, und der Tee, an der Sonne ausgezogen, ist trinkfertig.

Frühling und Herbst sind die zwei Jahreszeiten, die ich besonders liebe. Das langsame Erwachen aus der Winterruhe lässt mich kaum mehr warten, bis die Natur sich wieder zu regen beginnt. In dieser Jahreszeit stehe ich häufig bei einem Baum. Wenn dann die Zeit da ist, in der sich die Blätter zu entrollen beginnen, erlebe ich diese Bewegung in mir. Ich versuche, ganz Blatt zu werden. Zu erfahren, was im Baum oder Strauch oder auch in einer anderen Pflanze vor sich geht, wie sie dieses Öffnen spürt, was ihr die Öffnung gegenüber dem Licht, der Sonne, der Wärme und auch dem Regen, dem Tag und der Nacht bedeutet. Dabei öffnet sich in mir eine Quelle, die zu fliessen beginnt, die mich nährt und stärkt, die mich all die natürlichen Gegebenheiten nachvollziehen lässt. Die mich die unendliche, nichts fordernde, nichts erwartende, nur sich schenkende Liebe um der Liebe willen erleben lässt.

Im Herbst, wenn die Winde sich ankündigen und die Früchte der Erde reif sind, wenn sich die Natur und mit ihr die Pflanzen in die vorbereitende, erholende Ruhe zurückziehen, nimmt in mir das Spiel des Windes den Platz der Blätter

ein. Ich erlebe mich als Teil des Baumes, der sich bewegen lässt. Der nicht bricht, solange die Stürme ihn nicht bis zur Wurzel erschüttern. Dessen Idee auch dann noch weiterlebt und weitergetragen wird, wenn er sich schon lange der Vergänglichkeit des irdischen Lebens geschenkt hat.

Sehr oft sitze ich im Arbeitszimmer und trage Pflanzengeschichten zusammen. Immer wieder geschieht es dann, dass ich während zwei, drei Stunden bei einer ganz bestimmten Pflanze verweile. Erst nachträglich erfahre ich, wie versunken ich in sie war. Die Pflanze, der Baum oder der Strauch hat sich im Zimmer, vor mir und in mir als lebendiges Bild zu formen begonnen. Ein Bild in allen Einzelheiten. In dieses geistige Bild war ich so tief versunken, dass es mich ganz ausfüllte. Allein durch dieses Bild nehme ich die Eigenart, den Charakter, die Wirkung und damit das Heilungsangebot der Pflanze wahr. Es wird möglich, unabhängig von Zeit und Raum einer Pflanze entgegen zu gehen. Ich stehe in diesen Momenten in einer seelisch-geistigen Verbindung zu ihr. Aus dieser Verbindung heraus kann sie sich mir ebenso mitteilen, wie wenn ich von ihr Tee trinken würde. Es dauert wohl länger, bis sich eine organische Wirkung einstellt, jedoch ist der Weg von dauerhafterer Heilung als bei einer lediglich organischen Anwendung.

Diese Formen des Umgangs mit Bäumen und Sträuchern sind ebenso übertragbar auf die Steine, Tiere und vor allem auf den Menschen. Die Art und Weise, wie mit der Erde, mit den Tieren und den Pflanzen umgegangen wird, zeigt auch, wie der Mensch zunächst einmal mit sich selber und dann auch mit dem Mitmenschen umgeht. Wenn wir uns in der nächsten Umgebung umschauen und umhören, so erfahren wir nach wie vor eine Achtlosigkeit gegenüber der Erde und ihren Geschöpfen. Wir wissen und hören, wie es um sie steht, sind aber grösstenteils noch nicht fähig, das verstandesmässige Wissen auch innerlich wahrzunehmen und umzusetzen. Den Tieren, Pflanzen, der Erde und damit den Menschen und sich selber werden tiefe Wunden zugefügt, immer im Bestreben, sich die Erde untertan zu machen. Versuchen wir einmal, die Erde nicht zu unterwerfen, sondern uns in sie einzugliedern, so öffnet sie sich uns. Wir können und dürfen lernen, sie zu verstehen und mit ihren Gesetzen zu leben. Wir können diese Gesetze niemals verändern. Wer glaubt, die innersten Naturgesetze verändern zu können, sie sich untertan zu machen, der kann einzig von sich sagen, dass er überheblich ist. Aus dieser Ueberzeugung, aus diesem Glauben heraus, konnte in so kurzer Zeit soviel Schaden angerichtet werden. Damit ist nicht gesagt, dass Naturwissenschaft, Technik und Forschung an sich nicht gut sind, was schlecht ist, ist das, was der Mensch daraus macht, so wie er mit diesen Dingen umgegangen ist und grösstenteils noch immer umgeht. Das kann nur geschehen, wenn er sich über Dinge hinwegsetzt, die uns als natürliche Grundgesetze immer begleiten. Jede Handlung zum Verändern dieser Prinzipien gleicht einer Vergewaltigung.

Hier setzt jede Form einer Heilung an. Die Gesetze erkennen zu lernen. Mit ihnen zu leben. Sie ins alltägliche Leben wieder einzugliedern. Heilen beginnt hier und nicht irgendwo weit weg von uns, sondern in uns.

Dazu bietet sich uns die Baum-Heilkunde als sehr direkter Heilungsweg an. Sie stellt einen möglichen Weg dar, der gewählt werden kann. Auf diesem Weg begegnen wir den Pflanzen, Tieren und der Erde. Wir begegnen uns und unseren Mitmenschen. Wir begegnen unserer Quelle, dem 'MUTTER-VATERGEDANKEN'. Wir heilen uns gegenseitig in allen Ebenen und Bereichen. Wir sagen nicht mehr: 'Ich will etwas', sondern es wirkt durch uns. Nicht wir sind diejenigen, die heilen, wir werden geheilt.

Die Baum-Heilkunde ist nicht 'DER WEG', sie ist vielmehr ein Weg von vielen, der uns zum Ursprung hinführt.

Der 'persönliche' Baum

Wenn ich mich an meine Jugend zurückerinnere, entdecke ich, wie mich vor der Kindergartenzeit der Quittenbaum anzog. Er stand mitten im Garten. Unter ihm waren Tisch und Stühle aufgestellt. Nicht die Stühle, sondern die Äste des Baumes boten mir Sitzgelegenheit. Ich turnte auf ihm herum und fühlte mich wohl. Dieser Quittenbaum lernte mich auch seine Früchte zu schätzen. Jedes Jahr hoffte ich, sie würden eher reif werden als im vergangenen Jahr. Die Kindergartenzeit war verbunden mit den Eiben und den Kastanienbäumen. Später, nach dem Kindergarten, wurde die Linde eine stete Begleiterin. Ebenso die Tanne. Grosse Wälder galt es in der Schulzeit zu durchstreifen, sie zu entdecken.

Erst viele Jahre nach der Schulzeit, ziemlich genau 14 Jahre später, erhielt ich von einer Frau zum ersten Mal Quittenfrüchte. Seither kenne ich den Quittenbaum wieder. Die Früchte erinnern mich immer wieder an jene Zeit, die einen grossen Platz in meinem Leben einnimmt.

Fast auf den Tag genau waren es 21 Jahre nach der Schulzeit, als ich zum erstenmal wieder einer Eibe bewusst begegnete. Seit dieser Begegnung hat der Eibenbaum einen ganz wichtigen Raum als Begleiter erhalten. Der Baum steht mir sehr nahe und ganz allmählich verstehe ich teilweise seine Bedeutung. Dann ist die Linde auf mich zugekommen. Im gleichen Zeitraum, etwa zwei Jahre später, komme ich in eine Gegend um dort die Seminarien zu leiten. Es ist eine Lindenbaumgegend. Ueberall wachsen Lindenbäume. Sie wurden nicht gepflanzt. Es sind wildwachsende Bäume. Selbst die Gegend kann ich mit einem Lindenbaum charakterisieren.

Diese drei Bäume, der Quittenbaum, die Eibe und der Lindenbaum, mit ihnen auch die Tanne, sind Bäume, die mich sehr ansprechen. Ich liebe sie. Ich suche sie. Dabei erlebe ich, wie fremd mir eine Eiche oder eine Buche ist. Wie ich Mühe habe, sie zu erkennen, sie wahrzunehmen.

In den Seminarien und Kursen beobachte ich immer wieder, wie ich ganz bestimmte Bäume wähle, um die Form der Baum-Heilkunde den Teilnehmern näher zu bringen. Das einemal ist es die Birke, dann wieder die Linde. Ein anderes Mal sind es die Esche und die Weide oder dann die Tanne. Manchmal ist es auch eine Eiche oder ein Kastanienbaum. Suche ich nach dem Grund, so entdecke ich, dass ich mich dadurch der Situation entsprechend mitteile, in der ich mich persönlich befinde. Das Wählen der Bäume lässt mich in diesem Moment erfahren, wie ich mich fühle, was ich in diesem Augenblick ersehne und suche.

Dann wird die Frage gestellt, welche Pflanze aus all den in Frage kommenden, gewählt werden soll. Dieses Problem tritt dann auf, wenn für einen ganz bestimmten Zweck mehrere mögliche Pflanzen zur Auswahl stehen. Die gleiche Frage taucht auf, wenn sich jemand noch nie bei einem Baum oder Strauch bewusst ausgeruht hat. Dass diese Ungewissheit überhaupt vorhanden ist, weist darauf hin, wie beziehungslos der Mensch mit sich, mit dem Mitmenschen und mit der Erde, der Natur lebt. Er ist weit davon entfernt, wahrzunehmen, wie sich das Leben in ihm und um ihn nach seiner Wachheit und Offenheit sehnt.

In der Einfachheit der Antwort liegt geradezu auch die gesamte Problematik der heutigen Lebensweise. Die Antwort scheint ein wichtiger Hinweis zu sein, was wieder zu lernen ist: Vertrauen zu üben. Vertrauen in die jeweiligen Umstände und Gegebenheiten, die im Augenblick auf uns zukommen. Vertrauen in die Lebenssituation, in der man sich heute bewegt. Hier beginnen die ersten Unsicherheiten.

Damit ist aber nicht genug getan. Es muss wieder gelernt werden, anzunehmen, was der Mensch fühlt, wonach er sich sehnt und was er sucht. Sich auf das Gefühl zu verlassen, bedeutet Vertrauen in die innere Stimme zu haben. Vertrauen in die Begleiter des Menschen, die sehr schön als Engel beschrieben werden. Wenn nun jemand nach seinem Baum, seiner 'persönlichen' Pflanze fragt, so ist diese Frage einmal auf das Jetzt bezogen und zugleich auch auf jenen Baum oder Strauch, der die Grundzüge des jeweiligen Charakters des Fragenden widerspiegelt.

Es sind eigentlich zwei Fragen darin enthalten. Erstens die Frage nach dem Baum, der in uns Bilder zeichnet, die ahnen lassen, dass sie Grundzüge sind, die unbewusst erfahren und gelebt werden wollen. Der Baum ist hier ein ausfüllender, ergänzender Teil, der zum Fragenden gehört, aber irgendwie, im Sehnen nach Vollkommenheit noch fehlt. Dieser Baum stellt hier einen Lebensbegleiter dar, von dem sich der Mensch das Leben lang angezogen fühlt. Dieser Baum drückt hier den ergänzenden Teil aus.

Zweitens richtet sich diese Frage an das Jetzt. Auf dem Lebensweg verändert sich der Mensch in jedem Augenblick auf allen Ebenen. So verändert sich auch vordergründig die gesuchte Annäherung an den ursprünglichen Baum. Daraus ergibt es sich, dass es stets mehrere Bäume und Sträucher sind, von denen sich der Einzelne, aus ihm sogenannt unerklärlichen Gründen, angezogen fühlt. Der eine Baum widerspiegelt die momentanen Probleme und Krankheitsbilder, die den Suchenden von seinem 'persönlichen' Baum trennen. Der andere Baum, der auch als die 'Lebensaufgabe' bezeichnet werden kann, steht im Hintergrund und ist meist schwerer zu finden.

Der Mensch, die ganze Erde, das Leben, stehen in einem Entwicklungsprozess.Die Entwicklung bewegt sich im Einzelnen wie im Ganzen in einer an Wunder grenzenden Regelmässigkeit. Diese Regelmässigkeit drückt sich in Wiederholungen aus, die zwar nicht die gleichen, sich jedoch ähnlich sind. Aus der Biologie ist allgemein bekannt, dass sich der Mensch innerhalb von sieben Jahren vollständig erneuert. Jede Zelle des Organismus ist nicht mehr die gleiche wie vor sieben Jahren. Die gleiche Entwicklung vollzieht sich auch im seelischen und geistigen Bereich. Bestimmte organische Schwächen werden aber in die neue Lebensphase mitgenommen. Ebenso ganz grundsätzliche Charakterzüge, Eigenschaften und Vorstellungen. Sie sind häufig in veränderter Form zu bemerken, bleiben aber im Kern dieselben. Sie werden dem Alter, den Erfahrungen und der Lebensphase entsprechend anders formuliert und ausgedrückt. Ebenso verhält es sich mit den Bäumen, die der Mensch auf seinem Lebensweg antrifft. Er begegnet Bäumen, die er früher nie gesehen, geschweige denn beachtet hat. Es sind Bäume, die vordergründig die Veränderungen ausdrücken, die sich im Menschen inzwischen vollzogen haben. Im Hintergrund bleibt jedoch derjenige Baum der selbe, der die Lebensaufgabe ausdrückt. Dieser Baum verändert sich nicht, solange die Aufgabe nicht erfüllt ist. Diese Lebensaufgabe kann sehr wohl durch mehrere Bäume ausgedrückt sein. Dann erfahren wir, dass wir in bestimmten Lebensphasen einem Baum begegnen, den wir schon lange nicht mehr beachtet haben. Jetzt sehen wir ihn wieder und damit erfahren wir durch seine Erkennbarkeit, in welchem Problemkreis wir uns wiederholt bewegen.

In zahlreichen Gesprächen durfte ich erfahren, dass wirklich jeder Mensch sich von einem ganz bestimmten Baum angezogen fühlt. Zurückblickend ist immer wieder zu beobachten, dass es der Baum geblieben ist, dem schon in der Kindheit begegnet wurde. Das ist der 'persönliche' Baum. Dem Baum, entsprechend der jeweiligen Situation zu begegnen, erfordert lediglich Wachheit und Offenheit. Dieser Baum ist veränderlich. Mal ist es dieser und dann jener, je nach dem Problemkreis, in dem sich der Suchende bewegt. Es soll jener Baum aufgesucht werden, von dem man sich im Augenblick am meisten angesprochen fühlt.

Der Fragende kennt die Antwort. Er weiss, welchen Baum er jetzt sucht. Hier wird es auch sehr wichtig, sich damit auseinanderzusetzen, weshalb dieser oder jener Baum einen überhaupt nicht anspricht, ja oft sogar Widerstand und Ablehnung in einem auslöst. Dabei zeigen sich dann die Konflikte und Auseinandersetzungen, die im Bestreben nach Ausgleich, im Menschen stattfinden.

Besinnliches 'Er-leben' und 'Er-kennen' der Baum-Heilkraft

'Irgendwo in der raum- und zeitlosen Ewigkeit ist der Ursprung der Idee, des Gedankens und des Wortes, das mich hierher führt und zu dem wachsen lässt, was ich bin.
Die Idee des Wortes wird fühlbar, fühlbar als Energie, als Kraft, als Lebenskraft. Es atmet im Rhythmus der Ewigkeit. Die Lebenskraft, der Atem formt sich, nimmt spürbare und sichtbare Gestalt an. Sie ist der Keim, der alles in sich trägt. Ich bin wachsender Keim.'

'Als Keim trage ich alles in mir. Der Keim ist in mir, und ich bin im Keim. Wurzeln gleiten, dem Neuen gleich, in den warmen, schützenden Schoss der Erdenmutter. Die Wurzeln umarmen sie. Sie erhalten Nahrung und Festigkeit. Die Erde wird ein Teil von mir und ich ein Teil von ihr. Ihre Anmut, ihre schützende Hülle, die wohl dunkel anzufühlen ist und doch das Licht in sich trägt, lassen mich wachsen zum Stamm, der ahnend zum Himmel, zum Licht strebt. Fingern gleich, wachsen Äste in den Himmel hinein und aus ihnen beginnt das Helle, das Leben, das tiefe Atmen der Blätter. Regen netzt sie, wie Lippen sich begegnen und nährt sie mit lebensspendendem Wasser. Sonne und Mond spiegeln sich auf ihnen. Tag und Nacht gleiten durch sie hindurch. Wind bewegt sie, manchmal sanft und dann wieder mit stürmischer Gewalt.
Die Krone weitet sich aus, geöffneten Armen gleich.
Aus den Wurzeln wachse ich zum Stamm, zu den Blättern, zur Krone. Meine Arme wachsen zur Krone. Zur Schale geformt, sammeln sie Licht um Dunkelheit zu erhellen. Um im Licht die Dunkelheit zu finden und in der Dunkelheit das Licht zu erkennen. Die Erde fliesst zum Himmel und der Himmel zur Erde.
Die Blüten öffnen sich langsam. Sie bereiten sich zur Vermählung vor. Sie werden berührt und geben sich dieser Berührung hin. Alles um sie herum ist Vergangenheit. Sie sind Gegenwart und bereit, die Zukunft wachsen zu lassen.'

'Ich bin Blüte und werde berührt. Langsam beginnt die Frucht zu wachsen. Sie reift heran, bereit die Idee weiterzutragen. Sie wächst, bis das Wort sich selbst erfüllt. Sie ist Vergangenheit, Gegenwart und Zukunft in einem. Ich bin Baum! Verwurzelt mit der Erde und dem Himmel. In der Mitte ruhend und ahnend. Im Ursprung des Schöpfungsgedankens aufgelöst.

So verwandle ich mich jeden Tag auf's Neue. Bin Baum und Mensch, Mensch und Baum. Wir tragen uns in uns. Es gibt keine Fremde. In der Fremde ist die Heimat gefunden.

Aus der gleichen Idee, dem gleichen, grossen Gedanken sind wir geboren. Wir leben gemeinsam das Leben!'

Einzelpflanzenbeschreibung

Ahorn, Apfelbaum, Arve, Birke, Birnbaum, Buche,
Eberesche, Eibe, Eiche, Erle, Faulbaum, Feigenbaum,
Fichte, Flieder, Hasel, Holunder, Kiefer, Kirschbaum,
Kreuzdorn, Lärche, Linde, Lorbeer, Pappel, Quittenbaum,
Rosskastanie, Sanddorn, Schneeball, Schwarzdorn, Stechpalme,
Ulme, Wacholder, Walnussbaum, Weide, Weissdorn, Zwetschgenbaum

Ahorn   (Spitzahorn)

Botanischer Name
Acer platanoides

Familie
Aceraceae   (Ahorngewächse)

Andere Namen
Bergahorn: Acher, Aesche, Bergäsche, Fladerbaum, Urle, Weissarle
Feldahorn: Massholder, Messelder
Spitzahorn: Leinbaum, Leinurle, Len, Lenne, Löhne

Herkunft des Namens:
Die lateinische Silbe 'ac' stammt aus der indogermanischen Wurzel 'ak' ab, was soviel wie 'scharf', 'spitz' bedeutet.

Vorkommen
Der Ahorn ist in ganz Europa weit verbreitet anzutreffen. Der Spitzahorn wird oft in Parkanlagen als Schattenspender angepflanzt.

Blütezeit
März - Mai

Aussehen
Der Spitzahorn ist ein gut wachsender Baum, der Höhen bis zu 30 m erreicht. Er bildet eine gleichmässig-gewölbte Krone auf einem eher kurzen Stamm aus. Die glatte, graue Rinde stösst sich in länglichen Schuppen vom Stamm ab. Die Blätter sind 5-7 lappig und auf beiden Seiten praktisch gleichfarbig und glänzend. Die einzelnen Lappen sind zugespitzt und spärlich lang gezähnt. Der Spitzahorn trägt im April - Mai gelb-weisse Blüten, die in herabhängenden Dolden erscheinen.
Die geflügelten Früchte treten in auffallend stumpfem Winkel weit auseinander. In der Mitte des Winkels tragen die beiden Flügel je ein flaches Nüsschen. Als grüne Frucht sind sie schon im Mai in schweren, herabhängenden Trauben zu sehen. Später werden sie braun und lassen sich als 'Propeller' vom Wind durch die Luft tragen.

Im Herbst färben sich die Blätter der Ahornarten in den auffallenden Rot- und Gelbfarben.

Anbau

Der Ahorn ist ein beliebter Baum für Garten- und Parkanlagen. Eigentlich ist er recht anspruchslos. Er liebt einen guten, tiefgründigen Boden.

Alle heimischen Ahornarten lassen sich sehr gut im feuchten Sand vorziehen. Später werden sie direkt an den festen Standort gepflanzt.

Geschichtliches

Plinius Secundus, ein römischer Geschichtsschreiber, der in der Zeit von 23 - 79 n. Chr. lebte, erzählt uns von Ahornbäumen. Jedoch ist nicht ganz klar, welche Art er beschreibt. Es könnte sich sehr wohl um den Französischen Massholder (Acer monspessulanum) handeln.

Ahornpfähle wurden in unseren Gegenden schon von den Pfahlbauern als Grundpfähle für ihre Hütten verwendet.

Als Heilmittel ist der Ahorn sehr alt, denn wir finden auf dem Papyrus Ebers bereits seine Erwähnung als eines der wichtigsten Heilmittel in der Heilkunde der alten Aegypter. Zwar ist auch hier nicht klar, um welche Ahornart es sich genau handelt.

In späteren Schriften finden sich immer wieder Angaben zum Ahorn als Heilmittel. Im 12. Jahrhundert beschreibt uns die heilige Hildegard v. Bingen den Ahorn. Dabei handelt es sich um den Berg-Ahorn, der im Gegensatz zum Spitz-Ahorn spitzwinklige Flügelfrüchte trägt.

Die heilige Hildegard beschreibt den Ahorn als kalt und trocken. Auch bezeichnet sie ihn als einen Baum, der jegliches Erschrecken versinnbildlicht. Als Heilmittel empfiehlt sie den Berg-Ahorn bei langdauernden Fiebern zu Bädern und als Weingetränk.

Auch die Heilkundigen des Mittelalters kannten den Ahorn sehr gut. Stets war es der Berg-Ahorn, der beschrieben wurde, und überall wurde er als kühlendes Element verwendet.

Heute ist der Ahorn wieder durch seinen ausgeprägten Saftgehalt bekannt geworden. Obschon die Gewinnung des Ahornsaftes uralt ist, wurde sie bei uns während vielen Jahrzehnten praktisch vergessen. Heute gewinnt der Saft als Sirup und dementsprechend als Süssstoff wieder vermehrt an Bedeutung.

Naturwissenschaftliche Heilpflanzenbeschreibung

Erstaunlicherweise ist die offizielle, medizinische Anwendung des Ahorns nicht mehr geläufig, obschon bis zum Anfang des 19. Jahrhunderts Heilmittel aus den Zweigen, Blättern, dem Holz und aus dem Saft gewonnen wurde.
Heute ist lediglich noch der Saft als Sirup in Anwendung.

Sammelzeit: Februar - Mai

Inhaltstoff: vorwiegend Saccharose

Anwendung

innerlich: Der Saft des Ahorns gilt als gut verträgliches Diätetikum und wird in der Diätkost entsprechend als Süssmittel eingesetzt.

Zubereitung

innerlich: Der Ahornsaft sollte vom Laien nicht selber gewonnen werden, da der Baum bei einer unsachgemässen Behandlung 'verblutet'.

Volksheilkundliche Anwendung des Ahorns

Allgemeine Anwendung:
Als Heilmittel hat der Ahorn in der Volksheilkunde nach wie vor eine gewisse Bedeutung. Hauptsächlich wird seine kühlende und abschwellende Eigenschaft geschätzt.
Es werden Umschläge mit der Rinde und den Blättern gemacht. Die frischen Rinden und Blätter werden gut gequetscht und bei geschwollenen Gelenken, aber auch bei entzündeten Augen, aufgelegt.
Ebenso dürfen wir bei schweren, müden und brennenden Füssen auf die kühlende Eigenschaft der Blätter zurückgreifen. Dabei legen wir sie in die Socken.
Auch Insektenstiche können mit den frischen Blättern und Rinden recht gut behandelt werden.
Bei fiebrigen Erkrankungen empfiehlt es sich, die Blätter gequetscht auf die Fussohlen zu legen.

Homöopathische Anwendung:
Die Homöopathie kennt lediglich die Anwendung des Zucker- oder Eschenblättrigen Ahorns.

Esoterische Anwendung des Ahorns

Allgemeines:
Der Ahorn ist einer der 7 kosmischen Bäume, der in der Analogiereihe der Zahl 7 einen festen Platz hat. In dieser Reihe nimmt er den 6. Platz ein und korrespondiert mit dem Planeten Jupiter, analog dem Donnerstag als Tag, dem Zinn als Metall und mit der Farbe Blau.

Der Ahorn steht als Bild des 'Aufgeschreckten'.
Das sanfte Verglühen von Ahornholz über heisser Holzkohle und der dadurch entstehende Geruch beruhigen, besänftigen und kühlen die innere Hitzigkeit und die Hast, die oft derjenigen eines aufgeschreckten Huhnes, das beinahe kopflos, laut schreiend und ganz aufgelöst und erregt in der Gegend herumrennt, gleichkommt.

Pflanzenastrologische Anwendung:
Der Ahorn steht in Beziehung zum Planeten Jupiter.

Stärkende Anwendung: Bei Leberstörungen, besonders bei Leberstauungen, die zu Stoffwechselstörungen führen.

Schwächende Anwendung: Bei zu starker Gallenbildung. Zum Ausgleichen der Leber - Gallentätigkeit.

Die Anwendung erfolgt in Form von Blatt- und Rindenauflagen und durch die Einnahme des Ahornsirups. Für die Auflagen können frische oder getrocknete Blätter und Rinden gebraucht werden.

Baumheilkundliche Anwendung des Ahorns

Dem Menschen, der durch irgend ein Ereignis aufgeschreckt und erschüttert wird und dann nur schwerlich wieder seine Ruhe und Ausgeglichenheit findet, ihm bietet sich der Ahorn als Baum an. Bei ihm täglich einige Minuten zu ruhen, sich abzukühlen, um wieder einen klaren Kopf zu bekommen, ist wohl die direkteste Form, diesen Neigungen etwas Ausgleich zu bringen.
Als Therapie eignet sich auch die zusätzliche Zubereitung des 'Sonnentees' aus den frischen Blättern sehr gut.

Tierheilkundliche Anwendung des Ahorns

Das Ahornlaub ist ein allgemein stärkendes Futter für das Vieh. Es eignet sich sehr gut als Zusatzfutter.

Als Wildgemüse: *Ahorn*

Die ganz jungen und noch nicht aufgebrochenen Ahornblätter können wir im Januar bis März zu unseren Salatmischungen als Beigabe verwenden.
Der im Frühjahr gewonnene Ahornsirup dient uns (s. naturwissenschaftliche Beschreibung) als gut bekömmliches, leicht abführendes Süssmittel. Zudem lässt sich aus dem Ahornsaft auch Essig zubereiten.

Kosmetische Anwendung des Ahorns

Teeaufgüsse dienen als Waschungen und die frischen, gequetschten Blätter haben eine entzündungswidrige und sanft entspannende Eigenschaft bei stark gespannter und gereizter Haut.

Gartenbauliche Anwendung des Ahorns

Das Laub der Ahornbäume verrottet sehr rasch und gibt eine gute Komposterde. Diese Erde eignet sich sehr gut für trockene, sandige und ausgebrannte Böden. Dabei gibt man nach allen 30 - 50 cm Kompostgut eine etwa l0 cm dicke Schicht Ahornlaub dazu.
Die Ahornblätter können auch als gutes Mulch- und Bodendeckmaterial verwendet werden.

Ahorn in der Holzverarbeitung

Bei den Bauern gilt das Ahornholz als ein sehr warmes, wenn auch nicht so starkes Holz. Tatsächlich vermittelt im Winter ein in der Hand gehaltenes Stück Ahornholz Wärme. Ein Stück Buchenholz kältet hingegen sehr stark. Aus diesem Grund werden noch heute Stiele für Arbeitsgeräte oft aus Ahornholz gefertigt, obschon es nicht so hart ist wie Buchenholz.

Das Ahornholz ist ein helles, weisses bis gelbes Holz. Es wird in erster Linie als sehr schönes und angenehm zu verarbeitendes Drechslerholz geschätzt. Aus demselben Grund wird das Ahornholz auch in der Möbelschreinerei verwendet. Die daraus hergestellten Möbelstücke wirken warm und strahlen diese Wärme auch aus. Dank seines eher weichen Charakters eignet sich das Ahornholz auch für Schnitzarbeiten hervorragend. Aus dem Ahornholz werden noch heute viele verschiedene Gebrauchsgegenstände hergestellt. So beispielsweise: Milchgefässe, Holzschuhe, Melkstühle und Schöpfkellen.

Selbst im Geigenbau ist das Ahornholz als Ton- und Resonanzholz (es schwingt mit dem Ton mit) sehr begehrt. Hier verwendet man vorwiegend das Holz des Bergahorns. Daraus werden die Böden, Hälse und die Zargen gefertigt.

Apfelbaum

Botanischer Name
Pyrus malus (Holzapfel), Pyrus domestica (Kulturapfel)

Familie
Rosaceae   (Rosengewächse)

Vorkommen
Der Apfelbaum ist, ausser in den kalten Zonen, in irgendeiner Züchtung oder Wildform über die ganze Erde verbreitet.
Der Holzapfel ist in Wäldern und auf offenen Weiden anzutreffen.

Ursprüngliche Herkunft
Die ursprüngliche Herkunft des Apfelbaums lässt sich nicht mehr mit Bestimmtheit feststellen. Mit aller Wahrscheinlichkeit dürfte er aus den Gebieten von Zentral- und Westasien stammen.

Blütezeit
Mai - Juni, je nach Sorte

Aussehen
Wir müssen grundsätzlich unterscheiden zwischen dem Holzapfel (Malus silvestris - Pyrus malus) und dem kultivierten Apfelbaum (Malus domestica).
Der Holzapfelbaum ist, im Gegensatz zum kultivierten Apfelbaum, ein kleiner Baum oder Strauch, der etwa 10 m hoch werden kann. Oft trägt er leicht dornige Äste. Die Rinde ist rissig-schuppig. Die kleinen, gekerbten oder gesägten Blätter weisen eine feine Behaarung auf. Die Blüten sind weiss bis rosa überlaufend, wie auch beim kultivierten Apfelbaum.
Die Früchte des Holzapfelbaumes bleiben eher klein und sind meist von grünlich-gelber Farbe. Jene des kultivierten Apfelbaumes können je nach Sorte recht gross werden.
Verwildert der Kulturapfel, so verliert er sehr rasch die besonderen Merkmale und wächst sich wieder zur ursprünglichen Form aus.

Anbau
Will man einen Holzapfelbaum anpflanzen, so ist es wichtig, dass ihm eine
kräftige, kalkreiche Erde ohne Feuchtigkeit mit viel Sonne angeboten wird.
Der kultivierte Apfelbaum ist anspruchsloser. Er gedeiht praktisch in allen
milden Klimazonen. Die Bodenbeschaffenheit spielt keine allzugrosse Rolle.
Beide Apfelbäume vertragen Frosttemperaturen im Frühjahr nicht. Die Blüte,
und damit die Fruchtbildung, wird zerstört.

Geschichtliche:
Der Apfelbaum und seine Geschichte haben eine uralte Vergangenheit. Wir lesen
von ihm schon in der Bibel, aber auch in vielen anderen Religionsbüchern, so
z.b. auch im ägyptischen Totenbuch.
Seine Symbolik finden wir in zahlreichen Märchen, Legenden und Sagen. In vielen kultischen Handlungen spielte der Apfelbaum eine grosse Rolle. Man denke
an den Reichsapfel, der für Macht und Reichtum, aber auch für deren Vergänglichkeit Ausdruck fand, oder auch an den Liebesapfel, des Symbols für Fruchtbarkeit. Der Apfel ist Ausdruck für die Erkenntnis und die Sünde.
Als Fruchtbaum war er bereits in der Steinzeit bekannt. Speisereste aus dieser Zeit lassen darauf schliessen, dass er ein wichtiger Bestandteil der Er-
nährung von damals war. Der Kulturapfel hat ebenfalls eine alte Vergangenheit.
Schon vor 3000 Jahren wurden Zuchtformen angebaut.
Uns brachten die Römer den kultivierten Baum. Mit 22 Apfelsorten war damals
das Angebot gegenüber heute verschwindend klein. Heute umfasst das Angebot
über 1100 Züchtungen. Zu sagen ist jedoch, dass viele alte, sehr gute Apfelsorten nicht mehr erhältlich sind. Sie wurden leider Opfer von gewinnorien-
tierten Züchtungen, die sich in Monokulturen besser anbauen lassen.
In der Heilkunde hat der Apfelbaum seit je her eine besondere Stellung. Zählt
man ihn zu den Lebensmitteln, so werden seine Heileigenschaften nochmals un-
terstrichen.
Ob als fruchtbarkeitsförderndes oder als zahnschmerzvertreibendes Mittel, der
Apfel fand und findet nach wie vor eine vielseitige und breite Anwendung.
Plinius d. Aeltere (23 - 79 n. Chr.) beschreibt uns einen assyrischen Apfelbaum, der als Gegengift verwendet worden sei und dessen Blätter zudem Unge-
ziefer von Kleidern ferngehalten hätte.
Die hlg. Hildegard v. Bingen empfiehlt den Apfel bei *Leber- und Milzschmer-
zen*, aber auch bei *Migräne*. Ueberhaupt lobt sie den Apfel ganz allge-
mein.
Auch heute ist der Apfel als sehr gutes Diät- und Heilmittel in verschiedenen
Rezepturen in hohem Ansehen. Werden alle möglichen Eigenschaften und Anwen-

dungsformen zusammengenommen, so entdecken wir im Apfelbaum ein Heilmittel, das unter den Bäumen und Sträuchern seinesgleichen sucht. Der Apfelbaum verdient es immer noch, als *Lebensbaum* bezeichnet zu werden. Es muss ihm nur etwas mehr Beachtung geschenkt werden.

Naturwissenschaftliche Heilpflanzenbeschreibung

Ich beschreibe hier anstelle des kultivierten Apfelbaumes, den wilden Apfelbaum, den Holzapfel. In der Anwendung bleiben sie praktisch gleich.

Verwendete Teile:	Frucht
Sammelzeit:	je nach Sorte, August - Oktober

Wirkstoffgruppe:	Schleimhaltige Drogen
Hauptwirkstoff:	Pektin (auch in der Stammrinde enthalten)
Nebenwirkstoff:	Begleitstoffe des Pektins (Arabane, Galactane), Fruchtsäuren (Apfel, - Zitronen,- und Bernsteinsäure) Zucker, Gerbstoffe, Flavon, Quercitin, Enzyme, Phenolverbindungen Die Apfelkerne enthalten zudem noch Amygdalin, ein Blausäureglycosid.

Wirkungen

Hauptwirkungen:	allgemein stärkend und aufbauend regulierend auf die Verdauungsorgane stopfend
Nebenwirkungen:	blutbildend wundheilend entschlackend fettstoffwechselanregend

Anwendungen

innerlich:	bei Durchfall bei allgemeiner Müdigkeit bei Fettleibigkeit

äusserlich:	bei schlecht heilenden Wunden
	bei 'offenen' Beinen

Zubereitungen

innerlich:	je nach Krankheit als Mus von unreifen geriebenen Äpfeln
	als gekochte Apfelschnitze oder als Apfelmus
	als frische Frucht
äusserlich:	Rinde als zerriebenes Pulver in Form von Umschlägen und Kompressen

Lagerung:	Je nach Apfelsorte sind die Äpfel gut lagerfähig. Ein kühler, dunkler Keller mit guter Luftfeuchtigkeit ist ein idealer Lagerraum.

Besonderes:	Das Apfelpektin wird heute in grösserem Ausmass aus den Äpfeln gewonnen. Es dient als Geliermittel zur Herstellung von weisszuckerfreien Marmeladen.

Volksheilkundliche Anwendung des Apfelbaumes

Allgemeine Anwendung:
Die Volksheilkunde kennt unzählig viele Anwendungen des Apfels. Ich kann hier lediglich einige wichtige Angaben machen. Die eine oder andere Form ist bekannt. Dann habe ich auch Anwendungen herausgesucht, die kaum noch zugänglich sein dürften, da sie praktisch nur noch mündlich weitergegeben wurden.
Der Volksmund sagt, dass der Apfel in der Nacht mit dem Tau reift, daher sei er frisch gegessen gut verträglich für gesunde Menschen. Für Kranke sollte er jedoch erst zubereitet, das heisst, nur in gekochter Form eingenommen werden. Als beachtenswert gilt im weiteren die Regel, dass auf die Nacht hin, vor dem Zubettgehen, keine Äpfel mehr gegessen werden dürfen. Sie belasten die Verdauung und beginnen im Magen-Darmtrakt zu gären. Es bilden sich dabei alkoholähnliche Stoffe, die dann in grösseren Mengen zu einem 'schweren' Kopf führen. Man steht am Morgen wie benommen auf. Das gilt ganz besonders für die Kinder.
Braune, gärende Lageräpfel sind als Breiumschläge bei 'Wundliegen' und durch Blutzirkulationsstörungen absterbenden Gliedmassen (Altersbrand) anzuwenden. Dann auch bei Erfrierungen und Verbrennungen.
Bei Leber- Nieren- und Darmträgheit, ebenso bei Fettleibigkeit und Diabetes, dienen die frischen oder gebratenen Äpfel als recht wirksame und unterstützende Heilmittel.
Gedörrte Apfelschalen sind als fiebersenkender und beruhigender Tee zu verwenden. Dieser Tee schmeckt auch sehr gut, im Gegensatz zu vielen andern beruhigenden Tees.
Der Apfel darf auch als unterstützendes Heilmittel bei Gicht und rheumatischen Krankheiten betrachtet werden.
Heiserkeit lässt sich sehr gut mit gebratenen Äpfeln behandeln.
Ein altes Rezept zur Blutbildung, das sich auch heute noch bewährt, besteht darin, dass am Abend ein Apfel mit 5 - 10 Stahlnägeln durchstochen wird. Am Morgen werden die Nägel wieder entfernt und der Apfel nüchtern gegessen.
Apfelweinmolke ist ebenfalls eine alte Zubereitungs- und Anwendungsform. Als allgemein aufbauendes und entschlackendes Mittel stand sie lange Zeit in hohem Ansehen. Wie so viele andere, gutbewährte Mittel, gerät sie langsam in Vergessenheit. Ich möchte sie allen empfehlen, die an *Hauterkrankungen* verschiedenster Arten leiden. Ebenfalls zur Behandlung von *Gicht* und *Rheuma* soll die Apfelweinmolke versucht werden.

Esoterische Anwendung des Apfels

Allgemeines:
All die Symbole rund um den Apfelbaum sprechen für sich.
Es gibt viele volkstümliche Anwendungen, die zu diesem Bereich des Heilens ge-
zählt werden können. *Warzen* und *Hühneraugen* werden mit einem aufge-
schnittenen Apfel bestrichen und so vertrieben.
Schwindsüchtige gehen zum Apfelbaum und klagen:

'Apfelbaum ich tu Dir klagen,
Schwindsucht tut mich plagen.
Der erste Vogel, der über Dir fliegen tut,
benehme mich der Schwindsucht gut!'

Es gilt auch die Regel, dass im folgenden Jahr viele Knaben geboren werden,
wenn die Ernte im vorausgegangenen Jahr gut war. Umgekehrt beim Birnbaum.
Seine Ernte ist ein Zeichen der Mädchengeburten im folgenden Jahr.

An dieser Stelle möchte ich noch auf einen weiteren Zusammenhang hinweisen:

Es lässt sich beobachten, dass Raucher im allgemeinen den Apfel als Frucht
eher vernachlässigen und ihn nur selten geniessen.
Der Apfel hat eine starke Beziehung zum Kehlkopf (Sprache, Stimme, sich ausdrücken). Der Kehlkopf wird ja auch entsprechend 'Adamsapfel' genannt. Nun,
aus esoterischer Sicht besteht eine sehr enge Verbindung des Kehlkopfes mit
den Genitalien. Als Vermittlerin zwischen diesen beiden Organen tritt die
Leber mit ihren Funktionen auf.
In der Tiefe bedeutet der Apfel Ausgeglichenheit innerhalb des Prinzipes von
'geben' und 'empfangen'. Er bedeutet auch erotische Lebenskraft. Äpfel gleichen einen Mangel aus. Einen Mangel, weil man entweder zuwenig erhalten oder
zuviel gegeben hat. Diese Urbilder sind im Menschen über all die Generationen
tief verwurzelt.
Anstelle des ausgleichenden Apfels tritt bei den Rauchern die Zigarette, die
Tabakpfeife oder die Zigarre. Rauchen als Ersatzhandlung für den Ausgleich ist
allerding mehr symptombehandelnd als heilend. Organisch wird durch das Rauchen
der Geschmacksinn stark verändert, nämlich so, dass Äpfel nicht mehr schmek-
ken.
Der Apfel stellt ein weibliches Symbol dar, die Fruchtbarkeit, die schwangere Mutter, der mütterlich-weibliche Schoss. Das Symbol der Zigarette oder

auch anderer Raucherwaren ist ein männliches Phallussymbol.
In der Zeit der einseitigen Herrschaft des Mannes wurden all die Raucherwaren produziert. Lange waren sie der Frau vorenthalten und für den Mann ein Ausdruck der Männlichkeit. Heute sind Mann und Frau in ihren Werten verunsichert, entwurzelt. Beide kennen ihre Stellung nicht mehr genau. Sie muss neu gefunden, formuliert und gelebt werden. Dass die Frau zu Rauchen begann, war bereits eine Form von Gleichberechtigungsbedürfnis.
Das Problem der Geschlechtlichkeit ist heute eines der grössten Probleme. Die Frau hat Mühe, sich in ihrer Weiblichkeit zurechtzufinden. Der Mann in ihr ist erwacht. Auf der andern Seite steht der Mann, der sich in seiner Männlichkeit nicht mehr so recht zurechtfindet, in ihm ist die Frau erwacht. Dem Mann macht das nun erst mal Angst, weil ihm ja noch nichts anderes möglich ist. Sein Gleichberechtigungswunsch steckt noch in den Kleinkinderschuhen. Männer rauchen auch, um sich ihre männlichen Aspekte zu festigen und die Frauen, um damit ihrer Gleichberechtigung Ausdruck zu verleihen.
Die Behandlung oder Abgewöhnung des Rauchens steht deshalb mit dem Apfel in enger Beziehung. Raucher fallen meist in Kompensationsschwierigkeiten, wenn sie es sich abgewöhnen möchten. Hier kann ein Apfel mehr Hilfe leisten als ein Kaugummi, eine Schokolade oder ein Wutausbruch. Zudem scheint mir die Zeit eine sehr wichtige Rolle zu spielen. Wer aufhören will zu rauchen, muss genügend Zeit freimachen können, um sich während der ganzen Entzugsphase näher kommen zu können. Ueberforderung, Stress, Probleme im privaten wie im beruflichen Bereich sind keine guten Vorbedingungen, um das Rauchen wirklich endgültig einstellen zu können.
Je öfter für eine Zigarette ein Apfel gegessen wird, desto weniger schmeckt die Zigarette. Damit ist eine ganz bewusste Handlung verbunden, nämlich die des Apfelessens.

Noch etwas ganz anderes zum Apfel:
Bei der Apfelernte gehört der letzte Apfel dem Apfelbaum und seinem Wesen übriggelasen. Damit danken wir dem Baum und bitten ihn gleichzeitig, dass er auch im folgenden Jahr wieder eine gute Ernte hervorbringen möge.
Wie wär's, wenn diese Einsicht auf alle Kulturpflanzen, Lebensmittel und Heilmittel, ja, auf alles Leben ausgeweitet würde? Ist es so selbstverständlich, dass der Apfelbaum uns Früchte bringt, dass wir Bohnen ernten können oder mit einem Heilmittel den Husten lindern dürfen? Ich meine: Nein!
Der Baum, die Blume, das Tier, ja selbst der Stein nimmt uns wahr, erlebt uns. Es braucht ja so wenig, sich erkenntlich, sich dankbar zu zeigen.

Pflanzenastrologische Anwendung:
Der Apfelbaum steht in Beziehung zum Planeten Venus

Stärkende Anwendung:	bei Nieren- und Genitalienerkrankungen bei Leber- und Darmkrankheiten
Schwächende Anwendung:	bei Hals - Rachenentzündungen

Anwendung des Holzapfels in der *Bach - Blütentherapie*:
Der Holzapfelbaum steht für körperliche, seelische und geistige Makellosigkeit.
Menschen, die sich dauernd verschmutzt und infiziert fühlen und dadurch in den Zwang geraten, sich so oft als nur möglich reinigen zu müssen, wird die Blütenessenz des Holzapfels empfohlen.
Oft leiden diese Menschen auch an chronischem Husten oder Schnupfen. Zudem sind sie meist kleinlich und pedantisch. Sie können sich über alles aufregen, das nicht ganz ihrem Reinlichkeitssinn entspricht. Selbst vor eigenen Hautunreinheiten ekeln sie sich.

Baumheilkundliche Anwendung des Apfelbaumes

Der gleichmässig, sanft wirkende Apfelbaum vermittelt ein Gefühl der Jugendlichkeit und der Fröhlichkeit. Seine weiche Gestalt weist auch dem Menschen den Weg, den er wieder gehen soll. So meiden bezeichnenderweise häufig depressive, verbitterte Menschen den Apfelbaum. Und gerade sie ruft er.
Organisch ist der Apfelbaum überall dort in Betracht zu ziehen, wo es darum geht, *Verhärtungen*, *Wucherungen* und *Hornhautbildungen* entgegen zu wirken. Also z.B. bei *Hautanschwellungen*, *Geschwüren* und *Arterienverkalkungen*.

Tierheilkundliche Anwendung des Apfelbaumes

Gärende Äpfel sind auch in der Tierheilkunde bei geschwürigen, eiternden Hautausschlägen als öffnende Umschläge angezeigt.

Als Wildfrucht: *Holzapfel*

Wie mit dem Kulturapfel, lassen sich auch mit dem Holzapfel die gleichen Zubereitungen herstellen:
Kompott, Gelee, Saft.
Die noch jungen, kaum entrollten Blattriebe schmecken als Salatbeigabe sehr gut.
Der Holzapfel enthält einen hohen Anteil an Pektin. Daher dient er auch als Geliermittel.

Kosmetische Anwendung des Apfelbaumes

Als hautreinigendes und straffendes Mittel bereiten wir eine *Apfelmaske* zu:
Zwei Äpfel werden zu einem Brei zerstossen und mit Rosenwasser oder Orangenblütenwasser verrieben. Gleichmässig auf die Haut aufgetragen, lassen wir diese Maske während 15 - 20 Minuten einwirken. 1 - 2 mal pro Woche wiederholen.
Die Apfelblüten können in Öl eingelegt und während 5 - 6 Wochen zugedeckt werden. Der auf diese Weise erhaltene *Apfelblütenölauszug* lässt sich zu Bademulsionen weiterverarbeiten. Die Blüten können auch mit Alkohol ausgezogen und dann auf 5 % verdünnt als *Reinigungswasser* verwendet werden.

Zum Färben: *Apfelbaum*

Die Rinde des Apfelbaums wird zum Färben von Wolle und Seide verwendet. Sie ergibt, je nach Beize, ein wunderschönes Goldgelb bis Gelbbraun.

Apfelbaum in der Holzverarbeitung

Schönes Apfelbaumholz scheint eher selten käuflich zu sein. Das Holz wird meist zu Fournieren verarbeitet. Auch dient es zur Herstellung von Kunstwerkgegenständen und Holzwerkzeugen.
In der *Bildschnitzerei* wird das Apfelbaumholz sehr geschätzt.

Arve

Botanischer Name
Pinus cembra

Familie
Pinaceae   (Föhrengewächse)

Andere Namen
Zirbelkiefer

Vorkommen
Die Arve ist ein Baum, der in erster Linie in Höhen von 1500 m - 2400 m gedeiht. In Europa trifft man sie bis hinauf zur Baumgrenze an, oft noch höher. Die Arve wächst ebenso in den Karpaten, der Mandschurei bis nach Sibirien und Japan. In diesen Gegenden kann sie zu einem stattlichen Baum wachsen.

Aussehen
Dieser Nadelbaum kann unter günstigen Bedingungen bis 35 m hoch werden. Die Arve hat einen eher kegelförmigen Wuchs mit sehr kräftigen, abstehenden Ästen. Die rötliche Rinde ist bei älteren Bäumen in viele dünne Schuppen geteilt. Die Nadeln wachsen an Kurztrieben zu 5 Büscheln, sind derb-dreikantig und blau-grün glänzend.
Die weiblichen Zapfen sind anfangs grünlich-violett und bräunen sich mit dem Reifen. Sie setzen sich aus rundlichen, dicken Zapfenschuppen zusammen und haben eine eher gedrungene Form.

Anbau
Die Arve ist kein häufiger Baum. Sie wird in Berggegenden angebaut und dient unter anderem auch zur Bildung von *Bannwäldern*. Hin und wieder trifft man sie auch in Parkanlagen an.
Steinige und gut durchlässige Böden sind das wenige, was sie sich wünscht.

Geschichtliches
Eigentlich lässt sich recht wenig über die Arve finden.
In Berggegenden spielte sie schon immer eine Rolle als Lieferant der Arvennüsschen. Sie zu sammeln, ist jedoch grundsätzlich verboten.

Als Heilmittel scheint sie nur ganz selten Verwendung gefunden zu haben. *Lonicerus* beschreibt eine Kieferart (es kann sich aber ebenso um die Kiefer - Pinus silvestris handeln), deren Nadeln er bei *Zahnschmerzen*, *Leberleiden, Husten* und zur *Entgiftung von Lebensmitteln* empfiehlt. *Hyronimus Bock* beschreibt 1565 die Arve ähnlich wie Lonicerus die Kiefer-arten.

Naturwissenschaftliche Heilpflanzenbeschreibung

Die Eigenschaften der Arve können grundsätzlich mit denen der Fichte, Kiefer und der Lärche verglichen werden.

s. Fichte (Picea abies)
Kiefer (Pinus silvestris)

Volksheilkundliche Anwendung der Arve

Siehe ebenfalls Fichte und Kiefer.

Esoterische Anwendung der Arve

Allgemeines:
s. Fichte (Picea abies)
Kiefer (Pinus silvestris)

Pflanzenstrologische Anwendung:
Die Arve steht in Beziehung zu Mars, Jupiter und zur Venus

Stärkende Anwendung: bei Lebererkrankungen
                              bei allgemeiner Müdigkeit

Schwächende Anwendung: bei Lungenkrankheiten
                              bei Husten

Baumheilkundliche Anwendung der Arve

Der Standort und das gesamte Erscheinungsbild wirken sehr oft noch eindrücklicher als diejenigen der Fichte und der Tanne. Die Arve strahlt eine unwahrscheinliche Lebenskraft und Ausdauer und auch viel Wärme aus. Die Feingliedrigkeit der Fichten und Tannen weicht bei der Arve zugunsten, manchmal auch auf Kosten, der Trotzigkeit und des Kämpfermutes.
Hin und her gerissene, rasch nachlassende Kräfte und Begeisterung, aber auch Unselbständigkeit sind Eigenschaften, die die Arve auszugleichen vermag.
Bei den kleinsten Widerständen geben die *Arvenmenschen* nach, sie fühlen sich dabei aber überhaupt nicht wohl. Diese Menschen sind unsicher und leiden zudem häufig unter kalten Gliedmasen. Sie haben einen schlechten *Blutkreislauf*.

Tierheilkundliche Anwendung der Arve

Vergleiche Fichte, Kiefer und Lärche.

Als Wildfrucht: *Arvennüsschen*

Die reifen Arvennüsschen bilden eine schmackhafte Speise, ob sie nun frisch oder geröstet sind.
Noch heute werden in einigen Gegenden Arvennüsschen gesammelt und als leckere Abwechslung im Winter als festliche Zugabe aufgetischt.
Das Sammeln von Arvennüsschen ist grundsätzlich nicht erlaubt! Es ist empfehlenswert, sich erst mit dem zuständigen Förster abzusprechen, damit kein Schaden angerichtet wird.

Arve in der Holzverarbeitung

Am besten lässt sich die Arve als Massivholz verarbeiten. Viele Haushaltgeräte und Möbelstücke werden daraus hergestellt. Spielsachen, wie auch Kunstgegenstände, Masken und Puppen sind vielfach aus Arvenholz angefertigt.

Die Zeichnung des Holzes kann ganz einfach als 'lebend' umschrieben werden. Die Wärme und der Geruch, die Arvenmöbel verströmen, wecken unbewusst in vielen Menschen Gefühle des Zuhauseseins, der Geborgenheit und Vertrautheit. Liegt vielleicht hierin mitunter auch ein Grund, weshalb sich heute auffallend viele Menschen mit Arvenholz oder auch mit Fichten- oder Tannenholz umgeben? Finden sie dadurch einen Teil der Geborgenheit, der Wärme und der Wohnlichkeit, die in den vergangenen Jahrzehnten der 'Wohnkultur', dem Beton und dem Plastik, dem rationalen Denken und dem verstandesorientierten Leben weichen musten?

Die Antwort erübrigt sich. Hier beginnen selbst die Möbel und die Wohnungen zu Heilmitteln zu werden!

Birke

Botanischer Name
Betula pendula

Familie
Betulaceae (Birkengewächse)

Andere Namen
Hängebirke, Harzbirke, Maibirke, Moorbirke, Rauchbirke, Warzenbirke, Weissbirke

Vorkommen
Europa, Asien
Die Birke wächst einzeln in Wäldern, an Ufern und in Torfmooren. Oft bildet sie auch ganze Gruppen. Im Norden Europas, in Finnland, Schweden und Dänemark, trifft man weite Birkenwälder an.

Blütezeit
April - Mai

Aussehen
Als Baum wird die Birke bis zu 30 m hoch. Sie ist eher ein geselliger Baum, der gerne in kleinen Gruppen oder sogar als grosse Wälder auftritt. Ihre Rinde ist schneeweiss, solange der Baum noch jung ist. Im Alter überzieht sich der Stamm mit schwarzen Rissen. Er erscheint borstig und schuppig. Die Zweige sind elastisch und meist hängend. Die Blätter sind gezähnt, dreieckig und länglich zugespitzt. Jung sind sie leicht behaart, ausgewachsen sind sie kahl. Ihr Geschmack ist im Alter bitter-aromatisch. Im jungen Frühlingsstadium sind die Blätter zart und saftig, leicht bitter und zusammenziehend.
Die weiblichen Kätzchen sind grün und aufrecht. Die männlichen Kätzchen sind braun und hängend. Die Frucht ist eine Flügelfrucht, wobei die Flügel doppelt so breit sind wie die Nüsschen.

Anbau
Durch Aussäen und Veredelung lässt sich die Birke praktisch an jedem Ort ziehen. Die Birke hat einen ungeheuren Wasserbedarf. Dem muss genügend Beachtung

geschenkt werden, z.B. durch Anhügelung zum Birkenstamm hin.

Geschichtliches

Scheinbar war die Birke bei den Griechen und bei den Römern als Heilmittel unbekannt. Hingegen wurden verschiedene Birkenarten im alten China schon seit Jahrhunderten als Heilpflanzen angewendet. Bei den Slaven und Germanen spielte die Birke auch im Volksglauben eine sehr grosse Rolle.

Die hlg. Hildegard bezeichnet die Birke als das Glück. Sie kennt sie sehr gut als Heilmittel bei den verschiedensten Hauterkrankungen, wie z.B. Furunkeln. In Europa taucht die Birke erst im späten Mittelalter als Heilmittel auf. Matthoile nannte sie schon damals 'Nierenbaum'. Er erkannte erstmals deutlich ihre harntreibenden Eigenschaften.

Naturwissenschaftliche Heilpflanzenbeschreibung

Verwendete Teile:	Blätter - Folium betulae Teer - Pix betulae Knospen	
Sammelzeit:	Blätter: Saft, Knospen:	Juni - September März - Mai
Wirkstoffgruppe:	Glycosidhaltige Drogen	
Hauptwirkstoff:	Saponinglycoside (in der ganzen Pflanze)	
Nebenwirkstoff:	Blätter und Knospen: Saft:	ätherisches Oel, Harz, Flavonoide, Bitterstoff Nebst den genannten noch viel Zucker, das soge- nannte *Xylit*.

Wirkungen

Hauptwirkungen:	wassertreibend entzündungswidrig
Nebenwirkungen:	schweisstreibend gallenbildend und gallenabflussfördernd

Anwendungen

innerlich:	bei schlechter Harnausscheidung bei Gicht und rheumatischen Krankheiten bei Wassersucht bei Entzündungen der Harnwege bei Gallenblasenentzündungen und Leberbeschwerden bei Hautkrankheiten zur 'Blutreinigung'

äusserlich:	bei Hautkrankheiten	
	bei eiternden Wunden	

Zubereitungen

innerlich:	als Tee:	1 - 2 Teelöffel Blätter auf eine Tasse Wasser - Aufguss. 2 - 4 Tassen pro Tag.
	als Wildgemüse	
	als Saft:	Täglich 3 Trinkgläser voll, verdünnt mit Wasser (1:1).
äusserlich:	als Bad:	100 gr. Blätter auf 1 Liter Wasser. Abkochen und dem Badewasser zugiessen.
	als Waschung:	Dazu wird der Tee aus den Blättern verwendet.
	als Umschlag:	Die frischen Blätter quetschen und auflegen.

Lagerung:	Trocken, vor Licht, Staub und Insekten geschützt!
Besonderes:	Die Birkenblätter reizen die Nieren praktisch nicht. Sie sind daher allgemein den Wacholderbeeren vorzuziehen.

Volksheilkundliche Anwendung der Birke

Allgemeine Anwendung:
In der Volksheilkunde ist die Birke ein sehr beliebtes und weit verbreitetes Heilmittel.
Vorwiegend die Blätter und Knospen dienen zur Behandlung von Wassersucht und rheumatischen Erkrankungen.
Die Frühjahrskuren zur Anregung des gesamten Stoffwechsels sind ebenso bekannt. Hierzu dienen die Blätter wie auch der leicht süssliche Birkensaft.
Die Blätter werden noch angewendet:
- bei Steinerkrankungen
- bei unterdrückten Schweissabsonderungen
- bei Fettleibigkeit und
- bei hohem Cholesterinspiegel.
Der Birkensaft im speziellen wirkt allgemein stärkend und vor allem auch blutreinigend. Hinzu kommt noch eine gewisse antidepressive Eigenschaft, an die wieder vermehrt gedacht werden sollte.
Die Birkenrinde dient als fiebersenkendes Mittel bei allen fiebrigen Erkrankungen.

Homöopathische Anwendung:
Die Homöopathie verwendet die Essenz aus den frischen Blättern bei Gicht, Rheuma und Fettleibigkeit.

Esoterische Anwendung der Birke

Allgemeines:
Die Birke nimmt in der Analogiereihe der Zahl 7 den 7. Platz ein. Analog diesem Platz korrespondiert sie mit der Venus, dem Freitag, dem Kupfer als Metall und mit allen blaugrünen und rosa Farben.

In verschiedenen Ländern gilt die Birke als Schutzmittel vor Dämonen und Hexen.
Zweige, aufgehängt in Haus und Stall, sollen diese vor Blitzschlag schützen. Hier kommt die Macht des Thors zum Ausdruck. In verschiedenen Kulturen gilt die Birke auch als Baum der Gerechtigkeit.
Aus dem Birkenholz wird ferner die Holzkohle hergestellt, die dann zu Räucherzwecken in der rituellen Magie dient.
Als esoterische Heilmittel sind der Birkensaft und die Birkenrinde bei allen Formen von Hautkrankheiten, besonders bei Ekzemen und Schuppenflechten, anzuwenden. Die Birkenblattknospen dienen bei Heuschnupfen als Therapiemittel.

Pflanzenastrologische Anwendung:
Die Birke steht in Beziehung zum Planeten Venus (zum Mond).

Stärkende Anwendung: bei Wassersucht

Schwächende Anwendung: bei Rheuma
                              bei Hautausschlägen

Baumheilkundliche Anwendung der Birke

Die Birke bringt Licht und Fröhlichkeit in die Seele. Sie kann auch zu Melancholie führen. Sie entspannt und beruhigt die Nerven.
Bei den verschiedentlich genannten, organischen Krankheiten ist es empfehlenswert, häufig eine Birke aufzusuchen, und zwar jeweils morgens und abends. Verharrung und Unbeweglichkeit sind oft Folgen von bitteren Entäuschungen. Die Birke bringt wieder Beweglichkeit, Nachgiebigkeit und Durchlässigkeit zurück.

Als Wildgemüse: *Birke*

Die im Frühjahr noch kaum entrollten Blätter eignen sich sehr gut zu Quark-speisen und in Frühlingssuppen. Auch lassen sie sich sehr gut in einen Wild-salat mischen.
Bei Verwendung in der Küche empfiehlt es sich, die Blätter klein zu schneiden.

Kosmetische Anwendung der Birke

Die Birkenblätter sind in erster Linie als Haarpflegemittel zu verwenden. Es können Tinkturen, Haarspülungen, Haarwasser und Shampoos daraus zubereitet werden.
Der Birkensaft dient als Einreibemittel zur Pflege der Haarwurzeln und der Kopfhaut.

Zum Färben: *Birke*

Birkenblätter und Birkenrinde können zum Färben von Stoffen und Wolle ver-wendet werden. Je nach Beize ergeben die Blätter einen gelben, grünen, grauen und die Rinde einen rotbraunen Farbton.

Die Birke in der Holzverarbeitung

Das Holz der Birke findet eine sehr breite Anwendung. Im Möbelbau werden hauptsächlich Furniere aus Birkenholz hergestellt. Eigentlich lässt sich das Birkenholz als Möbelholz erst in der Biedermeierzeit entdecken. Wobei im Norden, wo die Wälder vorwiegend aus Birken bestehen, ihr Holz schon früher zur Herstellung von Möbeln gedient hat.
Nebst Möbeln werden auch verschiedenste Haushaltgeräte wie Löffel und Deckel u.s.w. hergestellt. Der Wagner fertigt Deichsel und Felgen an und der Drechs-ler verarbeitet das Birkenholz zu wunderschönen Schalen.
Birkenholz trocknet praktisch nie vollständig aus.
Aus den Birkenspänen und den geschälten Wurzeln basteln wir Flechtwerke, Bil-der und Ornamente. Genau gleich lässt sich die Birkenrinde verarbeiten. Nord-amerikanische Indianer fertigen sich ihre Boote aus Birkenrinde an. Zudem ver-arbeiten sie sie auch zu einer Art Papier.

Wer einmal über längere Zeit im Freien gelebt hat und mit nassem Holz ein Feuer zu entzünden versuchte, hatte meist die grösste Mühe. Das nächstemal soll er Birkenholz in feine Späne schneiden und damit das Feuer anfachen. Birkenholz brennt selbst im grünen Zustand, und wenn es auch nass ist, sehr gut. Es enthält viele Teersubstanzen, die sich gut entzünden lassen.

Birnbaum

Botanischer Name
Pyrus communis

Familie
Rosaceae   (Rosengewächse)

Vorkommen
Die Kulturbirne wird in ganz Europa angebaut. Ebenso finden wir die mutmass-liche Stammform, die *Holzbirne* (Pyrus pyraster) in ganz Mittel- und Westeuropa. Teilweise wird heute die Holzbirne wieder vermehrt aufgeforstet. Die Früchte dienen dann als Wildfutter.

Ursprüngliche Herkunft
Die Kulturbirne wurde höchstwahrscheinlich erstmals in asiatischen Ländern und auf dem Balkan aus der Holzbirne gezüchtet.

Blütezeit
April - Mai

Aussehen
Bis 20 m hoch kann die Kulturbirne wachsen. Ihr Kronenbild zeigt sehr bald, wie beim Apfelbaum, die Form der Frucht. Selbst die elliptisch-ovalen, fein gezähnten Blätter weisen auf die Birnenform hin. Die leuchtendweissen Blüten öffnen sich noch bevor das junge Blatt vollständig entrollt ist.
Die Frucht ist eine Scheinfrucht, deren Grösse und Farbe je nach Sorte unter-schiedlich sind.

Anbau
Im allgemeinen lassen sich Birnbäume recht gut anbauen. Sie lieben einen trockenen, leichten und tiefgründigen Boden. Birnbäume reagieren ausgesprochen empfindlich auf die Bodenzusammensetzung.

Geschichtliches
Gleich wie der Apfelbaum ist auch der Birnbaum durch seine Symbolik gekenn-zeichnet. Der Birnbaum bildet mit dem Apfelbaum zusammen das *Baumpaar* und drückt eher das männliche Prinzip aus. Obschon viele Bräuche auf das

Gegenteil hindeuten, dürfte der Birnbaum in seiner Art und seiner Gestalt eher als männlicher Baum bezeichnet werden.

Der Birnbaum steht als Symbol der Reinheit und Gerechtigkeit in Ost und West. Er beinhaltet selbstlose, nach dem Vorbild von Christus gelebte Liebe. Das vor allem hier in Europa.

Der Birnbaum gehört auch zu jenen Bäumen, die am Tage einer Neugeburt gepflanzt werden.

Das Wasser des ersten Bades eines Mädchens wird an den Stamm eines Birnbaums geschüttet, um damit das Wachsen und die Gesundheit des Mädchens zu fördern.

Geschichtlich lässt sich aus Funden nachweisen, dass die Holzbirne schon in der Steinzeit als Lebensmittel diente. Griechen und Römer veredelten den Birnbaum, so dass schon in der Zeit der Römer über 40 Kultursorten bekannt waren. Heute sind es über 1000 verschiedene Speise- und Mostbirnen, die angebaut werden.

Auch in der Heilkunde ist der Birnbaum sehr wohl bekannt.

Alle alten Überlieferungen weisen auf die schwere Verdaulichkeit der roh genossenen Birne hin. Sie wird praktisch immer in gekochter Form oder als Saft empfohlen.

Die *hlg. Hildegard v. Bingen* gibt sogar eine Art von Latwerge aus gekochten Birnen an, die wertvoller und nützlicher sei als das reinste Gold.

In der alten Volksheilkunde diente der Birnbaum, wie auch viele andere Bäume dazu, Krankheiten auf den Baum zu übertragen (s.a. *Volksheilkundliche Anwendung des Birnbaums*).

Heute ist aus der Sicht der Heilkunde viel Wertvolles in Bezug auf den Birnbaum verlorengegangen.

Naturwissenschaftliche Heilpflanzenbeschreibung

An sich ist der Birnbaum kein offizielles Heilmittel mehr. Dennoch ist es wichtig, auf seine Möglichkeiten vermehrt hinzuweisen, da er doch eine recht wichtige Bedeutung erhält, sobald seine Vorzüge wieder erkannt und angewendet werden.

Verwendete Teile:	Blätter
Sammelzeit:	die jungen Blätter April - Mai Früchte, je nach Sorte, August bis Oktober

Wirkstoffgruppe:	Blätter: Früchte:	Glycosiddroge mineralsalzhaltige Droge
Hauptwirkstoff:	Früchte: Blätter:	verschiedene Mineralsalze, organische Säuren, Riboflavin, Niacin, Eiweisse, Gerbstoffe, Fett Saponinglycoside, Gerbstoff: Arbutin
Nebenwirkstoff:	Früchte:	Pektin, Zucker

Wirkung

Hauptwirkung:	Früchte: Blätter:	zusammenziehend wassertreibend wassertreibend desinfizierend
Nebenwirkung:	Früchte:	blutreinigend magenstärkend

Anwendung

innerlich:	Früchte:	bei Herz- und Kreislaufschwächen
		bei Bluthochdruck
	Blätter:	bei Blasenentzündungen
		bei Nierenkrankheiten

Zubereitung

innerlich:	Früchte:	als Diätkost: gekocht und in
		Form von Kompott oder als Saft
	Blätter:	als Tee: nur junge, frische
		Blätter nehmen und 3 - 4 Tee-
		löffel auf 1 Tasse Wasser ge-
		ben, 10 Minuten ziehen lassen,
		absieben und 5 - 8 Tassen pro
		Tag trinken.

Lagerung: Vor Licht, Staub und Insekten geschützt.

Besonderes: Die Birnbaumblätter sind in vielen Fällen von Nieren- Beckenentzündungen und bei Blasen-entzündungen als desinfizierendes Mittel den gerbstoffreichen *Bärentraubenblättern* vor-zuziehen. Die Birnbaumblätter wirken allgemein weniger reizend. Sie können jedoch nicht ge-trocknet werden, da das *Arbutin* beim Trock-nungsprozess praktisch verloren geht. Das bedeu-tet dass die Birnbaumblätter nur frisch als Tee zubereitet werden können.

Volksheilkundliche Anwendung des Birnbaums

Allgemeine Anwendung:
Die Birne gilt im Volk als stark kühlendes und wassertreibendes Mittel. Ihr Saft dient oft als Kur zur allgemeinen Entgiftung des Körpers. Ganz speziell wird er auch zur Behandlung von Gicht und rheumatischen Erkrankungen herangezogen.
Der Birne sagt man nach, dass sie am Morgen nach dem Tau reift und daher auch roh genossen schlechter verdaulich sei. Als Heilmittel sollte daher die Birne stets gekocht werden.
Daneben gilt der Birnbaum auch als Baum, auf den Krankheiten übertragen werden können. Dabei werden kleine Löcher bis unter die Rinde gebohrt. In diese Bohrungen gibt man irgend ein Ausscheidungsprodukt des Erkrankten. Das kann Auswurf, Urin oder sogar Stuhl sein. Danach wird das Loch wieder gut verdeckt.
Diese Anwendungsform war früher weit verbreitet und galt als sichere Hilfe bei Zahnschmerzen, Schwindsucht und Gicht, aber auch bei schlecht heilenden Wunden und Geschwüren.

Esoterische Anwendung des Birnbaums

Allgemeine okkulte Bedeutung und Anwendung:
Bei eiternden Geschwüren ('Wurmkrankheiten'), Kopfschmerzen, Migräne und bei Magen- Darmerkrankungen wurde der Birnbaum, um damit die Krankheit an ihn ab- zutreten mit folgender Klage angesprochen:

'Birnbaum ich klage Dir
Drei Würmer, die stechen mir.
Der eine ist grau,
der andere ist blau,
der dritte ist rot.
Ich wollte wünschen, sie wären alle drei tot!'

Pflanzenastrologische Anwendung:
Der Birnbaum steht in Beziehung zum Planeten Jupiter (Venus).

Stärkende Anwendung:	bei Leberkrankheiten
	bei Magen - Darmschwächen
	bei rheumatischen Krankheitsformen
Schwächende Anwendung:	bei Nieren- und Blasenentzündungen
	bei Migräne und Kopfschmerzen

Baumheilkundliche Anwendung des Birnbaums

Der Birnbaum hat zunächst ganz allgemein kühlende Eigenschaften.
Seine an eine bauchige Flasche erinnernde Form, die sich nach oben hin sam- melnd öffnet, erweckt auch beim Besucher das Gefühl von Zentrierung und Sammlung. Feinfühligen, leicht verletzbaren und dadurch oft auch stark auf- gelöst wirkenden Menschen, führt der Birnbaum etwas Dichte und Schutz zu. Organisch wirkt der Birnbaum kühlend auf leicht erregbare Menschen. Es ist zu beobachten, dass viele Menschen mit einer eher schwachen Leber die Frucht nicht besonders mögen. Ähnliches lässt sich auch beim Apfelbaum beobachten. Der Birnbaum wirkt auch auf schwache Menschen allgemein stärkend, besonders

auch bei Menschen, bei denen die Beckenregion dauernden Entzündungsprozessen ausgeliefert ist.

Als Wildfrucht und Gemüse: *Holzbirne, Birnbaumblätter*

Die wilde Holzbirne kann sehr gut zu Kompott, Marmelade und zur Saftzubereitung, wie es auch von der Kulturbirne her bekannt ist, verwendet werden. Die jungen, noch geschlossenen Blattknospen ergeben eine schmackhafte Salatbeigabe.

Der Birnbaum in der Holzverarbeitung

Das sehr schöne, gleichmässig gefäbte und gezeichnete Birnbaumholz ist ein geschätztes Möbelholz. Im Innenausbau wird es vielfach als Furnierholz verarbeitet.
Zeichenwerkzeuge wie Lineale, Reissschienen, und Massstäbe, aber auch verschiedene Küchengeräte und Teigformen werden aus Birnbaumholz hergestellt.
Zudem ist es auch ein gutes Schnitzholz für Skulpturen und vor allem für Holzschnitte.

Buche (Rot-Buche)

Botanischer Name
Fagus silvatica

Familie
Fagaceae (Buchengewächse)

Vorkommen
Die Buche ist in ganz Europa verbreitet. Sie ist als Baum in Mischwäldern und auch in ausgesprochenen Buchenwäldern eine der meist gepflanzten Baumarten.

Herkunft
Als Herkunftsgebiet kann die nördliche Halbkugel bezeichnet werden.

Blütezeit
April - Mai

Aussehen
Mit ihrem auffallend silbergrauen, glatten Stamm ist die Buche leicht zu erkennen. Sie kann eine Höhe von 40 m erreichen. Nach oben hin bildet sie eine weit verzweigte, breite, gewolbte Krone.
Die eher hellgrünen, elliptisch-länglichen Blätter sind 4 - 10 cm lang und mit feinen Wimpern besetzt. Die männlichen Blüten wachsen in zahlreichen Büscheln hängend oder aufrechtstehend und sind von grünbrauner Farbe. Die weiblichen Blüten bilden zunächst vierlappige, geschlossene, stachelige und schuppige Hüllen. Mit der Reife öffnen sie sich und geben die Nüsschen, die Bucheckern frei.

Anbau
Die Buche erhebt eigentlich keine besonderen Ansprüche. Sie kann leicht aus dem Nüsschen gezogen und dann an ihrem festen Standort eingepflanzt werden. Auch eine direkte Aussaat ist problemlos.

Geschichtliche

Als Laubbaum hat die Buche eine alte Vergangenheit, die bis in die Urgeschichte der Erde, ins Tertiär zurück reicht.

Das Wort Buch entstand, als früher die Schriftstücke aus zusammengesetzten Buchenbrettchen bestanden.

Ebenfalls das Wort *Buch - Stabe* hat eine Beziehung zur Buche. Die heiligen Orakelzeichen der alten keltischen Weisen, die *Runen*, wurden auf Buchenholzstäbchen eingeritzt. Einerseits stellten die Runen ein Alphabet für schriftliche Mitteilungen dar. Andernseits, was mir noch viel wichtiger erscheint, bedeuten die Runen das *Alphabet des Lebens*, die gleich wie das chinesische Weisheits- und Orakelbuch 'I Ging' befragt werden können.

Zur Buche als Heilmittel finden wir sehr ausführliche Beschreibungen bei der *hlg. Hildegard v. Bingen.* Sie beschreibt die Buche als mögliches Heilmittel bei Krämpfen, Fieber und Gelbsucht.

Heute wird die Anwendung der Buche vernachlässigt, obschon sie wichtige und gut wirksame Heileigenschaften aufweist.

Naturwissenschaftliche Heilpflanzenbeschreibung

Die Buche ist heute nicht mehr als offizielles Heilmittel im Gebrauch. Früher spielte das Kreosotum (Buchenholzteer) eine gewisse Rolle. Als krebserregendes Mittel ist es heute in Verruf geraten. Trotzdem möchte ich hier die wichtigsten Angaben aufführen:

Verwendete Teile:	Rinde, Holz, Früchte	
Sammelzeit:	Rinde:	von 2 - 3 jährigen Zweigen im Februar - März
	Holz:	Februar - März
	Früchte:	August - Oktober

Wirkstoffgruppe:	Droge mit noch wenig untersuchten Wirkstoffen

Hauptwirkstoff:	Rinde:	Gerbstoffe
	Holz:	Kreosotum (Guacol, Creosol, Cresolen)
	Früchte:	fettes Öl bis 60 %
Nebenwirkstoffe:	Früchte:	Eiweiss, Fagin

Wirkungen

Hauptwirkungen:	Rinde:	zusammenziehend
		entzündungswidrig
	Holz:	desinfizierend
Nebenwirkungen:	Rinde:	fiebersenkend

Anwendungen

s. 'volksheilkundliche Anwendung der Buche'

Volksheilkundliche Anwendung der Buche

Allgemeine Anwendung:
Wer kennt nicht den Spruch:

'Vor Eichen sollst Du weichen,
vor Fichten sollst Du flüchten,
auch Weiden sollst Du meiden,

doch Buchen sollst Du suchen!'

Interessanterweise haben statistische Untersuchungen gezeigt, dass die Buchen rund 54 mal weniger vom Blitz getroffen werden als zum Beispiel die Eichen. Mir hat einmal jemand erklärt, in welchem Zusammenhang das stünde. 'Die Wurzelform sei ganz wichtig. Flache, weit auslaufende Wurzelbäume ziehen den Blitz weniger an, pfahlartige, spitz in den Boden wachsende Wurzelbäume ziehen den Blitz mehr an' meinte er. Ob dies zutrifft, liesse sich sicher auch statistisch untersuchen. Ich glaube, dass die Erfahrung des Mannes nahe bei der Wahrheit liegt.

Die volksheilkundliche Anwendung der Buche ist ebenfalls praktisch untergegangen und in Vergessenheit geraten. Hin und wieder begegne ich noch der einen oder anderen Anwendung.
Als *fiebersenkendes Mittel* wird ein Tee aus der Rinde zubereitet und davon 4 - 6 mal pro Tag eine Tasse getrunken.
Die *Buchenasche* wird mit Johannisöl und einem Teeauszug von Malven zu einer Paste verrieben und als heilendes Mittel bei *Geschwüren und Wunden* von Mensch und Tier angewendet (s. a. 'Rezeptkästlein').
Der Tee aus den Blättern eignet sich zur Bereitung von Kompressen, die bei *Gerstenkörnern* aufs Auge gelegt eine kühlende und entzündungswidrige Eigenschaft entfalten.
Buchenlaub diente früher auch als Füllmaterial von Säcken, auf denen dann geschlafen wurde. Der Duft der Buchenlaubsäcke hat eine beruhigende Wirkung.

Homöopathische Anwendung:
Das Kreosotum wird in der Homöopathie in potenzierter Form noch heute bei Magenleiden und Blutungen verordnet.

Esoterische Anwendung der Buche

Allgemeines:
Die Buche stellt ebenfalls einen der sieben Bäume dar, die die Siebneranalogie umfasst. So nimmt die Buche den ersten oder letzten Platz ein und korrespondiert mit der Zahl 1, analog dazu mit dem Planeten Saturn, dem Samstag als Tag und dem Metall Blei und mit den Farben Schwarz und Grau.

Wie ich schon erwähnt habe, dienen Buchenholzstäbchen für das Runenorakel. Dabei wird ein Buchenstab in jeweils gleich grosse Stücke geschnitten. Die Zahl der Stäbe entspricht der Anzahl Runen. Die Buchenstäbe werden nun einzeln mit den Runenzeichen beschriftet. Jetzt kommen alle Stäbe in eine Schale. Auf dem Boden oder dem Tisch wird ein weisses Tuch ausgebreitet. Nach dem vorbereitenden Gebet sind langsam nacheinander drei Runenstäbe zu ziehen. Die Reihenfolge der gezogenen Runen, ihre einzelnen Aussagen, sowie ihre Beziehung zueinander ergeben das Gesamtorakel.

Das Holz der Buche dient auch zur Herstellung von Räuchermischungen.

Pflanzenastrologische Anwendung:
Die Buche steht in Beziehung zum Saturn (Jupiter).

Stärkende Anwendung:	bei Wunden und offenen Beinen
	als leber- und gallestärkendes Mittel
	(junge Blätter)
Schwächende Anwendung:	bei Entzündungen
	bei Schwellungen

Anwendung der Buche in der *Bach - Blütentherapie*:
Hier wird zwar nicht die Rotbuche, sondern die Hainbuche (Caprinus betulus) verwendet. Die Hainbuche gehört auch nicht der gleichen botanischen Familie an wie die Rotbuche. Die Hainbuche ist ein Haselgewächs (Corylaceae). Dennoch möchte ich es nicht unterlassen haben, im Zusammenhang mit der Buche, an dieser Stelle auf die Hainbuche hinzuweisen, da beide in ihren entsprechenden Anwendungsformen einige Ähnlichkeiten und Gemeinsamkeiten aufweisen.

In der Bach - Blütentherapie wird die Hainbuchenessenz allgemein bei geistigen *Erschöpfungszuständen*, die sehr wohl auch chronisch sein können, empfohlen. Die Ermüdungen sind das Resultat einseitiger, oft monotoner Arbeiten, vor allem kopflastiger Natur. Auch das ununterbrochene Aufnehmen vieler Eindrücke, die nicht vollständig 'verdaut' werden können, sind die Ursachen dieser Art von Müdigkeit und Erschöpfung.

Baumheilkundliche Anwendung der Buche

Die Buche vermittelt 'Strenge'. Sie ordnet und schafft Klarheit. Ihre Kühle wirkt erfrischend und anregend auf den ganzen Menschen. Die anregende Wirkung kann bis zur Nervosität führen.
Organisch hat sie eine lungenreinigende, atmungsvertiefende Eigenschaft. Diese stehen mehr im Hintergrund. Hauptsächlich wirkt die Buche stark kühlend und 'hitzeableitend'.

Tierheilkundliche Anwendung der Buche

Die Paste, die aus der Asche zubereitet wird, zeigt bei eiternden Verletzungen sehr oft gute Eigenschaften (s. 'Rezeptkästlein').
Die Buchennüsse sind ein stärkendes Mittel für alle Geflügelarten. Ziegen und Schafen nützen sie zur Gesunderhaltung. Die Nüsse werden einfach unter das Futter gemischt.

Als Wildfrucht / Gemüse: *Blätter / Bucheckern*

Mit Buchenholzspänen lässt sich ein schmackhafter Essig ansetzten.
Die noch ganz jungen Buchenblätter eignen sich zu Salatmischungen und Suppeneinlagen.
Ebenfalls aus den jungen Blättern kann mit Schnaps und Zucker ein *Buchenlikör* zubereitet werden.
Die Bucheckern können geschält, gemahlen und der Brei in eine Gaze gefüllt, gepresst werden. Das. so gewonnene Öl ist sehr schmackhaft und reich an Eiweiss. Ein weiterer Vorteil liegt darin, dass das *Bucheckernöl* besser

haltbar ist als die meisten herkömmlichen Öle. Zudem sind Bucheckern sehr ausgiebig: 1 Kilo Buchennüsse ergeben etwa 1/2 Liter Öl.

Die frischen Bucheckern können bekanntlich auch roh genossen werden. Zu Jogurth oder in 'Birchermüsli' sind sie ebenso schmackhaft wie geröstet oder in Brot mitgebacken.

Vergiftungen sind sehr selten und nur bei riesigen Mengen zu erwarten. Auch hier handelt es sich, durch das verlorene Wissen, um eine übertriebene Angst.

Kosmetische Anwendung der Buche

Die Buchenasche wird als sanftes Scheuer- und Reinigungsmittel angewendet. Sie wirkt leicht entzündungswidrig und durch die Scheuerwirkung auch hautreinigend.

Der Tee aus den Blättern dient zu Waschungen und wirkt zusammenziehend bei grossporiger und leicht entzündeter Haut.

Gartenbauliche Anwendung der Buche

Buchenlaub ergibt eine gut nährende Mulchdecke, die im Herbst auf die Erde gestreut werden kann.

Buche in der Holzverarbeitung

Was früher vorwiegend als erstklassiges Brennholz galt, wurde inzwischen auch zu einem wichtigen Nutzholz. Bauschreinerei, Zimmerei und Möbelindustrie brauchen das harte und dauerhafte Buchenholz für die verschiedensten Zwecke. Parkettböden, Kanthölzer, sogar allerlei Kinderspielsachen werden heute aus Buchenholz hergestellt.

Neuerdings nimmt das Buchenholz auch einen wichtigen Platz als Rohprodukt in der chemischen Industrie ein. Dort wird von ihr wertvolle Zellulose zur Herstellung von Kunstfasern gewonnen.

Eberesche

Botanischer Name
Sorbus aucuparia

Familie
Rosaceae   (Rosengewächse)

Andere Namen
Aschekirsche, Drosselbeere, Ebisch (nicht zu verwechseln mit dem eigentlichen Eibisch *Althaea officinalis*), Ebschen, Eibschen, Gimbelbeere, Haweresche, Krametsbeerbaum, Kronawetterbeere, Moosesche, Quickbaum, Stinkholz, Vogelbeere, Wielesche

Vorkommen
Weit verbreitet in ganz Europa trifft man die Eberesche in Wäldern und Mooren bis auf 2400 m an. Häufig wird sie auch in Parkanlagen als 'Zierbaum' angepflanzt. Im südlichen Europa, so Sizilien, Griechenland und Spanien ist die verwandte *Hauseberesche* (Sorbus domestica) oder Speierling, nicht aber die Eberesche, beheimatet.

Blutezeit
Mai - Juni

Aussehen
Die Eberesche ist eher ein kleiner Baum, der etwa 20 m hoch wird. Er bildet eine lockere Krone. Die Blätter sind unpaarig gefiedert und in 5 - 8 Fiederblätter geteilt. Sie sind länglich, gezähnt und leicht behaart. Die Blattunterseite ist heller als die Blattoberseite. Die kleinen, weissen Blüten bilden eine feste Doldenrispe. Mit dem Reifen nehmen die Beeren eine orange bis tiefrote Farbe an. Ihr Geschmack ist trocken, herb und bitter.

Anbau
An sich ist der Anbau der Eberesche problemlos. Sie liebt halbschattige bis sonnige, freie Standorte. Parkanlagen, Strassen- und Waldränder sind bevorzugte Standorte. Die Eberesche lässt sich aus den Früchten sehr gut ziehen, oder aber es werden Stecklinge gepflanzt. Wer eine Eberesche pflanzen möchte,

soll darauf achten, dass er die süsse Sorte erhält. Dadurch wird ihm eine gute Marmelade aus den Früchten zum Geschenk.

Geschichtliches

In der Heilkunde ist die Eberesche erst gegen das Mittelalter anzutreffen. Hingegen hat sie eine lange und tiefverwurzelte, mythologische Vergangenheit, ist sie doch dem germanischen Gewittergott *Donar* geweiht.

Um sich vor Drachen zu schützen, hängte man Ebereschenzweige über die Haus- und Stalltüren.

Lonicerus kennt die Beeren als ein schmerzstillendes Mittel bei Nierenerkrankungen. Aber auch die Eigenschaften als *Lebermittel* sind ihm bereits bekannt.

Hippokrates kennt dagegen die *Hauseberesche* (Sorbus domestica) als stopfendes Mittel.

Hildegard v. Bingen umschreibt die Eberesche als Baum, der die Heuchelei zum Ausdruck bringt. Für sie ist die Eberesche von keiner Bedeutung, im Gegenteil, sie schadet dem Menschen eher, als dass sie ihm nützt.

Noch heute hat die Eberesche eine breite Anwendung innerhalb der Volksheilkunde, obwohl sie fälschlicherweise immer wieder als giftig bezeichnet wird. Die Beeren sind den Vögeln als beliebte Nahrung sehr willkommen. Leider werden die Früchte aber auch als Lockmittel im Vogelfang entsprechend verwendet.

Naturwissenschaftliche Heilpflanzenbeschreibung

Verwendete Teile:	Früchte Blätter	- Fructus sorbi
Sammelzeit:	Früchte: Blätter:	August - Oktober April - Mai

Wirkstoffgruppe:	Früchte: Blätter:	Droge mit Bitterstoffen Droge mit Gerbstoffen
Hauptwirkstoff:	Früchte: Blätter:	Bitterstoff (Parasorbinsäure) Gerbstoff
Nebenwirkstoff:	Früchte: Blätter: Samen:	Pectin, Provit. A, Vitamin C, Sorbinsäure, Zucker, org. Säuren, Farbstoff (Anthocyane, Karotin), ätherisches Öl Trymethylamin Amygdalin

Wirkungen

Hauptwirkungen:	Früchte: Blätter:	wassertreibend stopfend hustenreizmildernd verdauungsfördernd entzündungswidrig
Nebenwirkungen:	Früchte: Blätter:	antirheumatisch blutreinigend allgemein stärkend blähungswidrig

Anwendungen

innerlich: Früchte: bei Nierenunterfunktionen
                                      bei Husten und Heiserkeit
                                      bei Kehlkopf- und Stimmbänder-
                                      entzündungen
                                      bei Gicht und Rheuma
                                      bei Durchfall
                    Blätter: bei Blähungen
                                      bei allgemeinen Magenverstimmun-
                                      gen

äusserlich: praktisch keine Anwendungen

Zubereitungen

innerlich: Früchte: als Tee, die getrockneten
                                      Beeren - Aufguss
                                      als Frischpressaft
                                      als Mus
                                      die getrockneten Beeren kauen
                    Blätter: als Tee 1 Teelöffel pro Tasse
                                      als Aufguss

äusserlich: keine speziellen Zubereitungen

Lagerung: Trocken, vor Staub, Licht und Insekten geschützt!

Besonderes: Das Sorbit dient als Zuckerersatz für Diabetiker.

Volksheilkundliche Anwendung der Eberesche

Allgemeine Anwendung:
Nebst den bereits erwähnten Teilen der Eberesche werden noch die Blüten als Hustenmittel bei *Bronchitis*, aber auch bei *Lungenentzündungen*, empfohlen.
Die frischen, vor allem aber die getrockneten Beeren, zeigen eine sehr gute Wirkung bei *Heiserkeit*. Entweder werden 5 - 8 getrocknete Beeren über den Tag verteilt gegessen oder aber, es wird eine Abkochung zubereitet, die dann als Gurgelmittel dient.
Sänger und Redner nützen die Vogelbeere insofern, dass sie die Stimmbänder geschmeidig halten. Die Beeren schützen vor Reizungen.
Ebenfalls eine alte Anwendung ist die Teezubereitung bei *Tuberkuloseerkrankungen*.
Die frischen Beeren können z.b. auf Wanderungen als allgemein stärkendes Mittel gekaut werden (3 - 5 verteilt über 5 Stunden). Sie regen die Herztätigkeit an, wirken dürstlöschend und vermindern die Schweissabsonderung.
Im weiteren finden die Vogelbeeren noch oft bei *Menstruationsstörungen* Verwendung. Diese Anwendung ist wirklich zu empfehlen. Hauptsächlich als Teebestandteil.

Esoterische Anwendung der Eberesche

Allgemeines:
Der Eberesche wird nachgesagt, dass das Verbrennen ihres Holzes Geister anziehe und dem Menschen gefügig mache. Gesagt, getan. Das Holz dient zu Räucherungen in der zeremoniellen Magie.
Wir wissen, dass die alten Druiden aus dem Holz der Eberesche einen Zauberstab herstellten, den sie auch zu verschiedenen Ritualen und Zermonien benützten.

Pflanzenastrologische Anwendung:
Die Eberesche steht in Beziehung zur Venus (Jupiter und Mars sind auch sehr stark ausgedrückt).

Stärkende Anwendung: bei Nierenunterfunktionen
                              bei Hals - Rachenerkrankungen

Baumheilkundliche Anwendung der Eberesche

Menschen, die stark in der Vergangenheit leben und Mühe haben, die Gegenwart zu finden, hilft die Eberesche.
Es sind zugleich auch Menschen, die in sich verhaftet sind, in sich gekehrt und mit sich unzufrieden. Sie lösen eine Art 'Selbstvergiftung' in allen Ebenen aus.
Organisch spräche man von 'Blutreinigung' = 'Seelenreinigung' und 'Geistesreinigung'.

Als Wildfrucht: *Vogelbeere*

Ebereschenbeeren sind sowohl als Kompott als auch als Marmeladen sehr schmackhaft. Daneben lässt sich auch ein guter Gelee zubereiten. Es ist aber darauf zu achten, dass die süsse Sorte gesammelt wird. Mit der bitteren Sorte muss mit dem Sammeln gewartet werden, bis der erste Frost die Beeren berührt hat. Wer die Beeren vor dem Frost sammeln will, der muss sie erst entbittern. Entweder kocht er die Beeren im Wasser auf und giesst danach ab, oder er legt sie über Nacht im Wasser ein und gibt einen Esslöffel Essig dazu. Am Morgen wird das Wasser abgegossen und die Beeren weiterverarbeitet.

Beim Sammeln der Beeren, vergesst die Vögel nicht ganz! Für sie sind die Ebereschenbeeren ebenso ein wichtiges Lebensmittel, wie sie es für uns sein können. Zudem sckmecken die Beeren den Vögeln ganz besonders. Lasst den Vögeln auch was übrig.

Ebenfalls empfiehlt es sich, beide Sorten von Vogelbeeren mit Holunderbeeren oder mit Äpfeln zu mischen.

Auch als Likör zubereitet, sind die Vogelbeeren sehr gut.

In einigen Gegenden wird aus den Vogelbeeren ein Schnaps gebrannt.

Zum Färben: *Eberesche*

Mit der Rinde können wir Wolle und Seide färben. Je nach Beize die wir wählen, ergibt sich ein Rotbraun bis Rotgrün im Farbton.

Gartenbauliche Anwendung der Eberesche

Die Anwendung der Eberesche im Garten geschieht, ohne dass von ihr überhaupt ein Teil dazu verwendet wird. Die hlg. Hildegard gibt an, dass die Erde, die um die Wurzeln der Eberesche liegt, im Garten gestreut, Raupen und Kohlschmetterlinge vertreibe.

Der Versuch wird es zeigen.

Eberesche in der Holzverarbeitung

Das Holz dient hauptsächlich zu Drechsler- und Schnitzerarbeiten. Andere Verwertungen des Holzes sind kaum anzutreffen.

Eibe

Botanischer Name
Taxus baccata

Familie
Taxaceae   (Eibengewächse)

Andere Namen
Eibenbaum, Ibe, Kantelbaum

Vorkommen
Mitteleuropa, Nordamerika, Asien, Nordafrika
Die Eibe tritt heute meist als Einzelbaum auf. In Mitteleuropa treffen wir nur noch selten ganze Eibenwälder an. Bekannt dafür ist hauptsächlich Schottland mit seinen oft uralten Eibenwäldern.
Häufig wird die Eibe noch als Heckenbaum angepflanzt.

Blütezeit
März - April

Aussehen
Als Baum kann die Eibe bis 15 m hoch werden. Eiben können sehr alt sein. Es sind selbst 1000-jährige Eiben bekannt.
Die Eibe ist ein immergrüner Nadelbaum. Die Nadeln glänzen an der Oberseite, an der Unterseite sind sie matt. Die Frucht ist eine Scheinfrucht mit einem roten, schleimigen Samenmantel (*Arilli*) und einem harten, dunkelbraunen Kern, der in der Öffnung des Mantels, der den Kern wie eine Mütze einhüllt, sichtbar ist.

Anbau
Die Eibe bevorzugt einen nährstoffreichen, kalkhaltigen Boden. Schatten oder Halbschatten sind ihr lieb.
Sie kann aus den Beeren gezogen werden. In Töpfen wird sie während 2 Jahren vorgezogen und danach ausgepflanzt. Nach dem Auspflanzen ist der noch junge Baum vor direkter Sonne zu schützen.

116

Geschichtliches

Aus Eibenholz wurden in früheren Zeiten Pfeil- und Armbrustbögen und auch die Pfeile dazu gefertigt. Ihr elastisches Holz war dazu vorzüglich geeignet. Die Eibe hatte eine Zeitlang auch als Kulturpflanze eine gewisse Bedeutung. Diese ist aber inzwischen verlorengegangen.

Die Eibe hat eine lange, mythologische Vergangenheit. Sie galt als Totenbaum, aber auch als Baum zum Schutz vor Hexen und Geistern. Daher dürfte wohl auch ihr Gebrauch als Friedhofbaum herrühren. Man gab den zu bestattenden Leichnamen Eibenzweige mit ins Grab, um die Toten vor dem Unfug böser Geister und Hexen zu schützen.

Naturwissenschaftliche Heilpflanzenbeschreibung

Verwendete Teile:	Blätter - Folium taxii
	Samenhüllen - Arilli

Sammelzeit:	Blätter:	November - Januar
	Samenhüllen:	Juli - August

Wirkstoffgruppe:	Alkaloidhaltige Drogen

Hauptwirkstoff:	Taxin

Nebenwirkstoff:	Blätter:	Ephedrin, Taxicantin
	Samenhüllen:	Taxorhodin, Rhodoxanthin, Lyco-pin, Zeaxanthin, Provitamin A

Wirkungen:

Hauptwirkungen: Alle Teile des Baumes sind, mit Ausnahme des roten Samenmantels, sehr giftig! Auch der Kern im Samenmantel ist stark giftig! Die giftigen Teile wirken:

lähmend auf den Herzmuskel
stark zusammenziehend, beziehungsweise stark erregend auf die Gebärmutter.

Anwendungen: Von einer Anwendung der Eibe, auch im volksheil-kundlichen Sinne (s. dort), muss dringend abge-raten werden.
Das rote Samenfleich können wir hingegen sehr wohl essen. Am ehesten eignet es sich frisch.
Der Kern sollte unbedingt wieder ausgespuckt wer-den.

Volksheilkundliche Anwendung der Eibe

Allgemeine Anwendung:
In der Volksheilkunde wird die Eibe hin und wieder in Form von Abkochungen als
Abtreibungsmittel verwendet.
Dann auch als wurmtreibender Tee, der aus den Nadeln zubereitet wird. Davon
ist unbedingt abzuraten, denn erstens haben wir in der heutigen Zeit allge-
mein die Beziehung zu solch starken Mitteln praktisch verloren und zweitens
reagiert unser Körper nicht mehr im gleichen Masse wie vor fünfzig oder hun-
dert Jahren.
Abkochungen der Blätter werden auch zur äusserlichen Wundbehandlung und bei
Parasitenbefall als Waschungen gebraucht.

Homöopathische Anwendung der Eibe:
Die Homöopathie bereitet aus den frischen Nadeln eine Essenz zu, welche bei
rheumatischen Erkrankungen verordnet wird. Auch bei Nieren- und Blasenleiden
findet diese Essenz ihre Anwendung.

Esoterische Anwendung der Eibe

Allgemeines:
Die Eibe ist einer jener Bäume, dem eine sehr grosse esoterische Bedeutung zugemessen wird. Schon ihr häufiger Standort, Friedhöfe und Gräber, weisen auf ihren Charakter als Totenbaum hin. Früher wurden oft Eibenzweige den Toten in die Gräber mitgegeben, um die verstobenen Seelen vor Hexen und den Streichen böser Geister zu schützen.
Daneben gilt die Eibe auch als Mordbaum. Aus ihren Zweigen und Rinden wurden nicht selten Gifttränke hergestellt. Das hauptsächlich in der Römerzeit. Die Römer waren ja im Mischen solcher Getränke bekanntlich äusserst phantasievoll.
Die hohe Magie kennt die Eibe ebenfalls sehr gut. Aus den Ästen werden Zauberstäbe und Räucherungen zubereitet.
In England, hauptsächlich in Schottland, gilt der Standort der Eibe als heilig. Dort finden auch die Einweihungen in die grossen Mysterien des Todes und der Wiedergeburt, der Transformation, statt. Die Eibe gilt als die *Hüterin der Schwelle*.

Pflanzenastrologische Anwendung:
Die Eibe steht in Beziehung zum Planeten Saturn.
Ihre Anwendung findet sich in diesem Zusammenhang nur als Räucherung oder in der Baum-Heilkunde.

Stärkende Anwendung: bei Knochenkrankheiten
bei Sehnen- und Bänderkrankheiten

Schwächende Anwendung: bei Selbstmordgedanken
bei Verhärtungen und Steinbildungen

Baumheilkundliche Anwendung der Eibe

Wer schon einmal unter einer Eibe gesessen ist, der weiss wie dunkel und kühl ihre Umgebung wirkt. Diese Dunkelheit kann beängstigend aber auch faszinierend wirken. Um vieles stärker wirkt dann noch ein Eibenwald.
Die Eibe ist ein Baum, der den Menschen in sein Innerstes führt. Dabei begegnet er seinen dunkelsten und seinen hellsten Erinnerungen.
Eine Eibe aufzusuchen empfiehlt sich jenen, die nach dem Sinn suchen. Die Eibe

wirkt zentrierend.

Bei bestimmten organischen Krankheiten die mit Verhärtungen, Knochen, Sehnen und Bändern zu tun haben, hat die Eibe einen lösenden Charakter.

Tierheilkundliche Anwendung der Eibe

Die Eibe wird in der Tierheilkunde nur selten angewendet. Abkochungen von Eibennadeln werden hin und wieder bei Parasitenbefall äusserlich als Waschungen gebraucht.

Ich möchte auch hier nochmals betonen, dass die Eibe auch für viele Tiere ein stark giftiger Baum ist. Eigenartigerweise fressen gerade Pferde sehr gern die Eibenzweige. Für diese Tiere führen kleinste Mengen zu sehr gefährlichen, ja oftmals tödlich verlaufenden Vergiftungen.

Als Wildfrucht: *Eiben*

Wie ich schon erwähnt habe, ist der braune Kern der Scheinfrucht sehr giftig. Nur der rote Samenmantel (Arilli) ist geniessbar.

Der Samenmantel kann roh gegessen oder nach dem Entfernen des Kerns als Zusatz zu Kompott, Mus oder Konfitüren mitverwendet werden.

Besonders gut schmecken Mischungen mit leicht sauren Früchten, wie Berberitze, Sanddorn oder auch Himbeere und Erdbeere.

Eibe in der Holzverarbeitung

In früheren Zeiten diente das Eibenholz zur Herstellung von Handfeuerwaffen. Heute erhält man nur noch selten Eibenholz, denn der Baum steht allgemein unter Naturschutz.

Wer noch Eibenholz bekommt, der verwendet es zu Drechslerarbeiten und zur Herstellung von Intarsien und Schnitzereien.

Eiche (Stieleiche)

Botanischer Name
Quercus robur

Familie
Fagaceae (Buchengewächse)

Andere Namen
Flammeiche, Loheiche, Sommereiche

Vorkommen
Mitteleuropa
Die Eiche ist ebenfalls ein Baum, der in ganz Europa anzutreffen ist. Häufig steht sie einzeln auf Anhöhen, oder dann tritt sie in Gruppen auf. Leider sind reine Eichenwälder heute eher selten geworden.

Blütezeit
April - Mai

Aussehen
Die Eiche ist ein 30 - 40 m hoher Baum, der unter guten Bedingungen bis zu 1000 Jahre alt wird. Sein Stamm ist mit viereckigen Borkenschuppen umkleidet. Die Blätter sind verkehrt-eiförmig und gebuchtet. Die männlichen Blüten bilden Kätzchen, die gelblichen weiblichen Blüten sind hängend.
Die Früchte sind oval-eiförmig.
Die Blüten der Stieleiche sind gestielt, im Unterschied zur Traubeneiche, deren Blüten praktisch ohne Stiel wachsen.

Anbau
Die Eiche ist sehr gut zu ziehen. Sie liebt einen tiefgründigen, humusreichen Boden. Der Boden muss gut durchlässig sein. Wer eine Eiche pflanzen will, kann sie aus der Frucht ziehen. Bald nach dem Keimen kann der ganz junge Baum in die Erde, an seinen Standort eingepflanzt werden. Und jetzt heisst es: Geduld haben. Die Eiche wächst nur ganz langsam, dafür aber stetig und gleichmässig.

Geschichtliches

Die Eiche hat eine lange geschichtliche und mythologische Vergangenheit. Kelten, Goten, Germanen und die Römer verehrten die Eiche als einen den Göttern geweihten Baum. Ein Baum des Mannes, der Stärke und der Ausdauer. So wurden auch bei den Eichen Gerichtssitzungen abgehalten und vor allem die Gerichtsurteile vollstreckt.

Aus dem Rascheln der Blätter zog man Orakel.

Als Heilmittel kennt die Eiche eine vielseitige Anwendung. Schon Plinius erwähnt die Früchte, mit denen Brotmehl herzustellen sei.

Eigenartigerweise umschreibt die hlg. Hildegard die Eiche mit 'Liederlichkeit' ohne 'Weichheit'. Was sicherlich zutrifft, ist das Kalte und Harte wie auch Bittere der Eiche. Die Hildegard sagt im Gegensatz zu Plinius, dass die Früchte für den Menschen ungeniessbar seien und die Tiere würden davon 'fett wie Schweine'.

Trotzdem: In den Kriegsjahren dienten diese Früchte als Kaffeersatz. Lange Zeit galten sie dann als ein minderwertiges Ersatzmittel und wurden nur von Leuten, die kein Geld hatten, verwendet. Wie sich die Zeiten ändern, so auch die Haltungen. Heute werden Eicheln wieder in Mischungen für Kaffeersatz verwendet.

In der offiziellen Heilpflanzenanwendung wird nur die Rinde als Heilmittel herangezogen.

Naturwissenschaftliche Heilpflanzenbeschreibung

Verwendete Teile:	Rinde - Cortex querqus
	Blätter - Folium quercus
	Früchte - Glandes quercus
Sammelzeit:	Rinde: März - Mai
	Blätter: Mai - Juni
	Früchte: September - November

Wirkstoffgruppe:	Gerbstoffhaltige Drogen	
Hauptwirkstoff:	in allen Teilen:	Gerbstoffe (Catechingerbstoffe, Gallensäure
Nebenwirkstoff:	in allen Teilen:	Bitterstoff (Quercin)
	Rinde:	Quercin, Zucker, Pektin, Stärke
	Früchte:	Quercit, fettes Öl, Zucker, Stärke, Eiweiss, Säuren

Wirkungen

Hauptwirkungen:	zusammenziehend
	entzündungshemmend
	blutstillend
	stopfend
	keimtötend
Nebenwirkungen:	allgemein stärkend
	narbenbildend
	gewebsfestigend
	schweisshemmend

126

Anwendungen

innerliche:	bei Durchfall
	bei Magen-Darmkatarrh
	bei starker Menstruation
	bei Leberleiden
	bei Blasenleiden
	bei Blutungen

äusserliche:	bei Fussschweiss
	bei Zahnfleisch- und Mundschleimhautentzündungen
	bei Hautunreinheiten
	bei Wunden
	bei Verbrennungen
	bei Hautausschlägen (nässenden Ekzemen)

Zubereitungen

innerliche:

als Tee: 1 Teelöffel Blätter auf 1 Tasse Wasser als Aufguss

als Kaffeersatz: Früchte, geröstet und gemahlen

als Brotmehlverschnitt: Früchte, getrocknet und gemahlen

äusserliche:

als Bad (Sitzbad, Fussbad): Rindenabkochung, 100 gr. Rinde auf 1 Liter Wasser

als Umschlag als Spülung, Waschung, Pinselung: Rindenabkochung oder Tinktur.

Lagerung: Trocken vor Licht, Staub und Insekten geschützt!

Besonderes: Die Rinde darf nicht für innerliche Zwecke zubereitet werden. Sie kann die Magenschleimhaut zu stark reizen und entsprechende Entzündungen auslösen.

Volksheilkundliche Anwendung der Eiche

Allgemeine Anwendung:
Eichenrinde und vor allem Eichenblätter sind in der Volksheilkunde in den letzten Jahren etwas verdrängt worden.
Das Anwendungsgebiet war sehr breit. So wurden Rinde und Früchte auch bei Milz- und Leberschwellungen infolge Alkoholmissbrauchs eingesetzt. Auch bei den anderen Anwendungen zeigt sich doch, dass gerade die Früchte immer wieder sehr gute Erfolge hinterlassen.
Die Rinde und die Früchte kamen auch bei Kindern in Anwendung, und zwar bei Rachitis und Skrofulose.
Noch heute verordnet man bei Weissflusskrankheiten mit sehr guten Erfolgen ein Sitzbad aus den Rinden.
Wechselfieberartige Zustände sind ebenfalls Bereiche, in denen Eichenrinde und Früchte, aber auch die Blätter zu empfehlen sind.
Weitere Krankheiten, die in den Behandlungsbereich der Eiche fallen, sind:
- Gebärmuttersenkung!
- Hämorrhoiden.

Homöopathische Anwendung:
Die Homöopathie bereitet aus der frischen Rinde junger Zweige und aus den Eicheln eine Essenz zu. Diese Essenz wird in erster Linie bei Milz- und Leberschwellung infolge Alkoholmissbrauchs verordnet (s.a. 'Allgemeine Anwendung'). Zudem lösen die Anwendungen dieser Heilmittel einen Widerwillen gegenüber Alkohol aus.

Esoterische Anwendung der Eiche

Allgemeines:
Die esoterische Bedeutung der Eiche hat eine uralte Vergangenheit. Nebst den mythologischen Bedeutungen gilt die Eiche noch heute als ein sehr gutes Heil- und Schutzmittel. Im Volksmund wird gesagt: 'Damit ein Kind gute Zähne bekomme, soll der erste ausgefallene Zahn in einen Eichenstamm eingebohrt werden. Das Loch ist wieder gut zu vermachen.'. Diese Anwendung gilt als sogenannte sympathische Volksmedizin.
In der rituellen Magie werden aus Eichenholz Räucherungen hergestellt. Auch zur Verarbeitung von Zauberstäben dient die Eiche (Eiche = Macht, Kraft, Ausdauer, Stärke).

Pflanzenastrologische Anwendung:
Die Eiche steht in Beziehung zum Planeten Jupiter. Sie drückt aber auch starke Mars- und Saturneigenschaften aus.

Stärkende Anwendung:	zur Wundheilung
	bei Hämorrhoiden
	bei eiternden Wunden
	für den Knochenaufbau
Schwächende Anwendung:	bei Fussschweiss
	bei Gallenüberproduktion

Anwendung der Eiche in der *Bach - Blütentherapie*:
In der Bach-Blütentherapie wird die Eiche all jenen empfohlen, die zäh, ausdauernd, beinahe verbissen in ihre Arbeit vertieft sind, dabei aber oft mit chronischer Müdigkeit kämpfen.

Baumheilkundliche Anwendung der Eiche

Ähnlich wie in der Bach-Blütentherapie wird die Eiche in der Baum-Heilkunde angegangen. Zum 'Auftanken' und um sich allgemein zu stärken, ist die Eiche der Baum, der sich uns anbietet. Die Eiche zeigt hier sehr schöne Eigenschaften nach langen, kräfteraubenden Erkrankungen. Sie fördert den Wiederaufbau, die Regeneration.

Tierheilkundliche Anwendung der Eiche

Wunden, Flechtenerkrankungen und Hautentzündungen der Tiere können mit einer Abkochung der Fruchtschalen behandelt werden.
Die Eicheln selber, gemahlen oder zerstampft, sind ein allgemein stärkendes Futtermittel für Geflügel, Pferde, Esel und Schweine. Den Schweinen sollten die Eicheln ohne Schalen verfüttert werden. Die Blätter hingegen sind wiederum für Schafe und Ziegen ein sehr gutes Stärkungsmittel.
Haben Kleintiere, aber auch Esel und Pferde, Rinder und Kühe den Durchfall, so lässt sich das Eichelmehl als stopfendes Mittel unter das Futter mischen.

Als Wildgemüse: *Eicheln*

Die Eicheln dienen als Kaffeersatz. Sie müssen erst gut gekocht (entbittert) und danach im eigenen Saft trocken geröstet und gemahlen werden.
Gemischt mit verschiedenen Wurzeln und Blättern ergeben sie einen schmackhaften Kaffee.
Die Eicheln können auch als Brotmehlzusatz verwendet werden.

Kosmetische Anwendung der Eiche

Als Bad und Waschung eignen sich Eichenblätter und Rinde zur Reinigung unreiner, fetter Haut. Die Anwendung sollte nicht zu häufig sein, da sonst die Haut zu stark austrocknet, höchstens dreimal in der Woche.

Eiche in der Holzverarbeitung

Mit dem Lärchenholz ist das Eichenholz das widerstandsfähigste und dauerhafteste unter den europäischen Hölzern. Eichenholz ist ein Hartholz.
Die aufgeschnittenen Eichen müssen vor ihrer Verarbeitung über mehrere Jahre im Freien gelagert und danach geschützt werden. So ergibt sich auch der Umstand, dass heute gut gelagertes Eichenholz schwer zu finden und zudem noch sehr teuer ist.
Parkettböden, Möbel verschiedenster Art und Ausstattung, aber auch Schiffsgerippe und Wasserräder werden aus Eichenholz angefertigt. In der Möbelindustrie wird das Holz häufig zu Furnieren verarbeitet.

Unter Wasser ist Eichenholz unbegrenzt haltbar. Es nimmt dabei eine schwarze Farbe an und wird sehr hart.

Erle   (Schwarz-Erle)

Botanischer Name
Alnus glutinosa

Familie
Betulaceae   (Birkengewächse)

Andere Namen
Roterle

Vorkommen
Europa, Asien
Erlen lieben feuchte Wälder und Ufergegenden. So trifft man sie auch entsprechend häufig an Teichen, Seen, Bächen und Mooren an. Sie treten in Gruppen, aber auch einzeln auf. Die Erle ist ebenfalls ein wichtiger Bestandteil von Mischwäldern.

Blütezeit
Februar - April

Aussehen
Die Erle wird bis 25 m hoch. Im Jungstadium ist die Rinde glänzend-grau, später wird sie rissig und braun.
Die Blätter sind rundlich und vorne stumpf. Jungblätter sind klebrig. Die Erle trägt einhäusige, gestielte Kätzchen. Die männlichen Blüten sind hängend, während die eiförmig weiblichen aufrecht wachsen. Die rundlichen, dunkelbraunen Zapfen sind gestielt.

Anbau
Die Erle bevorzugt viel Sonne und feuchten Boden. Sonst braucht sie keine besondere Pflege. Die Vermehrung geschieht durch die Aussaat der Erlennüsschen.

Geschichtliches

Als Heilmittel ist die Erle eher unbekannt.

Früher wurden junge Erlenzweige im Stall und im Hauseingang zum Schutze vor Hexen aufgehängt. Die Rinde galt als gutes Gerbmittel, um Leder herzustellen. Für die hlg. Hildegard bedeutet die Erle die Nutzlosigkeit. Die Hildegard hat für die Erle nicht besonders viel übrig.

Mit Erlenrinde wurden sehr häufig Stoffe und Wolle gefärbt.

In einigen Gegenden bestehen die Holzschuhe noch heute aus Erlenholz.

Sägespäne von Erlenholz dienen zum Räuchern von Fleisch.

Naturwissenschaftliche Heilpflanzenbeschreibung

Verwendete Teile:	Rinde - Cortex alni
Sammelzeit:	März - April

Wirkstoffgruppe:	Gerbstoffhaltige Droge
Hauptwirkstoff:	Gerbstoff
Nebenwirkstoff:	Fett, Öl, Harzsäuren, Emodin, Alnulin

Wirkungen

Hauptwirkungen:	zusammenziehend
	entzündungswidrig
Nebenwirkungen:	narbenbildend
	fiebersenkend
	leicht abführend

Anwendungen

innerliche:	bei Darmblutungen
äusserliche:	bei Mund-, Hals- und Rachenentzündungen
	bei Angina
	bei Hautausschlägen
	bei eiternden Wunden

Zubereitungen

innerliche:	als Klistier
äusserliche:	als Umschlag und zu Waschungen
Lagerung:	Trocken, vor Licht, Staub und Insekten geschützt!

Volksheilkundliche Anwendung der Erle

Allgemeine Anwendung:
In der Volksheilkunde wird die Schwarz-Erle auch zum Abstillen angewendet. Dazu bereitet man einen Breiumschlag aus den frischen oder den getrockneten Blättern.
Die Blätter und die Rinde gelten auch als fiebersenkend.

Homöopathische Anwendung:
Die Homöopathie verwendet die Haselerle (Alnus serrulata). Die Essenz kommt bei Fieber, Entzündungen der Mundhöhle und bei Angina zur Anwendung.

Esoterische Anwendung der Erle

Allgemeines:
Erlenzweige sollen Haus und Hof vor Krankheiten und Behexungen schützen. So jedenfalls wurden sie im Volk lange Zeit angewendet.
Noch heute dienen Erlenzweige zu Räuchermischungen, um die Luft zu reinigen. Zudem sollen sie auch Glück mit den Nachkommen bescheren. Das in die Schuhe gelegte Laub hilft bei müden Füssen und Beinen.

Pflanzenastrologische Anwendung:
Die Erle steht in Beziehung zu Jupiter und Venus.

Stärkende Anwendung:	bei Fieber
	bei allgemeiner Schwäche
Schwächende Anwendung:	bei Hautentzündungen

Baumheilkundliche Anwendung der Erle

In der Baum-Heilkunde empfiehlt es sich, eine Erle bei Müdigkeit und Niedergeschlagenheit aufzusuchen. Sie bringt Frische und Munterkeit und vermittelt eine gewisse Leichtigkeit.
Auch bei Gichterkrankungen und bei hitzigen Gemütern zeigt die Erle sehr gute Heileigenschaften.

Tierheilkundliche Anwendung der Erle

Erlenknospen mit frischem Brot der Kuh eingegeben und sie dann bespringen lassen, soll sie sicher tragend machen!
Wenn das Fell der Tiere mit Erlentee gewaschen wird, sind sie bis zu einem gewissen Grade vor Fliegen und Bremsen geschützt.

Zum Färben: *Erle*

Blätter und Rinde werden zum Färben verwendet. Die Blätter ergeben ein starkes Braun, die Rinde, je nach Beize, Mittel- bis Schwarzbraun.

Erle in der Holzverarbeitung

Erlenholz ist ein leichtes Holz. Naturbelassen zeigt es uns eine feine, gleichmässige Struktur von gelb-rötlicher Farbe.

Als Bauholz eignet es sich nicht gut, denn dem Holzwurm ist Erlenholz ein willkommener Leckerbissen. Erlenholz enthält viel Eiweiss, und das weiss der Holzwurm zu schätzen.

Unter Wasser hingegen ist das Erlenholz sehr dauerhaft, daher auch seine Verwendung im Gruben- und Wassermühlenbau.

Zu Kisten und Koffern, aber auch zu den verschiedensten Küchengeräten wird es verarbeitet, denn das Holz ist sehr leicht.

Esche

Botanischer Name
Fraxinus excelsior

Familie
Oleaceae   (Ölbaumgewächse)

Andere Namen
Asch, Aspalter, Esch, Ische, Steinesche, Wundbaum

Vorkommen
Als weitverbreiteter Baum ist die Esche in ganz Europa anzutreffen.

Blütezeit
April - Mai

Aussehen
Die Esche ist ein kräftiger und eindrucksvoller Baum mit einer Höhe bis zu 40 Metern.
Sie trägt eine offene, abgerundete Krone. Die Blätter sind gestielt und unpaarig in 7 - 15 einzelne, gezähnte Fiederblättchen geteilt.
Die bräunlichen bis purpurnen, in Rispen sitzenden Blüten erscheinen vor der Blattentwicklung. Geflügelte Nüsschen hängen als reife Frucht herab.
Auffallend sind bei den jungen Eschen die schwarzen, samtigen Knospen, die wie kleine Rehhufe aussehen.

Anbau
Ausser dass die Esche Trockenheit nicht besonders liebt, ist ihr Anbau problemlos. Ein feuchter, nährstoffreicher Boden ist ihr lieber als ein trockener, ausgelaugter Boden.

Geschichtliches

In der nordischen Lieder-Sammlung, der 'Edda', wird die Esche als der Weltenbaum, als der kosmische Baum *Yggdrasil*, besungen. Die Esche war dem Odin geweiht. Das majestätische Bild der Esche steht vor dem der Eiche. Um den Schutz der Esche wurde gebeten und ihr Blätterrauschen erzählte von der Zukunft. Eine andere germanische Sage erzählt uns, dass aus der Esche der Mann und aus der Erle die Frau geboren wurden.

Aus Eschenholz war der Speer des Kentauren *Chiron*. Chiron brachte den Speer dem *Achilles*, damit er Hektor besiege. So berichten es die griechischen Mythen. Die Esche war dem Kriegsgott 'Ares' (Speer) geweiht und entsprang aus dem Blute des *Uranus*, dem ersten Herrscher des Universums. Die Esche ist das Symbol für die Macht des Wassers.

Eine nordamerikanische Indianerlegende erzählt, dass der Gott der Schöpfung einen Pfeil in eine Esche schoss, woraus dann die ersten Menschen geboren wurden.

Die Esche trägt auch das Symbol der Fruchtbarkeit und Fortpflanzung.

Als Heilmittel beschreibt *Hippokrates* die Esche als harntreibendes, bei Rheuma und Gicht sehr gut wirksames Mittel. Beschreibungen dieser Art lassen sich auch bei der hlg. Hildegard finden. Sie schreibt: 'Die Esche ist mehr warm als kalt und bezeichnet den *Rat*.'. Die hlg. Hildegard kennt auch eine Bierzubereitung aus den Eschenblättern. Sie soll den Magen reinigen und die Brust leicht machen.

Noch viele andere Eigenschaften wurden der Esche zugeschrieben. Sie galt als schmerzstillend, fiebersenkend und wundheilend. Sie war ein 'Sympathiemittel' bei 'Blutspucken'.

Fast alle alten Kräuterbücher nannten die Esche einen heilbringenden Baum. Heute scheint sie als Heilmittel vergessen zu werden. Vieles ist im Laufe der Zeit untergegangen und nicht mehr bekannt.

Naturwissenschaftliche Heilpflanzenbeschreibung

Verwendete Teile:	Rinde - Cortex fraxini
	Blätter - Folia fraxini
	Samen
	Bast

| Sammelzeit: | Rinde: | April |
| | Blätter: | Mai - Juni |

| Wirkstoffgruppe: | Droge mit Glycosiden (Cumaringlycoside) |

Hauptwirkstoff:	Rinde:	Fraxin
	Blätter:	Quercitrin
	Samen:	ätherisches Öl
	Bast:	Schleimstoff

Nebenwirkstoffe:	Rinde:	Mannit, Gerbstoffe
	Blatt:	Mannit, Inosit, Dextrose, Gerb-
		stoffe, ätherisches Öl, Gummi
	Samen:	Bitterstoffe

Wirkungen

Hauptwirkung:	Rinde:	wassertreibend
	Blätter:	abführend,
		antirheumatisch

| Nebenwirkungen: | | wassertreibend, |
| | | blutreinigend |

Anwendungen

innerlich: Blätter: bei rheumatischen Krankheiten,
vor allem bei Muskelrheuma
bei Verstopfung
bei Übersäuerung des Blutes

Zubereitung

innerlich: Blätter: als Tee: 3 - 5 mal täglich
1 Tasse. Pro Tasse 1 Teelöffel
voll als Aufguss 10 Minuten
ziehen lassen.

Lagerung: Trocken, vor Licht, Staub und Insekten geschützt!

Volksheilkundliche Anwendung der Esche

Allgemeine Anwendung:
Heute ist die Esche selbst aus dem volksheilkundlichen Schatz fast verschwunden. Vor lauter 'exotischen' Heilmitteln hat man sie beinahe vergessen. Nur noch Wenigen sind die vielseitigen Möglichkeiten bekannt.
Der Bast, als schleimreiches Mittel, ist ein gut wirksames, kühlendes und erweichendes Mittel bei Wunden. Er dient zu Auflagen und wird nur frisch verwendet.
Abkochungen der Eschenrinde wurden früher zur Behandlung von Bisswunden (Hund, Schlangen und andere Tiere) gebraucht.
Die schmerzstillende, antirheumatische und wassertreibende Eigenschaft der Rinde waren schon immer bekannt, seit die Esche als Heilmittel gebraucht wurde. Die Rinde zeigt daneben aber auch sehr gute, fiebersenkende und schweisstreibende Eigenschaften, die wir bei Erkältungs- und Grippekrankheiten ausnützen dürfen.
Selbst der Samen kann dabei mitverwendet werden.
Den Blättern und der Rinde sind die abführenden, steinlösenden und wassertreibenden Eigenschaften gemeinsam. Muskelrheuma, Gicht, ja selbst Spul-und Madenwürmer und Störungen der Nierentätigkeit sind geradezu Krankheitsformen, auf die die Esche lösend wirkt.
Das Holz der Esche zeigt allgemein blutreinigende Eigenschaften.
Der Same findet als *liebeskraftsteigerndes Mittel* eine Anwendung. Dazu wird ein Tee zubereitet. Der Same gilt auch als heilsames Mittel bei Leberleiden, vorwiegend bei sogenannter 'Leber-und Milzverhärtung'.
Weiter ist zu erwähnen, dass die Blätter auch zur Wundreinigung herangezogen werden können. Eschenlaub kann, wie einige andere Pflanzen, auch in die Schuhe gelegt werden, um so *müden Füssen* vorzubeugen.

Homöopathische Anwendung der gemeinen Esche:
Aus der frischen Rinde wird eine Essenz zubereitet. Entsprechende Verdünnungen sind zur Behandlung von:
- Muskelrheuma
- Verstopfungen
- Leberleiden
in Gebrauch.

Esoterische Anwendung der gemeinen Esche

Allgemeines:
Die Esche gehört auch zu den Bäumen, die die Analogiereihe der Zahl 7 bilden. An zweiter Stelle stehend korrespondiert die Esche mit der Sonne, analog zum Sonntag, dem Gold als Metall und zur Farbe Gelborange.
Eschenstäbe waren die Zauberstäbe der Druiden, denn die Esche war ja Odin, dem Vermittler der *Runen*, geweiht.
Wohl eine der volkstümlichsten, esoterischen Anwendungen der Esche ist das Rezept gegen 'Blutspucken':
'Das ausgespuckte Blut ist in eine gut verschliessbare Eschenholzbüchse zu geben. Kupfer- oder Eisenvitriol (Vorsicht: GIFTIG) wird dazu getan. Sobald das Vitriol das Blut zersetzt hat, ist das Leiden weg.'
Zum Kupfer- oder Eisenvitriol: Diese beiden Metallsalze gelten in der alten, überlieferten Volksheilkunde ohnehin als blutstillende Mittel. In die entsprechend zubereitete Salzlösung wird eine mit Blut getränkte Gaze hineingelegt.
Zurück zur Esche: zunächst ist zu erwähnen, dass Trinkgefässe aus Eschenholz ohnehin als stärkende und heilende Becher oder Schalen gelten.
Bei einem ähnlichen Rezept, wie oben beschrieben, geht es um das 'Übertragen' von Krankheiten. Dabei handelt es sich um eine alte Form des Heilens, die als *Sympathie-Heilkunde* bezeichnet wird. Hat jemand eine Krankheit, die mit Ausscheidungsprodukten wie Auswurf, Blut oder Vereiterungen verbunden sind, so nimmt man eine Gaze und tupft eine kleine Menge vom Ausscheidungsprodukt auf. Nun wird am Stamm einer Esche die Rinde so eingeschnitten, dass die Rinde leicht abzuheben ist und eine Art Deckel bildet, den man wieder verschliessen kann. Unter diesen Rindendeckel wird die Gaze mit dem Ausscheidungsprodukt gelegt. Der Rindendeckel ist wieder gut zu verschliessen. Und jetzt gilt es abzuwarten. Diese Anwendungsform kann hauptsächlich bei länger dauernden, chronischen Erkrankungen versucht werden.
Ich bin der Meinung, dass solche Rezepte wieder entdeckt werden dürfen, und wenigstens ein Versuch nicht unterbleiben soll. Erst durch den Versuch können Erfahrungen gemacht werden und nicht durch rationales Ablehnen.
Nur die Erfahrung kann uns lehren, was von all diesen Anwendungen auf die heutige Zeit überhaupt übertragbar ist. Dabei darf auch der Glaube daran nicht fehlen. Genauso wie ein chemisch erzeugtes Medikament kaum auf die Dauer Erfolg bringt, wenn ein Patient an seiner Wirkung zweifelt. Patient und Arzt, beide müssen überzeugt sein, also an das Medikament glauben. Wir wissen heute, dass im beidseitigen Vertrauen in eine Therapie oder Zubereitung eine un-

glaubliche Kraft liegt. Ich möchte hier nur an die 'Placebos' erinnern. Mit solchen Medikamenten ohne Wirkstoffe vermögen Patienten selbst starke Schmerzen auszuschalten.
Mit den Begriffen 'Aberglauben', 'Einbildung' u.s.w. ist also vorsichtiger umzugehen, als es üblich ist. Die Kräfte und Energien der Heilung liegen im Erkrankten. Werden diese auf gute und richtige Weise gelenkt, so heilt sich der Patient selber. Der Arzt oder Therapeut hat dabei lediglich die Aufgabe des Einschaltens, der 'Zündung' und der Hilfe bei den ersten 'Steuerungsversuchen'.

Pflanzenastrologische Anwendung:

Die Esche steht in einer engeren Beziehung zur Sonne und zum Mond.

Stärkende Anwendung:	bei Leber- und Nierenunterfunktionen
Schwächende Anwendung:	bei fiebrigen Erkrankungen bei eiternden Wunden und Hautausschlägen.

Baumheilkundliche Anwendung der Esche

An einem Kurs erhielt ich von einem Teilnehmer auf die Frage, was die Esche dem Einzelnen bedeute, wohl eine der treffendsten Antworten, die ihr gegeben werden kann. Der Teilnehmer sagte uns: 'Mir erscheint die Esche als der kreativste und schöpferischste Baum. Sie zeichnet und malt alle anderen Bäumen!'.

Eschen sind, auch wenn sie als 'Krafträuber' gelten, dem Menschen sehr freundlich gesinnt. Die Esche regt die Phantasie an und wirkt dadurch belebend und stärkend. Dies erklärt auch die Herstellung der Zauberstäbe aus Eschenholz bei den Druiden. Erkennbar auch durch das Symbol der Esche, als Weltenbaum, in dem alles enthalten ist und aus dem alles geboren wird.
Verhärtete Menschen, die sehr verbittert und enttäuscht sind, weckt und löst die Esche aus ihrem Kreis.
Gleiches zeigt sie auch in der organischen Wirkung. Verhärtungen, Kristallisationen, wie rheumatische Ablagerungen und Steinbildungen, löst und erweicht sie. Sie hat harnsäuresalzlösende Eigenschaften.

Allein durch den regelmässigen Aufenthalt und das Zwiegespräch mit ihr vermittelt die Esche ihre Eigenschaften dem Menschen.

Tierheilkundliche Anwendung der Esche

Die Eschenblätter sind ein ausgezeichnetes Tierfutter. Sie sind zwar eher als Medizin zu betrachten, können aber regelmässig dem Futter beigemischt werden. Eschenblätter stärkt die Tiere in ihrem allgemeinen Wohlbefinden. Für Ziegen sind die Blätter sicher eines der besten Heilmittel, sollte einmal ein Tier erkranken.

Als Wildgemüse: *Eschenblätter und Früchte*

Die noch ganz jungen und klebrigen Blätter der Esche lassen sich gut zu Wildsalaten beimischen. So zubereitet sind sie sehr schmackhaft.
Aus den reifen Früchten lässt sich ein fettes Öl gewinnen. Der Ölanteil beträgt etwa 25%. Das *Eschenöl* ist schlechter haltbar als das *Bucheckernöl*.

Kosmetische Anwendung der Esche

Der Bast dient als Gesichtsmaske. Dabei ist ein Brei zuzubereiten, so dass er mit einem feinen Pinsel aufgetragen werden kann. Die Maske wird 2 mal pro Woche aufgetragen. Man lässt sie 10 - 15 Minuten einwirken.
Sie hat reinigende, entzündungswidrige und auch entspannende Eigenschaften. Der Tee aus den Blättern kann zu Waschungen gebraucht werden.

Gartenbauliche Anwendung der Esche

Ich habe bereits darauf hingewiesen, dass die Esche als 'Krafträuber' gilt. Sehr schön ist das im Gartenbau zu beobachten. Die Esche tritt entsprechend gegenüber anderen Pflanzen auf. Sie braucht sehr viel Kraft aus der Erde, so dass der Boden ausgelaugt wird.
An Eschenstangen und Zweigen lassen sich praktisch keine Pflanzen aufbinden. Entweder gehen die aufgebundenen Pflanzen ein, oder sie weichen aus, indem sie von der Stange wegfallen oder wegwachsen.

Esche in der Holzverarbeitung

Zum ersten ist das Eschenholz ein gutes Brennholz. Es wird zwar nur noch ganz selten dazu verwendet. Als die Skis noch aus Holz bestanden, war es hauptsächlich Eschenholz. Es ist ein zähes Holz, das auch zur Herstellung von Werkzeugstielen verwendet wird. In der Möbelindustrie hat die Esche ihren Platz dank ihrer schönen und feinen Maserung im Holz.

Das Trocknen und Lagern der Esche scheint eher problematisch zu sein, weil sie sich anscheinend gern verfärbt.

Faulbaum

Botanischer Name
Rhamnus frangula

Familie
Rhamnaceae (Kreuzdorngewächse)

Andere Namen
Amselbaum, Brechdorn, Glatter, Grindholz, Pulverholz, Spillbaum, Wegdorn, Zupfenholz, Zweckenholz

Vorkommen
Der Faulbaum ist in ganz Europa weit verbreitet. Mit Ausnahme der kalten Zonen des Nordens wächst er bis nach Sibirien. Man trifft ihn an Hecken, in feuchten Wäldern, an Bachufern und in Mooren an.

Blütezeit
Mai - Juni

Aussehen
Manchmal erscheint er als kleiner Strauch, und dann ist er wieder als Baum zu sehen, der bis fünf Meter hoch werden kann.
Der Faulbaum ist dornenlos und an seinen weiss getupften Ästen recht gut erkennbar. Auffallend sind auch die Blätter, die oberhalb der Blattmitte breiter werden. Sie sind ganzrandig und stumpf mit einer leicht angedeuteten Spitze. Die grünlich-weissen Blüten sind zwittrig. Gegen den Spätsommer beginnen die Beeren zu reifen. Zunächst sind sie grün und nehmen dann allmählich eine rotschwarze Farbe an. Ihr Geschmack ist bitter. Sie riechen auch sehr unangenehm, wenn sie zerdrückt werden.

Anbau
Als Heckenpflanze lässt sich der Faulbaum sehr gut ziehen. Er gedeiht auf feuchten, sandigen Böden ebenso gut wie auf nassem oder torfigem Untergrund. Der Faulbaum kann sehr gut aus dem Samen gezogen werden.

Geschichtliches

Die ersten schriftlichen Angaben zum Faulbaum als Heilmittel finden sich 1305. Er wurde bereits damals als Abführ- und Brechmittel beschrieben.

Die hlg. Hildegard lehnte den Faulbaum ab und meinte, dass er als Heilmittel zu nichts nutze sei.

Im 17. und 18. Jahrhundert fanden die ableitenden Therapieformen eine Hochblüte. Aderlass, Brechreiz auslösen und Abführen gehörten, wie in der mittelalterlichen Medizin, zu den wichtigsten Therapieanwendungen. Kein Wunder, dass der Faulbaum in dieser Zeit auch sehr angesehen und geschätzt war.

Heute gehört die Faulbaumrinde, wie früher, zu den wichtigen Abführmitteln.

Naturwissenschaftliche Heilpflanzenbeschreibung

Verwendete Teile:	Rinde - Cortex frangulae
	Beeren
Sammelzeit:	Mai - August Rinde der 3 - 4 jährigen Äste.

Wirkstoffgruppe:	Droge mit Glycosiden
Hauptwirkstoff:	Emodinglycoside (Frangulin), Frangulaemodin
Nebenwirkstoff:	Chrysophansäure, Gerbstoffe, Saponin, Bitterstoff

Wirkungen

Hauptwirkungen:	gut und sicher abführend
Nebenwirkungen:	gallentreibend

Anwendungen

innerlich:	bei Verstopfung
	bei Leberstauungen
	bei Gallenstauungen

Zubereitungen

innerlich:	Als Tee:	1 Teelöffel pro Tasse -
		Aufkochen oder über Nacht
		kalt ziehen lassen.
		1 - 2 Tassen pro Tag.

Lagerung:	Trocken, vor Licht, Staub und Insekten geschützt!

Besonderes: Die frische Rinde wirkt brechreizerregend, genauso
die Beeren. Von einer Anwendung der frischen Rinde
rate ich allgemein ab. Die getrocknete Rinde muss
mindestens 1 Jahr gelagert, oder aber sie darf nur
als Abkochung (mindestens 100 Grad C) verwendet
werden.
Faulbaumrinde darf bei chronischer Verstopfung
nicht über längere Zeit angewendet werden.
Durch die Wirkung, die über die Nerven zustande
kommt, führt sie ganz allmählich zur Gewöhnung.
Ebenfalls muss während der Schwangerschaft mit
der Anwendung des Faulbaums vorsichtig umgegangen werden. Der Tee darf auch nicht über zu
lange Zeit hinweg getrunken werden.

Volksheilkundliche Anwendung des Faulbaums

Allgemeine Anwendung:
Die Faulbaumrinde gehört in der Volksheilkunde auch in Teemischungen, die als Blutreinigungskuren eingesetzt werden.
Als Mittel bei *Fettleibigkeit* ist die Faulbaumrinde ebenfalls bekannt. In diesem Zusammenhang ist eine entsprechende Teemischung angezeigt, mit der ich als zusätzliches Mittel recht gute Erfahrungen mache:

Löwenzahnwurzel	30 g
Schafgarbe	20 g
Faulbaumrinde	30 g
Baumnussblätter	25 g
Birkenblätter	20 g
Kornblumen	10 g

Bei Hautkrankheiten wie Flechten, Ekzemen und krätzenartigen Ausschlägen, kennt die Volksheilkunde noch die äussere Anwendung des Teeauszuges. Damit werden Waschungen, Umschläge und Kompressen gemacht. Dabei entdecken wir eine verbesserte *Narbenbildung*.

Homöopathische Anwendung:
In der Homöopathie benützt man die frische Rinde zur Herstellung der Essenz.

Esoterische Anwendung des Faulbaums

Allgemeines:
Das Holz und die Rinde spielen in der rituellen Magie eine recht grosse Rolle.
Als Räuchermittel werden sie zu Mischungen, die den 'inneren Raum' reinigen
und die 'Reise nach Innen' vorbereiten, beigefügt.

Pflanzenastrologische Anwendung:
Der Faulbaum ist nicht so leicht einem bestimmten Planeten einzuordnen. Er
steht zum Mond wie zum Merkur, zum Mars wie zum Jupiter in Beziehung. Entsprechend empfehle ich ihn auch in den Beratungen.
Der Faulbaum hat auf alle entsprechenden Organe und deren Funktionen eine er-
weichende, auflösende Wirkung:

Mond:	Magen - Darm und Flüssigkeitshaushalt des Organismus
Mars:	Muskeln und Sehnen, Körperkraft
Jupiter:	Leber - Galle, Ernährungsfunktionen
Merkur:	Nerven
Anwendung:	bei Unterfunktionen der Leber und Galle
	bei Fettleibigkeit
	bei Störungen des Wasserhaushaltes
	bei Hautausschlägen infolge von Verdauungs-störungen
	bei Verstopfungen
	bei Milzstauungen

Baumheilkundliche Anwendung des Faulbaums

Das Untere schafft er nach oben und das Innere nach aussen.
Das ist das Grundprinzip des Faulbaums. Wer immer nur alles schluckt, was auf
ihn zukommt, Ärger, Trauer, Wut, und sich nicht mitteilt, der leidet hin und
wieder unter Verstopfung, oft sogar unter chronischen Verdauungsstörungen,
denn nicht nur der Dickdarm ist davon betroffen, sondern auch die Gallen-
funktionen. Er muss dann nur noch die Fähigkeit haben, von all diesen Emo-

tionen nicht loslassen zu können, dann dürften früher oder später Störungen im genannten Bereich sicher sein.
Der Faulbaum hat gerade hier die Eigenschaft, gestaute Gefühle zu lösen, und nach aussen zu schaffen.
Durch die regelmässige Begegnung nimmt der Mensch das weiche, nach aussen hin orientierte Bild des Faulbaums in sich auf, und allmählich werden die Darmbewegungen wieder runder und ausgeglichener. Zugleich entwickelt sich beim Betroffenen ein Öffnungsprozess. Er beginnt sich mitzuteilen.

Tierheilkundliche Anwendung des Faulbaums

Leiden Tiere unter Verstopfung, so mische man die Blätter oder die Rinde des Faulbaums fein gehackt unter das Futter.
Der Tee aus der Rinde eignet sich zu Waschungen des Felles von Tieren, die von Parasiten (Milben, Läuse, Flöhe) befallen sind und zur Behandlung von Flechtenerkrankungen.

Der Faulbaum in der Holzverarbeitung

Heute wird das Holz des Faulbaums nicht mehr verwendet. Früher brauchte man es zur Herstellung von Schwarzpulver. Daher auch der Name *Pulverholz*.

Feigenbaum

Botanischer Name
Ficus carica

Familie
Moraceae   (Maulbeergewächse)

Vorkommen
Den Feigenbaum trifft man heute in weiten Teilen Europas an. Selbst in Gegenden Nordeuropas wird er als Zierbaum gezogen.
Wildwachsend ist der Feigenbaum an felsigen Orten zu finden.

Ursprüngliche Herkunft
Der Feigenbaum war ursprünglich in Südwesteuropa, Spanien und auf dem Balkan heimisch.

Blütezeit
Mai - August

Aussehen
Der Feigenbaum ist ein laubabwerfender Baum. Die grossen, wechselständigen Blatter sind 3 - 5 lappig geteilt. Beim Brechen der Blätter oder auch der unreifen Früchte fliesst ein bitter schmeckender, weisser Milchsaft aus. Die gelblich-weissen Blüten wachsen in einem krugförmigen, nach innen gebogenem Blütenboden.
Die birnenförmigen, erst grünen, dann mit dem Reifen entweder gelb oder violettblauen Früchten sind mit vielen kleinen Samen gefüllte Scheinfrüchte. Die Feige schmeckt sehr aromatisch und süss.

Anbau
Wie schon erwähnt, wird der Feigenbaum in weiten Teilen Europas heute auch als Zierbaum angebaut. Er liebt sandigen, eher trockenen Boden mit viel Sonne und Bodenwärme.

Geschichtliches

Der Feigenbaum ist eine alte Kulturpflanze, deren Früchte schon früh als wichtiges Lebensmittel dienten.

Ein Gemälde, das 4500 Jahre alt ist und aus Ägypten stammt, zeigt Landleute bei der Feigenernte.

Für die Römer war der Feigenbaum ein Zeichen des Wohlstandes. Sie weihten ihn dem Gott Bacchus. Die Athleten Roms assen vor den Wettkämpfen erst Feigen. Nebst Weizen, Oliven und Weintrauben war die Feigenfrucht das wichtigste Lebensmittel in der römischen Kulturzeit.

Wie viele andere Fruchtbäume, trägt auch der Feigenbaum die verschiedensten Symbole. Wir hörten im Religionsunterricht, dass sich Adam und Eva nach dem 'Sündenfall' aus Scham mit einem Feigenblatt bedeckt haben sollen. Der Feigenbaum wude zum Symbol der Fruchtbarkeit, der Begierde, aber auch des Überflusses und des Friedens. Viele biblische Stellen handeln vom Feigenbaum. Man denke an den Feigenbaum, der verdorrt war oder an die Legende, wonach sich Judas nach dem Verrat an einem Feigenbaum erhängt haben soll. Aus diesem Grund hat der Feigenbaum in Sizilien einen eher schlechten Ruf.

In Indien ist der heilige Feigenbaum (Ficus religiosa), der 'Pipal' bekannt. Selbst Plinius der Ältere weiss von ihm zu berichten.

Die Wurzeln dieser Feigenart sollen in den Himmel wachsen, die Äste und die Früchte hingegen reichen bis zur Erde. Der heilige Feigenbaum heisst auch Bodhi-Baum, Baum der Erleuchtung. Buddha sass unter ihm und empfing die Erleuchtung und Erkenntnis.

Der heilige *Bodhi-Baum* stellt ebenso wie der Apfelbaum und die Weltesche, einen der Welten- oder Lebensbäume dar.

Die Heilkunde kennt den Feigenbaum ebenso seit alten Zeiten. Bereits in der Bibel ist eine Anwendung des Feigenbaums als Heilmittel erwähnt:

König Hiskia erkrankte an einem bösen Geschwür und musste liegen. Der Prophet Jesaja riet dem König, ein Pflaster von Feigen aufzulegen.

Die hlg. Hildegard von Bingen kennt Blätter und Rinde, als Salbe zubereitet und verwendet bei Schmerzen verschiedenster Art an. Sie meint auch, dass Feigenholz und die Früchte gesunden Menschen schaden. Feigen schwächen den gesunden Menschen und machen ihn untugendlich und wankelmütig, sagt die heilige Hildegard. Auf der andern Seite wäre sie für kranke Menschen sehr gesund. Heute ist die Feige nach wie vor im offiziellen Heilschatz vertreten. Wohl nur mehr sehr einseitig als abführendes Mittel. Viele alte Anwendungen, die in den Heimatländern des Feigenbaumes nach wie vor üblich sind, sind bei uns praktisch verloren gegangen und nicht mehr bekannt.

Naturwissenschaftliche Heilpflanzenbeschreibung

Verwendete Teile:	Früchte - Fructus carcae
Sammelzeit:	je nach Standort und Art: August - Oktober

Wirkstoffgruppe:	Drogen mit Vitaminen
Hauptwirkstoff:	Invertzucker, Eiweisse, Fett
Nebenwirkstoff:	Mineralsalze (Calcium, Phosphor, Eisen), Vitamine A, B, C (Karotin, Thiamin, Niacin, Riboflavin), Säure, Schleim, Gummi

Wirkungen

Hauptwirkungen:	abführend
Nebenwirkungen:	blutreinigend allgemein stärkend

Anwendungen

innerlich:	bei chronischer Verstopfung

Zubereitungen

innerlich:	als frische Frucht oder gekocht als Sirup als Tee: vorwiegend in Teemischungen
Lagerung:	Trocken vor Staub, Insekten und Licht geschützt!

Besonderes: In der Feige ist das Enzym 'Cardina' enthalten.
Die Eigenschaften des 'Cardina' sind den Eigen-
schaften des Pepsin und des Papaeiins ähnlich.
Das heisst, 'Cardina' hat eiweissabbauende Eigenschaften und kann daher auch als vorbeugendes und behandelndes Mittel bei Wurmerkrankungen
in Betracht gezogen werden.

Volksheilkundliche Anwendung des Feigenbaums

Allgemeine Anwendung:
Die Feige gilt als Heilmittel bei Wurmbefall. Daneben zeigt sie auch sehr schöne Eigenschaften bei Mundhöhlen- und Zahnfleischentzündungen. Selbst bei Bronchialasthma lassen sich Feigen verwenden, oft mit guten Ergebnissen. Der aus den jungen Blättern und Ästen austretende weisse Milchsaft kann zur Verheilung von vernarbenden Wunden äusserlich angewendet werden. Die Vernarbung wird schöner.

Esoterische Anwendung des Feigenbaums

Allgemeines:
Dass der Feigenbaum hier eine besondere Stellung hat, ist daraus ersichtlich, dass er, wie der Apfelbaum, in Beziehung zum Paradiesbaum gebracht wird. Der Feigenbaum ist auch Ausdruck des Friedens.

Pflanzenastrologische Anwendung:
Der Feigenbaum steht in Beziehung zur Venus.

Stärkende Anwendung: bei Verdauungsstörungen

Schwächende Anwendung: bei entzündeter Haut und inneren
                            Entzündungen (Magen - Darmgrippe o.ä.)

Baumheilkundliche Anwendung des Feigenbaums

Nervöse, überspannte und gereizte Menschen finden beim Feigenbaum Ruhe und Erholung. Er stärkt sie. Der Feigenbaum kühlt.
Wer in sich horchen will, dem bietet der Feigenbaum gute Gelegenheit dazu. Konflikte der Geschlechtlichkeit finden hier oft einen Ausgleich.
Organisch regt der Feigenbaum, allein durch das Verweilen bei ihm, die Verdauungsorgane an.

Als Wildfrucht: Feige

Obschon die hlg. Hildegard meint, dass das Geniessen der Frucht zu Wankelmut, Genussucht und Lüsternheit führe, und das vor allem dann, wenn ein gesunder Mensch die Frucht isst, so finde ich die Feige doch sehr gut. Sie schmeckt als frische Frucht wunderbar.

Fichte

Botanischer Name
Picea abies

Familie
Pinaceae   (Föhrengewächse)

Andere Namen
Grötzli (junge Fichten), Rottanne, Schwarztanne

Vorkommen
Als Nutzbaum wird die Fichte, meist in Monokulturen, in ganz Europa angebaut.

Ursprüngliche Herkunft
Die Fichte ist schon seit uralten Zeiten in Europa heimisch. Ihre eigentlichen Standorte sind das Mittel- und Hochgebirge.

Blütezeit
Mai

Aussehen
Die Fichte ist ein immergrüner Nadelbaum mit einer gleichmässigen, kegelförmigen Krone. Sie kann bis 70 m hoch werden. Die oberen Äste sind abstehend, kurz und nur die unteren Äste sind hängend. Die Rinde ist in der Jugend rotbraun und glatt. Von ihr wurde auch der Name 'Rottanne' abgeleitet.
Die Zapfen hängen im Gegensatz zur Weisstanne (Abies alba), deren Zapfen aufrecht stehen.

Anbau
Als sehr schnell wachsender Baum liebt die Fichte Standorte, die genügend Feuchtigkeit haben und im Winter kalt sind. Der Boden sollte frisch und nicht ausgelaugt sein.
Eigentlich wäre ihr natürlicher Standort in einer freien Lage. In der heutigen Intensivforstwirtschaft wird dem aber praktisch keine Beachtung mehr geschenkt. Die einseitige Monokultur führt dazu, dass der Boden von Fichtenwäl-

dern das uns bekannte typisch kahle, von Unterholz freie und oft steril wirkende Bild annimmt. Die nur langsam verrottenden Fichtennadeln übersäuern den Boden. Dichtes Aneinanderreihen von Fichten verhindert das Durchdringen von genügend Licht. Ein Spruch aus Gegenden von Deutschland weist schon 1930 auf die Zerstörung des natürlichen Gleichgewichtes der Wälder, hin:

'Wo der Förster hat gefichtet,
dort ist die Natur vernichtet!'

Dieser Spruch ist für die heutige Situation noch bezeichnender. Der einseitige Anbau dieser charakteristischen Wälder stellt ein Abbild dar. Ein Abbild der Haltung und Einstellung des heutigen Menschen, seiner Gesellschaft und seiner Wirtschaft. Selbst vor dem Wald haben das Hasten und das leistungsorientierte Bewusstsein nicht Halt gemacht. Sogar dem Baum nimmt man den Platz und die Zeit weg, die ihm entsprechen würden. Er ist seines Ursprunges entfremdet. Das sterile, an Leben verarmte und einseitige Bild von praktisch reinen Fichtenwäldern ist ebenso ein Ausdruck der sterilen und an Gefühlen verarmten Gesellschaft. Diese Wälder entsprechen nicht der gesunden, natürlichen Lebendigkeit. Sie sind nicht ausgewogen. Es sind an sich kranke Wälder. Sie haben sich nicht selber geschaffen, sondern wurden künstlich, vom Menschen, von der heutigen Gesellschaft geschaffen. Die Krankheit dieser Wälder ist nichts anderes als ein Spiegel derer, die sie geschaffen haben.
Vergleichen wir die kultivierten Fichtenwälder mit den 'Wetterfichten' im Gebirge, so braucht es nicht mehr viel Worte, um zu sagen, was gemeint ist.

Geschichtliches
Die Fichte, wie auch die Tanne, hat als Bauholz eine sehr alte Vergangenheit. Schiffsmasten wurden bei den Griechen aus Fichtenholz hergestellt. Aus diesem Grund war die Fichte auch dem Gott der Meere, Poseidon, geweiht.
Als Geigenholz wurde sie von Stradivari und vielen anderen bekannten Geigenbauern im Gebirge gesucht.
Als Mutter- und Lebensbaum ist die Fichte ein Symbol der weiblich-schützenden und lebenserneuernden Kraft.
Die 'Irminssäule' war das Baumheiligtum der Germanen. Sie war eine Fichte. Aus ihr wurde dann später der Maibaum. Mit dem Maibaum und den damit verbundenen Festen wird der Beginn des neuen, noch jungen Lebens, der Frühling, angekündigt.
Das *Terpentin*, das aus den verschiedenen Fichtenarten gewonnen wurde, kannten schon Hippokrates, Dioskurides und andere Heilkundige. Einige, bereits damals empfohlene Anwendungen des Terpentins haben noch heute Gültigkeit.

Als Heilmittel war die Fichte schon der hlg. Hildegard, Paracelsus, Matthiolus und vielen anderen, alten Heilkundigen bekannt.

Das Harz, die Nadeln und die Sprossen wurden immer wieder bei den verschiedensten Krankheiten gerühmt. So verordnete man die Fichte bereits damals bei *Gicht, Rheuma, Erkältungskrankheiten, Husten* u.s.w.

Die hlg. Hildegard hielt die Tanne in grossen Ehren. Sie bezeichnete sie als Ausdruck der Tapferkeit. Die hlg. Hildegard gibt uns ebenfalls ein Rezept einer Salbe an, die sehr einfach zuzubereiten ist und bei den verschiedensten Schmerzen helfen soll.

Auch heute ist die Fichte nach wie vor ein wichtiges Heilmittel. Vor allem in der Volksheilkunde werden die Fichte und ihre vielfältigen Möglichkeiten sehr geschätzt.

Die schulwissenschaftliche Heilpflanzenkunde betrachtet die Fichte und die Tanne in einem.

Naturwissenschaftliche Heilpflanzenbeschreibung

Verwendete Teile:	junge Triebe - Turiones pini Rinde
Sammelzeit:	April - Mai
Wirkstoffgruppe:	Droge mit ätherischem Öl
Hauptwirkstoff:	ätherisches Öl, Harz
Nebenwirkstoff:	Pinen, Picein, Gerbstoff, Vitamin C, Saccharose, Wachs, Invertzucker, Ameisensäure

Wirkungen

Hauptwirkungen:
hustenstillend
schleimlösend
auswurffördernd
entzündungswidrig
keimwidrig

Nebenwirkungen:
hautreizend
durchblutungsfördernd
krampflösend
blähungswidrig
allgemein stärkend

Anwendungen

innerlich:
bei starken Husten und Katarrhen
bei Bronchitis
bei verschiedenen Entzündungen des
Hals, Rachens und der Lunge
bei Eiterungen der Atemwege

äusserlich:	bei Gicht und Rheuma	
	bei Hautkrankheiten wie Ekzemen, Flechten, Akne u.s.w.	
	bei neuralgischen Entzündungen und Schmerzen	

Zubereitungen

innerlich:	als Sirup:	s. 'Rezepte'
	als Tee:	1 Teelöffel Sprossen auf 1 Tasse Wasser als Abkochung täglich 3 - 4 Tassen
	als Honig:	
äusserlich:	als Salbe:	s. 'Rezepte'
	als Bad:	150 - 200 gr. Fichten- oder Tannennadeln auf 1 Liter Wasser - abkochen und dem Bad beimischen
	als Tinktur:	zu Einreibungen

Lagerung:	Trocken, vor Licht und Staub geschützt!
Besonderes:	In vielen Gegenden ist es untersagt, die jungen Fichten- oder Tannensprossen zu sammeln. Es ist wichtig, sich vorher mit dem zuständigen Förster in Verbindung zu setzten. Meist wird dann ein Ort zugewiesen, an dem gesammelt werden darf. Es dürfen keine oberen Äste oder Spitzen abgeerntet werden. Nur Triebe unterer Astreihen dürfen gesammelt werden, jedoch erst nach Absprache mit dem zuständigen Förster.

Volksheilkundliche Anwendung der Fichte

Allgemeine Anwendung:
Die Volksheilkunde kennt noch viele andere Anwendungsformen der Fichte und der Tanne. So dienen Kräuterkissen, gefüllt mit den jungen Nadeln, als beruhigende, schlaffördernde und auch nervenstärkende Mittel. Die Kissen nimmt man mit ins Bett und schläft am besten auch gleich darauf.
Innerlich werden Fichtennadeln als Tee auch bei:
- Nieren - Blasenentzündungen,
- chronischen Hautkrankheiten,
- als schweisstreibendes, fiebersenkendes und sogar
- als wehenförderndes Mittel empfohlen.
Dann endlich noch bei:
- Würmern,
- Gallensteinen und
- bei allgemeinen Verdauungsstörungen.

In der äusseren Anwendung dient das Bad zur Behandlung von Krampfadern und zur allgemeinen Stärkung, ganz besonders auch zur Nervenstärkung. Als Spülung wird der Fichtennadeltee bei 'Weissfluss' eingesetzt.
Die Salbe hat bei verschiedenen, *rheumatischen Schmerzen*, aber auch bei *Brustschmerzen* infolge von Erkältungen, dann bei *Milzstechen*, und schliesslich bei *Beckenschmerzen* ihre Anwendung.
Ein ganz besonders Rezept erhielt ich 1980:

Die gekochten Samen der Tanne werden als Tee und zugleich als Umschlag bei Blutvergiftungen angewendet. Vom Tee wird in Intervallen von 3 - 5 Stunden je eine Tasse getrunken. Der Umschlag wird alle 3 Stunden erneuert und über Nacht dauernd getragen.
Dieses Rezept wird noch sehr häufig angewendet. Sicherlich schliesst es den Arzt nicht aus. Es unterstützt seine Arbeit aber sehr gut.

Homöopathische Anwendung:
Die aus den jungen, noch frischen Trieben bereitete Essenz wird praktisch gleich angewendet, wie ich es in der Volksheilkunde und in der schulwissenschaftlichen Heilkunde bereits beschrieben habe.

Esoterische Anwendung der Fichte

Allgemeines:
Das Verbrennen und Verräuchern von Fichten- und Tannenholz in offenen Räumen dient zur Reinigung der Luft und zum Fernhalten von disharmonischen Kräften und Elementen. Gleiches gilt für das Harz der beiden Bäume.
Wer kennt nicht den den Duft von zerglühenden Fichtenzweigen, entzündet in der Flamme einer Kerze, besonders während der Adventszeit? Dieser angenehme und reine Duft vermittelt Geborgenheit, Schutz und Wärme.

Pflanzenastrologische Anwendung:
Die Fichte steht in Beziehung zum Mars, zur Venus und zum Mond.

Stärkende Anwendung:	bei Erkältungskrankheiten
	bei Lungenkrankheiten
	bei Blutzirkulationsstörungen
	bei Verdauungsstörungen
	bei allgemeiner Unlust und Schwäche
Schwächende Anwendung:	bei fiebrigen Erkrankungen
	bei Gicht und Rheuma
	bei Hautkrankheiten

Baumheilkundliche Anwendung der Fichte

Fichte, Föhre und Lärche haben sich gegenseitig ergänzende Eigenschaften. Sie wirken jeweils in ganz bestimmten Beziehungen zum Menschen. So wirkt die Fichte zunächst im körperlichen Bereich des Menschen.
Fichte und die Tanne wandeln innere Unruhe, Nervosität und Angespanntheit um in Ruhe und Ausgeglichenheit.
Sie haben auch in gewissem Sinne eine kühlende Eigenschaft. Leicht erregbare Menschen lassen sich von Fichten und Tannen beruhigen. Sie finden dort den Ausgleich ihres hitzigen Gemütes.
Die Fichte und die Tanne reinigen und öffnen die Atemwege. Sie stärken die Lungen und verhelfen zu einer tieferen Atmung.
Allein das Verweilen bei Fichten oder bei Tannen wirkt durchblutungsfördernd und nervenstärkend.

Tierheilkundliche Anwendung der Fichte

Bei Hautkrankheiten und geschwürigen Wunden ist eine Behandlung mit der 'Harzsalbe' angezeigt.
Tannenzweige sollten im Stall sein, in dem das Vieh von Krankheiten geplagt ist.
Leidet ein Tier an Lungenentzündung, so kann man zur Unterstützung der ärztlichen Therapie, Fichtenzweige fein gehackt unter das Futter mischen.
Der Fichtenteer dient zur Behandlung der Klauenfäule bei Schafen.

Als Wildgemüse: *Fichte*

Frische junge Fichten- und Tannenschosse sind in Frühjahrsalaten und in Suppen sehr schmackhaft.
Frisch, in Salaten beigemischt, liefern sie sehr viel Vitamin C.
Der *Tannenschosshonig* als Brotaufstrich und zugleich als allgemeines, inneres Heilmittel, ist ebenso bekannt wie der Saft.
Aus den jungen Schossen kann ebenso eine Limonade hergestellt werden, wie aus den Holunderblüten. Die Zubereitung ist die gleiche.

Zum Färben: *Fichte*

Die Rinde der Weisstanne (Abies alba) ergibt ein feines Rotbraun.
Fichtenzweige und Zapfen bieten ebenfalls die Möglichkeit an, mit ihnen Wolle, Seide oder andere Naturmaterialien zu färben. Die Zweige ergeben je nach Beize ein Rotbraun bis Mittelbraun. Die Fichtenzapfen hingegen ergeben ein rötliches Grau.

Gartenbauliche Anwendung der Fichte

Die Zweige der Fichte und der Tanne sind als Abdeckmaterial für frostgefährdete Pflanzen bekannt. Auch hier kommt wiederum das wärmespendende Prinzip zum Ausdruck.

Wer einen stark basischen Boden hat, der kann ihn mit Fichten- oder Tannennadeln ausgleichen. Allerdings dauert es sehr lange, bis die Nadeln verrottet sind. Am besten werden sie leicht unter die Erde gezogen.

Fichte in der Holzindustrie

Auf auszubessernden Alpwegen wurden früher Tannen- oder Fichtenzweige gelegt. Erst auf diese Zweige kam das eigentliche Wegmaterial zu liegen. Solche Wege hielten oft jahrzehntelang, ohne dass das Wegmaterial wegrollte oder weggewaschen wurde.

Heute hat das Fichtenholz als Bau-, aber auch als Möbelholz, eine sehr wichtige Stellung eingenommen.

Gemüsekistchen und Harassen werden zu Tausenden hergestellt.

Flieder   (Gemeiner)

Botanischer Name
Syringa vulgaris

Familie
Oleaceae   (Ölbaumgewächse)

Andere Namen
Lila

Vorkommen
In Europa wird der Flieder als Zierstrauch kultiviert. Hin und wieder trifft man ihn auch verwildert an.

Ursprüngliche Herkunft
Der Flieder ist eigentlich in Kleinasien und Südeuropa beheimatet. Dort begegnet man ihm bis in die Berge.

Blütezeit
April - Mai

Aussehen
Als Busch oder kleiner Baum kann der Flieder bis 7 m hoch werden. Seine Blätter sind gegenständig, ganzrandig und gestielt.
Die lila oder weissen Blüten wachsen in Rispen. Die Frucht ist eiförmig und zugespitzt.

Anbau
Kalkhaltige Böden sind für den Flieder ein Genuss. Stehende Nässe dagegen schätzt er überhaupt nicht. An und für sich ist der Flieder eine anspruchslose Pflanze.

Geschichtliches
Als Zierstrauch war der Flieder schon den Arabern bekannt. Ansonsten ist über ihn wenig bekannt. Im 16. Jahrhundert gelangte dann der Flieder nach Europa und wurde hauptsächlich wegen seines schweren, aromatischen Duftes als Zier-

strauch angepflanzt.

Als Heilmittel ist der Flieder in Europa praktisch unbekannt, denn er gilt allgemein als giftig. In Russland kennt man anscheinend das Fliederöl, das als Heilmittel verwendet wird.

Der aromatische Duft führte dann auch bald dazu, dass man das Fliederöl zu kosmetischen Zwecken, besonders in der Parfümindustrie, heranzog.

Naturwissenschaftliche Heilpflanzenbeschreibung

Kein Teil des Flieders ist als offizielles Heilmittel bekannt. Trotzdem möchte ich auf die Blüten hinweisen. Sie können als Heilmittel verwendet werden.

Verwendete Teile:	Blüten
Sammelzeit:	April - Mai

Wirkstoffgruppe:	Droge mit wenig erforschten Wirkstoffen

Hauptwirkstoff: In den Blättern, Früchten und in der Rinde ein Bitterstoff (fraglich!) Syringopicrin
Blatt: Glycosid Syringin
Blüte: ätherisches Öl

Nebenwirkstoff: Blüte: Farnesol

Wirkung

Hauptwirkung: antineuralgisch
fiebersenkend

Nebenwirkung: beruhigend
schmerzlindernd

Anwendungen

innerlich: bei Fieber
bei allgemeiner Nervosität

äusserlich: bei Rheuma und entsprechenden Schmerzen
bei Nervenentzündungen

Zubereitungen

innerlich:	als Tee:	1 Teelöffel der Blüten auf 1 Tasse heisses Wasser - als Aufguss pro Tag 2 - 3 Tassen.
äusserlich:	als Einreibung:	Es wird ein Ölauszug hergestellt: 150 - 200 gr. Blüten auf 1 Liter Distel- oder Olivenöl. An einem warmen Ort 5 - 6 Wochen ausziehen.

Lagerung: Trocken, vor Licht, Staub und Insekten geschützt!

Besonderes: Von einer Anwendung der Blätter und der Rinde des Flieders rate ich grundsätzlich ab!

Volksheilkundliche Anwendung des Flieders

Allgemeine Anwendung:
In der Volksheilkunde ist mir bis heute keine Anwendung bekannt. Der Flieder wird ja allgemein als giftig angesehen.

Homöopathische Anwendung:
Aus den frischen Blüten wird eine Essenz hergestellt und in Potenzen von D2 - D3 bei *Magenübersäuerung, Verstopfung* und *Migräne* verordnet.

Esoterische Anwendung des Flieders

Allgemeines:
Fliederholz und Blüten haben als Räuchermittel und Duftstoffträger eine gewisse Bedeutung. Wo es darum geht, Räume zu 'reinigen', die Atmosphäre zu 'entspannen', wird der Flieder herangezogen. Der Flieder führt auch eine gewisse Ernsthaftigkeit in den Raum hinein.

Pflanzenastrologische Anwendung:
Der Flieder steht in enger Beziehung zum Jupiter, zur Venus und zum Saturn.

Stärkende Anwendung: bei nervösen Spannungen
                                      bei Verdauungsstörungen

Schwächende Anwendung: bei Schmerzen
                                        bei Fieber

Baumheilkundliche Anwendung des Flieders

Allein der Duft wirkt schon erfreulich und vermittelt mit dem ganzen Strauch zusammen eine ruhige und stille Lebensfreude. Der Flieder strahlt lebendigen Frieden aus.
Stark verhafteten Menschen, die Mühe haben 'loslassen zu können', kann der Flieder eine Hilfe sein.
Leichtsinnigkeit wandelt er auf sanfte Weise in eine gesunde Ernsthaftigkeit um, ohne dabei die Freude am Leben zu vermiesen.
Organisch wirkt der Flieder leicht kühlend und entspannend. Zugleich aber auch nervenstärkend.

Kosmetische Anwendung des Flieders

Das durch einen Ölauszug aus den Blüten gewonnene Fliederöl lässt sich zu Bademulsionen und feinen Hautcremes weiterverarbeiten. Auch als reines Massageöl soll wieder vermehrt an das Fliederöl gedacht werden.
Das Öl und auch die daraus hergestellten Produkte haben eine entspannende und leicht entzündungswidrige Eigenschaft.

Als Wildgemüse: *Fliederblüten*

Es war auch für mich eine Überraschung zu erfahren, dass die noch geschlossenen oder sich erst frisch geöffneten Blütenstände des Flieders in Omelettenteig getaucht und dann gebacken, ein sehr gutes und äusserst schmackhaftes Dessert ergeben.

Meine Überraschung war dann auch vollständig, wie ich den Geschmack der eingebackenen Fliederblüten kennenlernen durfte.

Haselstrauch

Botanischer Name
Coryllus avellana

Familie
Betulaceae   (Birkengewächse)

Andere Namen
Hagennuss, Hasel, Lämmerschwanz, Märzennudel

Vorkommen
Der Haselstrauch ist in ganz Europa weit verbreitet. Oft wird er auch als Heckenpflanze angebaut.

Ursprüngliche Herkunft
Schon vor rund 8000 Jahren war der Haselstrauch bei uns heimisch.

Blütezeit
Januar - April

Aussehen
Als Strauch wird der Hasel bis 12 m hoch. Er bildet eine breite, sehr buschige Krone aus. Die doppelt gesägten Blätter sind verkehrt-eiförmig und am Grunde zugespitzt. Sie sind behaart.
Die hängenden männlichen Kätzchen blühen in blassgelbem Farbton. Die weiblichen Blüten sind kleine Knospen von einer schönen, roten Farbe.

Anbau
Die Haelsträucher werden in verschiedenen Arten angebaut und als Heckenpflanzen gezogen. Allen Haselarten gemeinsam ist ihre Anspruchslosigkeit. Sie gedeihen in einem leicht feuchten Boden sehr gut. Stehende Nässe muss aber vermieden werden.

Geschichtliches

Bereits in der Jungsteinzeit fand die Haselnuss als Lebensmittel grosse Beachtung.

Volkssagen und Bräuche, Volksglaube und Märchen kennen den Haselstrauch sehr gut. So wird dem Haselstrauch, ähnlich dem Holunderstrauch, eine schützende Kraft gegenüber Blitzschlag zugesprochen. Wurde man auf dem Feld von einem Gewitter überrascht, steckte man sich schnellstens einen Haselzweig in den Hut, um sich so vor dem Blitzschlag und auch vor Krankheiten zu schützen.

In der Mythologie der Kelten stellte der Haselstrauch in ihrem *Baumalphabeth* den Buchstaben 'Coll' dar. Die Hasel galt in den keltischen Pflanzenbildern auch als *Gefäss des Wissens*. Heute kennen wir die Wichtigkeit der essentiellen Fettsäuren in Bezug auf unser Gedächtnis.

Für die Germanen, wie für die Kelten, stellte der Haselstrauch auch ein Symbol der Fruchtbarkeit und der erotischen Kraft dar. Die Germanen weihten die Hasel dem Donnergott 'Thor'.

In der römischen Mythologie ist der Haselstrauch ein Symbol des Friedens. Oft wird der Haselstrauch mit dem Merkurstab, um den sich zwei Schlangen winden, in Verbindung gebracht. Daraus leitet sich dann die vermittelnde und ausgleichende Eigenschaft ab, die ihm zugesprochen wird.

Als Heilmittel war der Haselstrauch bei Dioskurides schädlich für den Magen, jedoch galt er als hustenreizmilderndes Mittel.

Für die hlg. Hildegard von Bingen galt der Haselstrauch als Zeichen der Ausgelassenheit. Wie viele Autoren vor und nach ihr, bezeichnet sie ihn als potenzstärkendes Mittel und empfiehlt seine Anwendung bei Unfruchtbarkeit und Impotenz des Mannes. Zur Anwendung gibt sie ein Rezept an, das aus Haselnüssen, Mauerpfeffer, dem üblichen Pfeffer und der Ackerwinde besteht.

Der Ausdruck: 'In die Haseln gehen' bedeutet in vielen Gegenden, seine Liebe zu treffen und zwar heimlich.

Auch als Haarwuchsmittel und als schmerzstillendes Mittel bei Nierenkoliken wird die Hasel angegeben.

Heute ist von all dem nicht mehr viel übrig. Die Hasel findet selbst in der Volksheilkunde nur noch ganz selten Verwendung. Die Nüsse bilden dabei die Ausnahme. Sie dienen als Genuss- und als Lebensmittel.

Naturwissenschaftliche Heilpflanzenbeschreibung

Offiziell ist der Haselstrauch als Heilmittel schon lange nicht mehr anerkannt. Trotzdem enthält er einige Wirkstoffe, die dazu beitragen können, auch
den Haselstrauch wieder vermehrt zu gebrauchen.

Verwendete Teile:	Nüsse	
	Blätter	
	Kätzchen	
	Rinde junger Zweige	
Sammelzeit:	Nüsse:	September - Oktober
	Blätter:	März - Mai
	Kätzchen:	Februar - März
	Rinde:	April

Wirkstoffgruppe:	Droge mit noch wenig erforschten Wirkstoffen

Hauptwirkstoff:	Nüsse:	fettes Öl, Fett, Protein
		(Phytosteroide)
	Blätter:	Gerbstoff
	Kätzchen:	Flavonoide
	Rinde:	Gerbstoff
Nebenwirkstoff:	Nüsse:	Mineralsalze: Kalium, Kalzium,
		Phosphor, Magnesium, Eisen,
		Vitamine A, B, C
	Blätter:	ätherisches Öl, Betulin
	Rinde:	ätherisches Öl, Betulin

Wirkungen

Hauptwirkungen:	Blätter und Rinde:	zusammenziehend
		gefässverengend
Nebenwirkungen:	Blätter und Rinde:	blutstillend
		fiebersenkend

Anwendungen

innerlich:	bei Krampfadern
	bei Fieber
äusserlich:	bei Wunden
	bei Hauterkrankungen

Zubereitungen

innerlich: nicht mehr offiziell!

Blätter: als Tee: 1 - 2 Teelöffel auf
1 Tasse heisses Wasser, Auf-
guss 2 - 3 Tassen pro Tag

Nüsse: als Lebensmittel

äusserlich: Blätter: als Waschung und Umschlag
Rinden: als Waschung
Kätzchen: als Waschung und Umschlag

Lagerung: Trocken, vor Licht, Staub und Insekten geschützt!

Volksheilkundliche Anwendung des Haselstrauches

Allgemeine Anwendung:
Die Volksheilkunde kennt noch die eine oder andere Anwendung der Haselnuss. Darunter auch die Verwendung der Kätzchen als fiebersenkendes - schweisstreibendes Mittel.
Auch bei *Fettleibigkeit* und *Blutkreislaufstörungen* wird hin und wieder Haselkätzchentee zubereitet. Haselnüsse sollen auch dem *Bettnässen* vorbeugen, während die Schalen *entwässernd* und *harntreibend* wirken. Hier gilt es, Erfahrungen neu zu sammeln.
Die Bedeutung der Nüsse zur Behandlung der *Unfruchtbarkeit des Mannes* ist erhalten geblieben und wird noch recht häufig empfohlen.
Ältere Rezepturen empfehlen die Haselnuss auch bei rheumatischen Erkrankungen.

Esoterische Anwendung des Haselstrauches

Allgemeines:
Einiges habe ich bereits im Abschnitt: 'Geschichtliches' erwähnt.
Zwei wichtige Anwendungen, die noch heute ihre Bedeutung haben, oder besser, wieder fanden, sind:
a) Haselrute als *Wünschelrute*
b) Eine Zubereitung, um *Feen* erblicken zu können.

In Kreisen der Pendler und Wünschelrutengänger (Radiästheten) gilt das Haselholz als das beste energieleitende Holz. Es weist eine hohe Durchlässigkeit auf und schwingt sich rasch auf die gesuchten Energieströme ein.

Um Feen erkennen zu können, wird ein Öl zubereitet, dessen Rezept aus dem 17. Jahrhundert stammt:
'Es braucht Salatöl, das mit Rosenwasser solange gereinigt wird, bis es weiss ist. Erst jetzt gibt man es in eine gut verschliessbare Glasflasche.
Die nach Osten gesammelten Blüten der Tagetes, Knospen der Stockrose, wilder Thymian und Knospen von jungen Haselnüssen werden gemischt und dem gereinigten Öl beigefügt. Nun benötigt man noch das Gras, das auf einem Ameisenhügel zu finden ist. Auch dieses kommt ins Öl. Gut verschlossen wird alles während drei Tagen ausgezogen. Danach muss man absieben und die Flasche gut aufbewahren.'
Dieses Öl braucht man nun für die Öllampen und auch als Einreibemittel.

Pflanzenastrologische Anwendung:
Der Haselstrauch steht in enger Beziehung zum Merkur und zur Venus.

Stärkende Anwendung:	bei mangelnder Konzentration
	bei Vergesslichkeit
	bei Blutkreislaufstörungen
	bei Entzündungen der Haut, verursacht
	durch Stoffwechselstörungen
	bei Impotenz
Schwächende Anwendung:	bei Nieren - Beckenentzündungen
	bei fiebrigen Erkrankungen
	bei Blutungen
	bei Fettleibigkeit

Baumheilkundliche Anwendung des Haselstrauches

Der Hasel wirkt reinigend und klärend auf Geist, Seele und Körper.
Seine leichte Kühle beruhigt und stärkt so den Allgemeinzustand des Menschen.
Der Haselstrauch trägt zugleich eine gesunde Leichtigkeit in sich und wirkt
so auf den Menschen jugendlich und fröhlich. Dieses Gefühl vermittelt der
Haselstrauch auch demjenigen, der ihn aufsucht.

Als Wildgemüse: *Haselnussblätter und Nüsse*

Die noch ganz jungen Blätter und Knospen des Haselstrauches sind gutschmek-
kende Beigaben zu Salatmischungen und Suppen.
Mit den Nüssen lassen sich bekanntlich die verschiedensten Gerichte zubereiten. Die Nüsse können kaltgepresst werden. Auf diese Weise gewinnen wir ein
hochwertiges, guthaltbares Öl aus den reifen Früchten. Sie enthalten etwa
60 - 70 % fettes Öl.

Kosmetische Anwendung des Haselstrauches

Rinden- oder Blätterabkochungen sind sehr gut als Waschungen bei leicht entzündlicher und grossporiger Haut zu verwenden.
In der Zubereitung von Cremen ist das Haselnussöl eine sehr gute Trägergrundlage für die verschiedenen Duftstoffe.

Zum Färben: *Haselnussblätter*

Die Blätter der Haselnuss ergeben mit einer entsprechenden Beize einen gelbbraunen Farbton. Wolle, Seide und andere Stoffe können damit gefärbt werden.

Hasel in der Holzverarbeitung

Zu Tischler- und Drechslerarbeiten eignet sich das weiche und gut spaltbare Haselholz bestens.
Die Kinder, auch wir, basteln ihre Pfeilbögen aus Haselnussruten.
Dank seiner guten Biegsamkeit wird das Haselholz auch zur Herstellung von Fassreifen und Flechtwerk verwendet.
Die Kohle der Haselnuss dient zur Herstellung der Holzkohlenstifte für die Malerei.

Holunder (Schwarzer)

Botanischer Name
Sambucus nigra

Familie
Caprifoliaceae (Geissblattgewächse)

Andere Namen
Aalhorn, Elder, Holder, Holderbusch, Holler, Husholder

Vorkommen
Der Holunder ist in ganz Europa anzutreffen, ausser im hohen Norden. Hecken, Gebüsche und Wälder sind seine Standorte.

Blütezeit
Mai - Juni

Aussehen
Als Strauch kann der Holunder bis zu 10 m hoch werden. Er liebt feuchte und schattige Orte. Vielfach ist er auch als Unterholz anzutreffen. Die Blätter sind länglich-eiförmig und unpaarig gefiedert, mit 5 - 7 Teilblättchen. Der flache, trugdoldenartige Blütenstand duftet stark aromatisch. Alle Blüten der Trugdolde sind gleichartig und gelblich-weiss. Die Beeren sind dunkelviolett bis schwarz.

Anbau
Um den Holunder anzubauen, ist ein Standort ohne direkte Sonnenstrahlung zu wählen. Er liebt Halbschatten und leicht feuchte Böden. Im allgemeinen ist der Holunder sehr leicht an Hausmauern und Böschungen zu ziehen. Aus den Beeren kann direkt eine Jungpflanze gezogen werden.

Geschichtliches
Bei Ausgrabungen in der Schweiz wurden Überreste von gekochten Holunderbeeren gefunden, die aus der Steinzeit stammen.
Die Griechen und die Römer kannten die Heilkraft des Holunderstrauchs. So beschreibt unter anderen Plinius d. Ältere die Anwendung von Beeren, Blättern und Wurzeln in Wein als ein wassertreibendes Mittel.

Zum Schwarzen Holunder meint die hlg. Hildegard, dass er als Heilmittel nur wenig tauge. Die Blätter gibt sie als Schwitzbad bei *Gelbsucht* an. In der Volksheilkunde, wie auch im Volksglauben, spielt der Holunder seit jeher eine grosse Rolle als Heil- und Schutzpflanze.

Naturwissenschaftliche Heilpflanzenbeschreibung

Verwendete Teile:	Blüten - Flos sambuci	
	Beeren	
	Rinde	
	Wurzel	
Sammelzeit:	Blüten:	Mai - Juni
	Beeren:	August - September

Wirkstoffgruppe:	Blüten:	Ätherische Öldroge
	Beeren:	Glycosidhaltige Droge
Hauptwirkstoff:	Blüten:	ätherisches Öl
	Beeren:	Flavonglycoside
Nebenwirkstoff:	Blüten:	Flavonoide (Rutin, Chrysanthe-min, Sambucin)
	Beeren:	Fruchtsäure, Gerbstoff, Zucker, Vitamine, Farbstoff (Anthocyane)
	Rinde:	Saponin, Blausäureglycosid, Emulsin (Enzym)

Wirkungen

Hauptwirkungen:	Blüten:	indirekt schweisstreibend
	Beeren:	immunsystemstärkend
	Rinde:	wassertreibend, brechreizer-regend, stark abführend
Nebenwirkungen:	Blüten:	beruhigend
		schmerzlindernd
		fiebersenkend
		entzündungshemmend

Anwendungen

innerliche: bei Grippe und Erkältungskrankheiten
                     bei Gesichtsrose
                     bei Angina
                     bei Kehlkopfentzündungen

äusserliche: bei entzündeten Augen

Zubereitungen

innerliche: als Tee: 1 - 2 Teelöffel auf eine Tasse
                                       heisses Wasser. Es wird ein Auf-
                                       guss zubereitet.

äusserliche: als Bad: 100 - 200 gr. Blüten auf 1 Liter
                                       Wasser. Es wird eine Aufkochung
                                       zubereitet. Danach abseihen und
                                       dem Badwasser zugiessen.
                     als Umschlag
                     als Gurgelmittel: dazu ist der Tee zu verwenden.

Lagerung: Trocken, vor Licht, Staub und Insekten geschützt!

Besonderes: Bei Rezepturen mit Wein ist Vorsicht geboten, da
                     sich Magenschädigungen entwickeln können.
                     In der Schulmedizin wird heute der Saft aus den
                     Holunderbeeren vermehrt als Zusatztherapie in der
                     Krebsbehandlung empfohlen. Der blaue Farbstoff
                     spielt dabei eine wichtig Rolle. Er verändert die
                     Atmung der einzelnen Zellen.

Volksheilkundliche Anwendung des Holunders

Allgemeine Anwendung:
Da lediglich die Anwendung der Holunderblüten als naturwissenschaftlich aner-
kannt ist, sind alle Anwendungsformen von Rinde, Beeren und Wurzel als volks-
heilkundlich zu betrachten.
Die Blätter, kalt angesetzt, werden bei Wassersucht empfohlen.
Auch die Wurzel gilt als harntreibend und abführend. Sie wird hin und wieder
entsprechend angewendet.
Sehr geschätzt wird auch der Holundersaft. Er wird aus den frischen Beeren ge-
wonnen. Hier zeigt sich seine kühlende und entzündungswidrige Wirkung immer
wieder von der schönsten Seite, nämlich bei:
- Angina
- Husten
- Hals-Rachenentzündungen und bei
- anderen Erkältungskrankheiten der Luftwege.

Homöopathische Anwendung:
Homöopathisch werden die frischen Blätter und Blüten verwendet. Daraus wird
eine Essenz gewonnen, die bei ödemartigen Anschwellungen, bei Schleimhaut-
schwellungen im Nasen-Rachenraum und der Bronchien verordnet wird.
Als symptombehandelndes Mittel dient die Essenz auch bei Nachtschweiss und bei
Wucherungen der Rachenmandeln.

Esoterische Anwendung des Holunders

Allgemeines:
Im Volksglauben spielte der Holunderbusch als Schutzmittel vor bösen Geistern eine wichtige Rolle. Man sprach ihm nach, dass er die bösen und schlechten Kräfte an sich ziehe und dort, wo er gedeihe, die nahen Bewohner vor Unglück und Krankheiten schütze. Aus dieser Überzeugung heraus und mit der Bedeutung des Feuers zusammen galt noch lange Zeit die Regel, dass ein Holunderstrauch niemals böswillig umgehauen und sein geschnittenes Holz niemals verbrannt werden durfte. Andernfalls wären die vom Strauch gebundenen Kräfte auf den Übeltäter übergegangen. So wurde das Holz der Erde übergeben, damit diese dunklen Kräfte wieder in die Dunkelheit der Erde zurückkehren könnten.
Der Holunder findet noch heute in der zermoniellen Magie als Räuchermittel Anwendung.

Pflanzenastrologische Anwendung:
Der Holunder steht in Beziehung zum Planeten Venus (Saturn, Merkur).

Stärkende Anwendung: bei Fieber
bei Wucherungen

Schwächende Anwendung: bei Hals-Rachenentzündungen
bei Lungenkrankheiten
bei Wasseransammlungen im Gewebe

Baumheilkundliche Anwendung des Holunders

Wer sich selber verliert und wem der Boden unter den Füssen fehlt, dem ist zu empfehlen, hin und wieder einen starken und gut gewachsenen Holunderstrauch aufzusuchen. Der Holunder vermittelt auf eine sanfte aber direkte Art die Erde.
Zudem wirkt er auf auf jähzornige Gemüter besänftigend und kühlend.
Menschen, die häufig an Erkältungskrankheiten leiden, kommt der Holunder in direkter Weise entgegen.

Tierheilkundliche Anwendung des Holunders

Ein genügend grosses Stück Holunderholz dient dem Bauern wenn das Vieh Blähungen hat. Dazu wird das Holzstück dem Tier in den Mund gelegt. Sobald das Tier darauf beisst und den Saft schluckt, kann man zusehen und zuhören, wie die Blähungen zurückgehen. Es braucht kein Messer mehr, um den Bauch zu 'stechen'. Darauf hätte man eigentlich schon früher verzichten können. Rheuma lässt sich mit Blattauflagen auf die Gelenke behandeln. Zudem bereitet man einen Absud zu, mit dem dann die Gelenke eingerieben werden.

Gartenbauliche Anwendung des Holunders

Wer im Garten Wühlmäuse und Feldmäuse hat, dem dient der Holunder als mäusevertreibendes Mittel. Dazu verwendet man entweder die Blätter oder wiederum ein Stück Holunderholz. Die Blätter werden in die Löcher und Gänge der Mäuse gestopft, und das Holz wird in der Nähe der Gänge in den Boden gesteckt. Durch den starken Duft, den die Nager nicht mögen, werden sie vertrieben. Dasselbe können wir auch im Haus, in Keller und Estrich anwenden. Einmal mehr wird Gift überflüssig, was es eigentlich schon immer war.

Kiefer

Botanischer Name
Pinus silvestris

Familie
Pinaceae   (Föhrengewächse)

Andere Namen
Dähle, Farchen, Feuerbaum, Forchen, Föhre, Fuhre, Kienholz, Tälle

Vorkommen
Die Kiefer ist als wichtiger Forstbaum in ganz Europa bis nach Nordasien verbreitet. Ihr Standort ist ganz verschieden. Sie gedeiht in Wäldern und auf Felsen genauso gut.

Blütezeit
Mai

Aussehen
Als Baum, der bis 30 m hoch werden kann, fällt die Kiefer einmal durch ihre kugelig abgeflachte Krone auf. Zudem ist die untere Stammhälfte meist ganz astfrei. Die leuchtend rote Rinde (daher auch der Name Feuerbaum) ist ein weiteres Merkmal der Kiefer.
Die Nadeln wachsen in einer graubraunen, dünnen Scheide eingehüllt in Zweierbüscheln. Sie sind von blaugrüner Farbe. Die Winterknospen sind kurz und gedrungen.
Die deutlich gestielten Zapfen sind eiförmig-spitz. Betrachtet man die einzelnen Zapfenschuppen, so ist der kleine Höcker mit dem kurzen Aufsatz gut zu erkennen.
Die Kiefer blüht erstmals nach ca. 30 Jahren.
Es werden grundsätzlich drei Unterarten unterschieden:

- Legföhre   (niederer Baum - bis 2400 m hinauf anzutreffen)
- Bergföhre   (grösser und lediglich bis 1800 m hinauf anzutreffen)
- Sumpfföhre (als 'Pionierbaum' in Moorgegenden)

Anbau

Dort, wo andere Nutzhölzer eher Mühe haben zu gedeihen, fühlt sich die Kiefer erst recht wohl. Sie liebt trockenen, sandigen Boden, der auch reich an Kalk sein darf.

Geschichtliches

Die Kiefer kann ebenfalls, wie die Fichte, zu den Urbäumen gezählt werden, die bereits vor 10 000 Jahren unsere Regionen bewaldeten.

Obwohl die Kiefer in den Märchen, Sagen und Legenden eher selten vorkommt, hat sie doch bei den Germanen und den Alemannen eine Bedeutung gehabt.

Ratplätze und Grabstätten wurden unter anderem auch mit Kiefern eingesäumt. So ist mir der 'Heilige Hain' in Mogelsberg (CH) bekannt, der anscheinend von den Alemannen angelegt wurde. Obschon die Kiefern sicher nicht mehr aus dieser Zeit stammen, hatte der Platz doch einmal eine entsprechende Funktion. Wie und in welcher Form ist unbekannt. Auch ist nicht weiter bekannt, wer die Kiefern in dieser Form gepflanzt hat. Jeder der den 'Heiligen Hain' kennenlernen durfte, kann sich noch gut an die Stimmung dort oben erinnern.

Leider ist dieser Hain am Sterben. Seine Zeit scheint erfüllt zu sein, und er muss einer Zeit Platz machen, in der er sich fremd vorkommen müsste. Die Menschen nahmen ihm in den letzten Jahren zuviel weg und sie waren nicht bereit, ihm Hilfe anzubieten.

Hin und wieder ist von den 'Heiligföhren' zu vernehmen. In Osteuropa erzählt man sich, dass die Nägel, mit denen Jesus ans Kreuz genagelt wurde, aus Kiefernholz geschnitzt gewesen sein sollen.

Die Kiefer ist auch Symbol der Langlebigkeit, der Ausdauer und der Wiederauferstehung. Sie bezeichnet auch die erotische Kraft. Die hlg. Hildegard nennt sie die Trauer.

Praktische Anwendung fanden *Kieferholzspäne* im Mittelalter. Aus ihnen wurden Fackeln, die 'Kienspäne', hergestellt. Die in Harz oder Pech getauchten Späne brannten verhältnismässig lang.

Als Heilmittel war die Kiefer schon früh bekannt und angewendet.

Hippokrates brauchte das Harz zum Erweichen von Geschwüren und die Rinde als Räuchermittel bei Frauenkrankheiten.

Spätere Heilkundige kennen auch die Anwendungen der Nadeln. Als Räuchermittel, zu Einreibungen, in Bäder- und Salbenzubereitungen wurden Rinde, Harz und Nadeln verwendet. So gibt uns die hlg. Hildegard eine Salbe an, die die Augen stärken soll.

Geschichtlich interessant ist auch die frühe Anwendung der Kiefer bei rheumatischen Erkrankungen und bei Lungenkrankheiten. Als Hustenmittel und bei Nieren - Blasenleiden kannte man die Anwendung der Kiefer schon im 12. Jahrhundert.

Das heute noch bekannte Terpentin wurde schon von den Ägyptern hergestellt. Sie brauchten es, um ihre Verstorbenen zu mumifizieren.

Heute sind die Anwendungsbereiche der Kiefer zum grössten Teil dieselben geblieben wie vor 500 - 600 Jahren. Viele dieser Anwendungen sind inzwischen wissenschaftlich bestätigt worden.

Naturwissenschaftliche Heilpflanzenbeschreibung

Verwendete Teile:	Triebspitzen - Turiones pini
	Harz - Resina pini
Sammelzeit:	Triebspitzen: April - Mai
	Harz: das ganze Jahr

Wirkstoffgruppe:	Droge mit ätherischen Ölen
Hauptwirkstoff:	ätherisches Öl (Pinen, Caren, Bornylacetat)
	Harzsäuren
Nebenwirkstoff:	Vitamin C, Gerbstoffe, Bitterstoffe, Salicinerin,
	Wachs, Glycoside (Lauricin, Picein)

Wirkungen

Hauptwirkungen:	schleimlösend
	durchblutungsfördernd
	wassertreibend
	keimtötend
Nebenwirkungen:	allgemein stärkend
	nervenstärkend
	verdauungsfördernd
	leicht abführend
	schweisstreibend
	schmerzstillend
	gewebewachstumsfördernd
	hustenreizmildernd

Anwendungen

innerlich:	bei Husten und Bronchitis
	bei Reizhusten

bei Nieren - Blasenentzündungen
bei rheumatischen Erkrankungen
bei allgemeiner Schwäche
bei Hauterkrankungen
bei Muskelschwund, verursacht durch
Gipsverbände

Das Harz darf vom Laien nicht innerlich
angewendet werden!

äusserlich: bei Müdigkeit
bei Schlaflosigkeit
bei Nervosität
bei Überreiztheit
bei Wunden und Hautkrankheiten
bei Rheuma
bei Durchblutungsstörungen

Zubereitungen

innerlich: als Sirup
als Tee: 100 gr. auf 1 lt. Wasser, ab-
kochen. 1 - 2 Tassen über den
Tag verteilt.

äusserlich: als Bad: 200 gr. auf 1 lt. Wasser, ab-
kochen. Diesen Tee dem Bad-
wasser beifügen. Reicht für
1 Vollbad.
als Inhalation
als Einreibung (Tinktur)
als Salbe: s. 'Rezepte'

Lagerung: Trocken, vor Licht, Staub und Insekten geschützt!

Besonderes: Interessant ist vor allem die Anwendung der Kiefer als allgemein aufbauendes Mittel im Bereich der psychischen Erscheinungsbilder. Selbst von offizieller Seite werden heute innerliche und äusserliche Kieferzubereitungen bei verschiedenen seelischen Zuständen empfohlen. So bei:
- geringer psychischer Belastbarkeit
- neurotischen und nervösen Herzrhythmusstörungen
- Übererregbarkeit.

Volksheilkundliche Anwendung der Kiefer

Allgemeine Anwendung:
Die Volksheilkunde kennt die Kiefer sehr gut. Ihre vielseitige Anwendung spricht genügend für sich.
Nebst den Anwendungen, die ich bereits gezeigt habe, kommt die Kiefer auch bei
- Gicht
- Neuralgien
- als Blutreinigungsmittel
- und als wehenförderndes Mittel zur Anwendung.
Hin und wieder begegne ich Rezepten, in denen das *Terpentin* zum Auflösen von *Gallensteinen* gerühmt wird.
Die traditionelle Frauenheilkunde kennt auch die Anwendung des Kiefernbades als *Sitzbad* bei *Weissfluss* und andern Unterleibskrankheiten.

Homöopathische Anwendung:
Die Essenz wird aus den frischen Trieben gewonnen und innerlich wie äusserlich verordnet.
Äusserlich kommt sie als Einreibung bei rheumatischen Erkrankungen zur Anwendung.
Die innere Anwendung kommt bei *Rachitis*, aber ebenfalls auch bei Rheuma und *Ischias* in Betracht.

Aromatherapeutische Anwendung:
Die Aromatherapie braucht hauptsächlich das Terpentin als Essenz.
Die Anwendungsbereiche decken sich mit denen der Naturwissenschaft und der Volksheilkunde.
Die Dosierung bewegt sich zwischen
6 - 10 Tropfen mit Honig vermischt,
3 - 4 mal pro Tag für Erwachsene,
sowie
3 - 4 Tropfen mit Honig vermischt,
2 mal pro Tag für Kinder.
Wer die aromatherapeutischen Essenzen anwenden will, dem empfehle ich, stets mit den niedersten Dosierungen zu beginnen.

Esoterische Anwendung der Kiefer

Allgemeines:
Das Harz der Kiefer dient als Grundlage zu Räuchermischungen, die in einem Raum die Atmosphäre von unerwünschten oder störenden Energien reinigen sollen.
Als Duftelement, ganz fein dosiert, lassen sich viele Formen von Gefühlsstimmungen ausgleichen. Wo Menschen zusammen wohnen und sich untereinander schlecht verständigen können, oder die Gespräche immer wieder mit Vorwürfen angefüllt sind und einander nicht mehr verziehen wird, können wir mit der Anwendung des Duftes langsam eine Veränderung wahrnehmen.
Eine entsprechend ähnliche Anwendung bieten uns die Nadeln an. Die gesammelten Nadeln werden in lauwarmes Wasser eingelegt. Dort bleiben sie, bis das Wasser zu gären beginnt und bis die harte Nadelhaut sich sprengt. Jetzt wird abgesiebt und die gesprungene Haut entfernt. Die Haut trocknen wir nun an der Sonne. Ist sie trocken, stopfen wir damit unser Kopfkissen oder ein kleines Leinensäckchen. Darauf können wir schlafen und die ganze Nacht hindurch den feinen Duft inhalieren. Damit gleichen wir die verschiedensten Stimmungen aus.
Die gewonnene Haut wird übrigens auch als *Waldwolle* bezeichnet.

Pflanzenastrologische Anwendung:
Die Kiefer steht in Beziehung zum Saturn und zum Merkur.

Stärkende Anwendung:	bei Lungenkrankheiten
	bei Infektionsanfälligkeit
	bei Erkältungskrankheiten
	bei Knochenwachstumsstörungen
Schwächende Anwendung:	bei Rheuma
	bei Gicht
	bei Neuralgien
	bei Verhärtungen verschiedenster Natur

Anwendung der Kiefer in der *Bach - Blütentherapie*:
Menschen, die sich durch ein starkes Gefühl der Schuldigkeit blockieren, empfiehlt sich die Anwendung der Kieferessenz.
Der Schuldkomplex kann sich ganz kürzlich entwickelt haben, oder aber auch sehr tief im innersten Wesen des Menschen verwurzelt sein. Dieser Mensch kann

nicht mehr einmal sich selber verzeihen. Für alles fühlt er sich schuldig, sogar dafür, dass er überhaupt lebt. Er ist nur fähig zu geben und sich dabei zu überfordern. Etwas anzunehmen, ohne sich schuldig zu fühlen, ist ihm fast unmöglich. Er verharrt in Selbstvorwürfen. Müdigkeit, Kraftlosigkeit und praktisch ganz fehlende Lebensfreude begleiten diese Menschen.

Baumheilkundliche Anwendung der Kiefer

Die Kiefer hat eine sehr enge Beziehung zur Seele des Menschen und unterscheidet sich dadurch von der Fichte.
Traurige, melancholische und wehmütige Menschen suchen gerne die Kiefer auf. Sie fühlen sich bei ihr geborgen. Oft erfahren sie dabei eine Verstärkung ihrer Gefühle. Diese Menschen setzen sich sehr stark mit sich auseinander und übersehen dabei, dass sie ja überhaupt nicht allein sind. Sie machen den Eindruck, stets in sich gekehrt zu sein.
Die Kiefer wirkt hier lösend. Die innere Zurückgezogenheit öffnet sich. Für einige Zeit atmet der Besucher tiefer. Wie bei der Fichte und der Lärche werden die Lungen gereinigt. Der Blutkreislauf, und damit der Sauerstofftransport, ist besser. Der Druck in der Brust wird leichter und verschwindet mit der Zeit ganz. Mit der besseren Sauerstoffzufuhr werden auch die Verdauung und der Stoffwechsel indirekt unterstützt.

Als Wildgemüse: *Kieferspitzen*

Die jungen und frischen Kieferspitzen sind sehr gut als Salatbeigabe oder einfach roh, vom Baum weg genossen. Als Salatbeigabe sollten die Blattnadeln etwas geschnitten werden.
Der Geschmack ist herb, süss-säuerlich und leicht harzig.
Zudem kann auch aus diesen Spitzen ein Honig zubereitet werden. Stets unter dem Vorbehalt, dass vor dem Sammeln der Förster angefragt wird. Zudem immer mit der Rücksicht auf den Baum!

Kosmetische Anwendung der Kiefer

Mit dem Tee der Kiefernnadeln waschen wir uns, vor allem dann, wenn die Haut sehr strapaziert und angespannt ist. Die Waschung wirkt zugleich desinfizierend.
Als Bad geniessen wir die allgemein stärkende, aufbauende und beruhigend-entspannende Wirkung.

Die Kiefer in der Holzverarbeitung

Mit dem Lärchenholz ist das Kiefern- oder Föhrenholz so ziemlich das harzreichste Holz in unseren Breitengraden.
Das ist auch der Grund, warum das Kiefernholz hauptsächlich in der Bauschreinerei zur Anwendung kommt. Ab und zu wird das Kiefernholz auch in der Glaserei zu Fensterrahmen und in der Schreinerei zu Türrahmen verarbeitet. Heute werden Kieferholzmöbel in grossen Mengen als 'Billigmöbel' hergestellt. Der grosse Harzanteil macht das Holz zur Herstellung von Gartenmöbeln geeignet.
Kiefernholz strahlt auch eine sehr angenehme Wärme aus. Darin ist eine ruhige Ausgeglichenheit und Geborgenheit zu finden.

Kirschbaum

Botanischer Name
Prunus avium

Familie
Rosaceae   (Rosengewächse)

Andere Namen
Süsskirsche, Vogelkirsche, Wildkirsche

Vorkommen
Den Stammbaum der kultivierten Edelkirsche treffen wir in ganz Europa bis nach Vorderasien an. Er wächst als Heckenbaum an Waldrändern und in Wäldern und ist hinauf bis auf 1700 m zu finden.

Blütezeit
April - Mai

Aussehen
Die leuchtenden Bluten im fruhen Frühling lassen uns die Wildkirsche in den Wäldern und den Waldrändern entlang sofort erkennen. Der stattliche Baum kann 30 m hoch werden und ein Alter von 300 Jahren erreichen.
Die rötliche Rinde löst sich ringartig in Streifen vom Stamm ab. Die breitausladenden Äste tragen verkehrt-eiförmige, in eine Spitze auslaufende und tief gezähnte Blätter. Die dunkelroten Früchte sind viel kleiner als die der kultivierten Kirschbäume. Wildkirschen schmecken herb, süss-sauer und hängen in 2er bis 6er Büscheln an den Zweigen.

Anbau
Da die Süsskirsche sich selber nicht befruchtet, braucht es in der Nähe mindestens noch einen Baum, damit überhaupt Früchte wachsen.
Der Standort muss kalkhaltig und gut durchlässig sein. Einen sonnigen bis halbschattigen warmen Ort liebt die Süsskirsche mehr als Schatten. Die Blüten sind sehr frostempfindlich, der Standort muss entsprechend gewählt werden.

Geschichtliches
Funde aus der Jungsteinzeit weisen daraufhin, dass die Kirschen schon damals als Lebensmittel bekannt waren.

Die kultivierten Kirschen stammen alle von der Süsskirsche ab. Erst durch die Griechen und Römer fanden die Tafelkirschen in Europa ihre weite Verbreitung. In seinen Geschichten ist der Kirschbaum sehr vielseitig. Die schauerlichsten und die lieblichsten Sagen und Legenden ranken sich um ihn. So wohnen auf ihm die mit Moos und Rinden bekleideten Wald- und Baumgeister, die den ahnungslosen Wanderer belästigen, ja sogar körperlich verunstalten.

Während der Blütezeit tanzen die Elfen des Baumes im Mondlicht. Grau und ganz durchscheinend sind sie anzusehen, so wie Geister beschrieben sind. Da sind auch noch die Seelen der Verstorbenen, die sich beim Kirscbaum herumtreiben. Ganz besonders jene Seelen, die von den Baumelfen geholt und gefangen wurden. Der Kirschbaum ist voll von Märchen und Erzählungen.

Die Kirsche steht als Symbol dem Apfel in nichts nach. Die Bilder reichen vom Symbol der Sünde, der Verführung bis hin zum Symbol der Unschuld, der Reinheit und der göttlichen Süsse. Die Kirsche ist Ausdruck der Geburt, der Fruchtbarkeit und der Freude.

Kirschzweige werden am 4. Dezember, dem 'Barbaratag' geschnitten und in Wasser eingestellt. Blüht der Zweig an Weihnachten, soll das kommende Jahr vom Glück gesegnet sein. Zudem ist das Erblühen des Kirschzweiges in dieser Jahreszeit auch ein Heiratsorakel. Mit diesen wenigen erhaltenen Bräuchen haben sich Bruchstücke alter Fruchtbarkeitsrituale in unsere Zeit hinübergerettet. Diese Fruchtbarkeitsrituale sind dem Mond geweiht.

Früher war der Kirschbaum in der Heilkunde sehr angesehen. Heute kennt ihn eigentlich nur noch die Volksheilkunde und die Homöopathie. Selbst innerhalb der Volksheilkunde ist der Kirschbaum nur noch unvollständig bekannt. Viele alte Anwendungen sind vergessen oder verlorengegangen.

Naturwissenschaftliche Heilpflanzenbeschreibung

In der Heilpflanzenkunde kennt der Kirschbaum keine offizielle Anwendung mehr. Dennoch rechtfertigen die Inhaltsstoffe der verschiedenen Teile ihren Gebrauch nach wie vor:

Verwendete Teile:	Stengel	- Stipites cerasi
	Rinde	- Cortex cerasi
	Blätter	

Sammelzeit:	Stengel:	Juni - Juli
	Rinde:	April - Mai
	Blätter:	Mai - Juni
	Frucht:	Juni - Juli

| Wirkstoffgruppe: | Drogen mit Glycosiden, Gerbstoffen und Vitaminen |

Hauptwirkstoff:	Stengel:	Gerbstoff
	Rinde:	Amygdalin
	Blätter:	Cumaringlycosid
	Frucht:	Vitamine: Riboflavin, Thiamin, Niacin, Vitamin C, Mineralsalze

Nebenwirkstoff:	Stengel:	Organische Säuren
	Rinde:	Harz, Stärke, ätherisches Öl, Tannin, Gallussäure
	Blätter:	Gerbstoffe, Farbstoffe
	Frucht:	Salicylaldehyd, Quercetin, organische Säuren, Pektin

Wirkungen

Hauptwirkungen:
hustenreizmildernd
schleimlösend
entzündungswidrig
wassertreibend

Nebenwirkungen:
durchblutungsfördernd
blähungswidrig
verdauungsfördernd

Anwendungen

innerlich:
keine offiziellen Anwendungen mehr

äusserlich:
keine offiziellen Anwendungen mehr

Zubereitungen

innerlich:
keine offiziellen Zubereitungen mehr

äusserlich:
keine offiziellen Zubereitungen mehr

Besonderes:
Aus der angeschnittenen Baumrinde fliesst
ein gummiartiges Harz. Dieses Harz wurde
früher auch als Heilmittel eingesetzt.
Heute kennt man es selbst innerhalb der
Volksheilkunde kaum noch.
Hin und wieder braucht die Industrie davon
und stellt daraus Stoffstärken und Leim her.

Volksheilkundliche Anwendung des Kirschbaums

Allgemeine Anwendungen:
Der Kirschbaum ist auch in der Volksheilkunde lange nicht mehr so bekannt wie er einmal war.
Die Blätter, als geschmacksvolle Teebeigabe, werden kaum noch verwendet.
Genauso geht es dem Harz aus dem Stamm des Baumes, dem *Katzengold*, das als Hustenmittel bekannt war.
Die Fruchtstiele werden hingegen noch recht oft gebraucht. Man kocht sie aus und trinkt den Tee als
- schleimlösendes, auswurfförderndes und als
- wassertreibendes Mittel.
Die Rinde wird manchmal noch bei *Bronchitis*, *Katarrhen*, bei Blähungen und bei Verdauungsstörungen verwendet.
Der Saft aus den Früchten wirkt *blutbildend und blutdrucksteigernd*.
Das gebrannte Kirschwasser ist bestens bekannt. Nebst der innerlichen Anwendung als verdauungsförderndes, magenstärkendes Mittel wird es äusserlich als Einreibemittel bei Gicht, Rheuma und Herzbeschwerden gebraucht.

Homöopathische Anwendungen:
Aus den frischen Blättern wird die Essenz hergestellt, aber nur noch ganz selten bei Erkältungskrankheiten verordnet.

Esoterische Anwendung des Kirschbaums

Allgemeines:
Der Kirschbaum steht auf dem dritten Platz in der Analogiereihe der Zahl 7. Er korrespondiert mit dem Mond und dem Montag, mit dem Silber als Metall und der Farbe Weiss und mit vielen Pastelltönen.

Als sympathisches Heilmittel werden auf den Kirschbaum Krankheiten übertragen. Dazu wird am Stamm die Rinde aufgeschnitten, um sie anheben zu können. Unter die Rinde wird nun ein Ausscheidungsprodukt (Urin, Stuhl, Auswurf oder Wundsekret) des Erkrankten eingepflanzt. Durch solche Anwendungsformen werden Herz- und Erkältungskrankheiten behandelt.

Kirschbaumblätter, Blüten und Früchte dienen als Opfergabe und als Speise in der rituellen Magie. Die Gaben werden für die Mond- und Venusengel bereitgestellt. Als Opfergabe sind die Früchte in verschiedenen Fruchtbarkeitsritualen anzutreffen. Die Früchte werden der Mutter Erde übergeben mit dem Wunsch nach vielen gesunden und schönen Nachkommen. Das kommt auch zum Ausdruck, wenn für die Geburt eines Mädchens ein Kirschbaum gepflanzt wird. Solange er gedeiht und gesund ist, solange geht es auch dem Neugeborenen gut. Wird das Kind krank, erkrankt auch der Baum. Der Baum wird dann zum Zeichen der Heilung. Erholt er sich wieder, so wird auch das Kind von der Krankheit gesund. So kennt das Volk oft noch tiefere Bilder des Kirschbaums, die in diesen Formen im Umgang mit Pflanzen ihren Ausdruck finden.

Pflanzenastrologische Anwendung:
Der Kirschbaum hat eine enge Beziehung zum Mond und zur Venus.

Stärkende Anwendung:	bei Nierenleiden
	bei Ödemen
	bei Herzschwächen infolge von Nierenstörungen
Schwächende Anwendung:	bei Abszessen und Furunkeln
	bei Hautausschlägen

Baumheilkundliche Anwendung des Kirschbaums

Seine Frische und Jugendlichkeit wirkt ansteckend. Griesgrämigen und traurigen Menschen hilft der Kirschbaum die Fröhlichkeit, den Frühling, wieder zu finden.
Er stärkt das Herz und den Blutkreislauf.
Der Frühling hält Einzug im ganzen Menschen. Erfrischt und aufgemuntert entfernt sich der Besucher vom Kirschbaum. Mit der Gewissheit, wieder zurückkommen zu dürfen, wenn er das sanfte Berühren des Kirschbaums benötigt.

Tierheilkundliche Anwendung des Kirschbaums

Für Schafe, Esel und Pferde sind die Zweige als Futterbeigabe zur Behandlung von Nierenerkrankungen angebracht.

Als Wildfrucht: *Kirsche*

Wenn wir in Wäldern herumstreifen, finden wir sehr oft wilde Kirschbäume. Dass ihre Früchte genauso verwendet werden dürfen, wie die der Kultursorten, ist sicher klar. Der Geschmack ist kräftiger, etwas herber und nicht ganz so süss. Er ist, wie der Baum, noch frei und unverändert.
Die jungen, noch zarten Kirschbaumblätter-und Knospen sind sehr gute Salat- und Suppenbeigaben. Sogar die offenen Blüten sind schmackhaft und ausserdem noch sehr dekorativ.

Zum Färben: *Kirschbaum*

Aus der Rinde lassen sich verschiedene Farbtöne herstellen. Je nach Beize erhält man vom mausgrauen zum dunkelbraunen Farbton eine breite Palette von Tonabstufungen. Wolle und Seide lassen sich sehr schön mit Kirschbaumrinde färben.

Gartenbauliche Anwendung des Kirschbaums

In Weinbergen sollen Kirschbäume gepflanzt werden. Die Reben gedeihen besser und sind weniger anfällig auf Schädlinge, da der Kirschbaum den Weinreben sehr freundlich gesinnt ist.

Kirschbaum in der Holzverarbeitung

Nach einer zwei- bis dreijährigen Lagerung liefert uns der Kirschbaum eines der schönsten Hölzer zur Verarbeitung zu Möbeln.

Auch ganze Innenausbauten können mit Kirschbaumholz wunderbar gestaltet werden. Wichtig ist dabei, darauf zu achten, dass es seinen Charakter voll zur Geltung bringen kann, andernfalls wäre es schade um das herrlich gezeichnete Holz.

Möbelstücke, die aus Kirschbaumholz geschaffen sind, strahlen eine Lebendigkeit aus, die direkt ansteckend wirkt. Frische und Jugendlichkeit sind in ihm zu spüren.

Kreuzdorn

Botanischer Name
Rhamnus cathartica

Familie
Rhamnaceae (Kreuzdorngewächse)

Andere Namen
Amselbeeren, Chelgerli, Färberbeere, Feldbeerbaum, Hexendorn, Hirschdorn, Kreuzbeere, Purgierdorn, Sersch

Herkunft des Namens
Die Dornen an den Zweigen wachsen in Kreuzform und gaben so dem Strauch den Namen.

Vorkommen
Mitteleuropa, Asien, Nordafrika
Der Kreuzdorn liebt steinige und bewaldete Orte. In vielen Gegenden ist er bereits ausgestorben. Der Kreuzdorn ist eine eher seltene Pflanze.

Blütezeit
Mai

Aussehen
Der Kreuzdorn ist ein 2 - 4 m hoher Strauch mit schwarzbrauner Rinde. Die Äste enden in einem Dorn. Die Blätter sind eiförmig mit abgerundetem Grund. Sie sind fein gesägt.
Die Blüten sind grün und bilden meist in den Blattachseln schöne, gleichmässige Dolden. Die Blüten sind auch an den Enden von jungen Zweigen anzutreffen.
Die Frucht ist schwarz mit einem erst süsslichen, dann aber sehr bitteren Geschmack.

Anbau
Der Kreuzdorn ist nicht einfach anzubauen. Am ehesten gelingt der Anbau in Gemeinschaft mit anderen Heckenpflanzen.

Geschichtliches
Plinius d. Ältere erwähnt zwar eine Kreuzdornart, die in Indien zur Herstellung von Heilmitteln verwendet wurde. Es scheint jedoch, dass es sich hier um eine andere Art handelte, und nicht um den in Europa heimischen Kreuzdorn. Die abführende Eigenschaft des Kreuzdorns wird erstmals im 16. Jahrhundert erwähnt, unter anderem auch von Paracelsus.
Aus den Früchten wurde schon damals ein Sirup hergestellt, der noch heute verwendet wird, und zwar vorwiegend in der Tierheilkunde.

Naturwissenschaftliche Heilpflanzenbeschreibung

Verwendete Teile:	Beeren - Fructus rhamni catharticae
	Rinde - Cortex rhamni catharticae
	Sirup

Sammelzeit:	Beeren:	August - Oktober
	Rinde:	Oktober - November und
		Februar - April

Wirkstoffgruppe: Glycosidhaltige Droge

Hauptwirkstoff: Frangulaglycoside, Emodinglycoside

Nebenwirkstoff: Rhamnocitrin, Quercitin, Flavonglycoside, Vitamin C

Wirkungen

Hauptwirkungen: stark abführend

Nebenwirkungen·   wassertreibend
blutreinigend

Anwendungen

innerlich: bei Verstopfung
bei Hautausschlägen

äusserlich: bei Hautausschlägen, insbesondere bei Flechtenerkrankungen.

Zubereitungen

innerlich:	als Tee:	10 - 20 Früchte als Aufguss. Die Wirkung tritt nach 6 - 8 Stunden ein!
	als Sirup:	1 Esslöffel für Erwachsene 1 Teelöffel für Kinder

Lagerung: Trocken, vor Licht, Staub und Insekten geschützt!

Besonderes: Schwangere Frauen müssen von einer Anwendung des
                      Kreuzdorns als Abführmittel absehen, da er auch
                      starke Abortiveigenschaften hat.
                      Bei längerem Gebrauch als abführendes Mittel kann
                      der Kreuzdorn zur Gewöhnung führen, da die Wirk-
                      stoffe auf die Schleimhaut und die Nerven des
                      Dick- und des Enddarmes reizend wirken.
                      Die Wirkstoffe regen die Darmentleerung an und
                      führen nicht zu einer Volumenvergrösserung des
                      Darmes, wie dies bei schleimstoffhaltigen Pflanzen
                      (Leinsamen) der Fall ist.

Volksheilkundliche Anwendung des Kreuzdorns

Allgemeine Anwendung:
In der Volksheilkunde gilt der Kreuzdorn als ein gutes Blut- und Hautreinigungsmittel.
Die Früchte werden zur Herstellung des Sirups verwendet. Mit diesem Sirup lassen sich auch Wassersucht, Gicht und ebenfalls viele verschiedene Hautausschläge behandeln.

Homöopathische Anwendung:
Aus den frischen, reifen Beeren wird eine Essenz zubereitet, die in den Potenzen von D2 - D3 ähnlich in Anwendung kommt, wie schon in den naturwissenschaftlichen und volksheilkundlichen Anwendungen beschrieben wurde.

Esoterische Anwendung des Kreuzdorns

Allgemeines:
Der Kreuzdorn wird noch heute in Haus und Stall als Schutz- und Heilmittel aufgehängt, und dabei mit sehr gutem Erfolg. Vor allem wenn es sich um Hautkrankheiten handelt (vom Tier auf den Menschen übertragene Flechten), werden die Zweige aufgehängt.
Um eine stark abführende Wirkung zu erhalten, geht man gleich vor wie beim Faulbaum: man schält die Rinde vom Stamm her nach aussen ab. Umgekehrt, sucht man eine mildere, abführende Wirkung zu erzielen, ist die Rinde von aussen nach innen abzuschälen.

Pflanzenastrologische Anwendung:
Der Kreuzdorn steht in Beziehung zum Mars.

Stärkende Anwendung: bei Verletzungen
zur Förderung der Wasserausscheidung

Schwächende Anwendung: bei Hautkrankheiten

Baumheilkundliche Anwendung des Kreuzdorns

Der Kreuzdorn strahlt eine beruhigende und besänftigende Eigenschaft aus. Er kommt Menschen entgegen, die unter Stoffwechselstörungen leiden, dadurch verursacht, dass sie alle ihre Sorgen und Probleme hinunterschlucken, ohne darüber reden zu können. Solche Menschen wirken in sich gefangen. Nach aussen hin zeigen sie sich fröhlich. Sie nehmen sogar noch die Sorgen anderer auf sich und fühlen sich dafür alleinverantwortlich.
Das Verweilen beim Kreuzdorn regt den Stoffwechsel ganz allgemein an.

Tierheilkundliche Anwendung des Kreuzdorns

Wenn das Vieh Flechtenerkrankungen hat, so lohnt es sich, Kreuzdornzweige im Stall aufzuhängen.

Auch Verstopfungen von Haustieren lassen sich mit Kreuzdornbeeren sehr gut behandeln. Dazu verwendet man 30 g Beeren auf 1 Liter Wasser und bereitet einen Aufguss zu.

Lärche

Botanischer Name
Larix decidua

Familie
Pinaceae   (Föhrengewächse)

Vorkommen
Die Lärche ist in ganz Europa bis in den Norden verbreitet.
Ursprünglich wuchs die Lärche nur in den Alpen und den Karpaten. Heute ist sie
häufig auch in Parkanlagen anzutreffen.

Blütezeit
Mai - Juni

Aussehen
Der schlanke, bis 40 m hohe Baum, ist an seinen hellgrünen, weichen Nadelbü-
scheln sofort zu erkennen. Die Nadelblätter bilden dabei Büschel mit 30 - 40
einzelnen Nadeln. Im Winter wirft die Lärche, als einziger Nadelbaum, die Nadeln ab.
Auch die weiblichen Zapfen sind im Jungstadium recht auffallend. Den wachsen-
den Samen bedecken sie in diesem Stadium mit rötlichen Schuppen. Im Reifesta-
dium bräunen sich die Zapfen und nehmen eine eiförmige, kegelige Gestalt an.
Wir treffen die Lärche noch in Höhen von 2400 m an.

Anbau
Die Lärche wird als Nutzholz angebaut. Sie ist sehr gut aus dem Samen aufzu-
ziehen. Der vorgezogene, noch ganz junge Baum, möchte in einen tiefgründigen,
nicht verbrauchten Boden gepflanzt werden.
Die Lärche reagiert recht empfindlich auf Luftverschmutzung, so dass sie in
Grosstädten oft nur ein kümmerliches Dasein fristet.
Eine Eigenart der Lärche ist auch die Lärchenminiermotte. Die Raupen dieser
Motte treten von Zeit zu Zeit zu Tausenden auf und befreien unzählige Lärchen
von ihren Nadeln, so dass fast nur noch die kahlen Skelette der Bäume in den
Himmel ragen. Die Bäume sterben dabei nicht unbedingt ab. Lediglich die kran-
ken und schwachen Artgenossen lassen dabei ihr Leben. Normalerweise bildet

der Baum noch während des Kahlfrasses junge Nadeln, die dann fester und zäher sind und von den Raupen daher nicht mehr gefressen werden. 1982 traten im Engadin (CH) die Lärchenminiermotten, das heisst ihre Raupen, zu ihrem Werk an. In vielen Hektaren Wald waren allmählich nur noch die kahlen Gerippe der Lärchen zu sehen.
Jetzt sind die Lärchen wieder grün und so schön wie vorher.

Geschichtliches
Die Lärche ist ein bei uns seit alters her heimischer Baum. Die Germanen lernten sie durch die Römer kennen. Denn damals gedieh die Lärche nur in den Alpenregionen.
Als der zartgliedrigste Baum unter den Nadelbäumen hat die Lärche auch in den Sagen und Legenden ihren Platz erhalten. Sie ist das Heim der den Menschen wohlgesinnten Waldfeen.
Plinius berichtete schon von der Zubereitung der *Lärchensalbe*. Die Voksheilkunde kennt die Salbe auch heute noch und verwendet sie entsprechend.
Die offizielle Heilkunde braucht auch aus der Lärche das Harz um das Terpentinöl zu gewinnen.

Naturwissenschaftliche Heilpflanzenbeschreibung

Verwendete Teile:	Nadeln	
	Harz	
Sammelzeit:	Nadeln:	April - Juni
	Harz:	das ganze Jahr

Wirkstoffgruppe:	Droge mit ätherischem Öl	
Hauptwirkstoff:	Harz:	Terpentinöl, Laricinolsäure
Nebenwirkstoff:	Harzsäuren	

Wirkungen

Hauptwirkungen:	s. Kiefer und Fichte
Nebenwirkungen:	s. Kiefer und Fichte

Anwendungen

innerlich:	s. Kiefer und Fichte
äusserlich:	s. Kiefer und Fichte

Zubereitungen

innerlich:	s. Kiefer und Fichte
äusserlich:	s. Kiefer und Fichte

Lagerung:	s. Kiefer und Fichte

Volksheilkundliche Anwendung der Lärche

Allgemeine Anwendungen:
Die wichtigste Zubereitungsform, die zu den anderen hinzukommt, ist die *Lärchensalbe.* Das Rezept habe ich im Rezeptteil wiedergegeben. So dass es für alle möglich ist, die Salbe selber herzustellen.
Bitte schneidet keine unverletzten Bäume an. Sammelt das Harz von bereits verletzten Bäumen. Sammelt es so, dass die Wunde des Baumes zugedeckt bleibt.
Die Salbe kann verwendet werden:
- bei Rheuma und Gicht
- bei Erkältungskrankheiten
- bei Hautinfektionen
- zur Wundheilung
- bei Durchblutungsstörungen.
Die Nadeln dienen zur Zubereitung von Bädern, die ähnliche Wirkungen zeigen, wie die Kiefernnadelbäder.

Aromatherapeutische Anwendung:
s. Kiefer

Esoterische Anwendung der Lärche

Allgemeines:
Innerhalb der esoterischen Anwendungen der Pflanzen erfahren die einzelnen Kräuter viel feinere Unterscheidungen, als sie in der offiziellen Heilpflanzenkunde gemacht werden.
Selbst schon die volkstümliche, esoterische Anwendung kennt solche Unterschiede.
Die Lärche ist ebenfalls ein Baum, der in sympathischer Form betrachtet wird.
Um den Hals von Kindern hängt man ein Stück Lärchenrinde. Diese soll dann das Kind vor 'Behexung' und dem 'bösen Blick' schützen.
Das Holz dient zu Räucherungen um das Haus und den Stall von schlechten Einflüssen zu reinigen.

Pflanzenastrologische Anwendung:
Die Lärche steht in Beziehung zum Planeten Merkur, zum Saturn und zum Jupiter.

Stärkende Anwendung: bei Erkrankungen der Atmungsorgane
                              bei geistiger Müdigkeit und Abge-
                              spanntheit
                              bei Nervenschwächen
                              bei Störungen der Leber, Galle und der
                              Nieren

Schwächende Anwendung: bei rheumatischen Erkrankungen
                              bei Knochenwachstumsstörungen

Anwendung der Lärche in der *Bach - Blütentherapie*:
Die Lärchenblütenessenz wird jenen Menschen empfohlen, die zum vorneherein von ihrer Unfähigkeit überzeugt sind, bevor sie überhaupt erst einmal einen Versuch gemacht haben. Sie fühlen sich wehmütig und mutlos. Mit der Haltung, so oder so zu versagen, wirkt sich jede tatsächlich erlebte Entäuschung nur verstärkend aus. Er dreht sich dauernd im Kreis herum, aus dem es keinen Ausgang gibt, wie er meint.
Diese Menschen sind meist sehr feinfühlig.

Baumheilkundliche Anwendung der Lärche

Im Unterschied zur Fichte und zur Kiefer, drückt die Lärche den geistigen Menschen aus. Sie stellt innerhalb der Familie der Föhrengewächse die dritte Ebene des Menschen dar.

Noch auf einer feineren Ebene als die Fichte und die Föhre, wirkt die Lärche. Innerlich verhärtete Menschen erfahren duch die Begegnung mit einer Lärche eine Art von Befreiung. Langsam beginnt sich etwas aufzulösen. Es wird einem leichter. Neue, vorher gestaute oder fehlgeleitete Energie wird frei. Die Kraft beginnt wieder zu fliessen.

Körperlich spürbar wird dieses befreiende Gefühl in erster Linie in der Gegend der Herzspitze unter dem Brustbeinende. Es ist so, wie wenn sich dort ein schweres, dunkles Etwas aufzulösen beginnt. Der Druck auf der Brust verschwindet. Die Atmung vertieft sich und ein freies Atmen stellt sich ein. Die Lungen erhalten wieder Kraft. Sie sind gereinigt und frei.

Tierheilkundliche Anwendung der Lärche

Kranken oder schwächlichen Tieren sollen Zweige der Kiefer oder der Lärche in ihre Nähe gelegt oder aufgehängt werden.

Allein das Einatmen des Duftes wirkt, wie auch auf uns Menschen, auf die Tiere stärkend und heilen.

Als Wildgemüse: *Lärchenspitzen*

Junge, feingeschnittene Lärchenspitzen sind sehr schmackhaft zu Mischsalaten. Ihr Geschmack ist süss-sauer und herb.

Kosmetische Anwendung der Lärche

Mit dem Harz und den Nadeln bereiten wir eine Maske zu. Diese wird zur Entspannung und Stärkung der Haut 1 - 2 mal pro Woche angewendet. Sie ist dünn aufzutragen und während etwa 15 Minuten einwirken zu lassen.

Die Lärche in der Holzverarbeitung

Wohl das harzreichste und damit auch das dauerhafteste Holz unter den Nadelbäumen, liefert uns die Lärche.

Einmal wird das Holz, dank seiner Festigkeit und Tragfähigkeit, im Hausbau
zum Blockhausbau seit Jahrhunderten verwendet. Auch in allen anderen Bereichen
des Bauwesens findet das Lärchenholz Anwendung. So wir es zu Eisenbahnschwel-
len, wie zu Zaunpfählen, im Brückenbau wie im Bootsbau verarbeitet.

Aussenarbeiten wie Treppengeländer, Türen und Fensterrahmen werden häufig aus
Lärchenholz gefertig, da es witterungsbeständig ist. Im Innenausbau finden
wir es als Täfer und auch als Möbelholz.

Das Lärchenholz wird wie viele andere Hölzer auch zu Furnieren geschnitten.
Obwohl das Lärchenholz nur schwer entflammbar ist, hat es doch einen sehr hohen Heizwert.

Wohnungen, Zimmer, aber auch nur Möbeleinrichtungen, die in Lärchenholz geschaffen sind, strahlen viel Wärme und Geborgenheit aus.

Lindenbaum   (Sommerlinde)

Botanischer Name
Tilia platyphyllos

Familie
Tiliaceae   (Lindengewächse)

Arten
Sommerlinde - Tilia platyphyllos
Winterlinde - Tilia cordata

Andere Namen
Sommerlinde: Bastholz
Für beide Arten: Weichlinde

Vorkommen
Die Linden kommen als heimische Bäume in ganz Europa, bis hin nach Kleinasien vor. Sie werden häufig in Parkanlagen, zu Alleen und in Heckenpflanzungen angepflanzt. Wildwachsend finden wir die Linden in Mischwäldern und an Waldrändern.

Blütezeit
Juni - Juli

Aussehen
Die Lindenbäume werden 30 - 40 m hoch. Beide, die Sommerlinde und die Winterlinde sind stattliche Bäume, häufig mit einer breit gewölbten Krone.
Die Blätter sind ein gutes und sicheres Unterscheidungsmerkmal. Bei beiden Arten haben die Blätter die Form der Baumkrone. Sie sind herzförmig, in eine Spitze auslaufend und zudem gleichmässig gezähnt. Blätter mit weicher, heller Behaarung, stammen von der Sommerlinde. Die Blätter der Winterlinde haben rötlich, braune Haare in den Achseln der Blattnerven und sind auch etwas kleiner und fester als die der Sommerlinde.

Anbau

Wenn man beim Pflanzen einer Linde daran denkt, dass sie bei einem entsprechenden Standort 1000 Jahre alt werden kann, so wählt man zwischen verschiedenen Orten gut aus.

Die Linde liebt sonnige bis halbschattige, nicht zu trockene, aber nahrhafte Böden.

Damit sie ihre Erscheinung vollständig zeigen kann, pflanzt man sie am besten an einen freien Standort.

Ausser durch Aussaat kann die Linde auch mittels Absenker gezogen werden.

Geschichtliches

Wir wissen heute, dass schon die Pfahlbauer den *Lindenbast* gewannen, um damit Kleider, Betten und Matten herzustellen.

Es ist kaum zu zählen, wie viele Lieder, Gedichte, Sagen und Legenden von der Linde erzählen.

Der Wunsch, ewig zusammenzubleiben wurde Baucis und Philemon von den Göttern gewährt, mit denen die beiden vorher die Unterkunft, das Essen und die Kleidung teilten. Baucis wurde in eine Linde und Philemon in eine Eiche verwandelt. So erzählt es die griechische Sage.

Während dem Bad im Blut des getöteten Drachens, das ihn unverletzbar machen sollte, fiel ein Lindenblatt zwischen die Schultern Siegfrieds. An dieser einzigen, verwundbaren Stelle, wurde Siegfried denn auch von Hagen tödlich verletzt. So lesen wir es in der Siegfried-Sage.

Der Lindenbaum war für die Germanen der Gerichts- und der Versammlungsort für die *Thingversammlungen*. Die Linde, die der Göttin *Freya* geweiht war, ermöglichte es, die Wahrheit zu finden. So glaubten es die Germanen.

Noch lange Zeit war die Dorflinde der Ort des geselligen Zusammenseins, der Beratung und der Treffpunkt der Liebenden.

Liebe und Linde gehören zusammen. In Japan gelten die Lindenzweige als Symbol des Frühlings. Hier in Europa ist er ein Symbol der Mutter und der Fruchtbarkeit.

Als linderndes Heilmittel waren die Blüten lange Zeit nicht bekannt. Dafür aber brauchte man die Kohle aus dem Lindenholz, das Blatt, den Saft und die Rinde.

Plinius d. Ältere kennt die Rinde der Linde als Mittel gegen Aussatz und die Blätter zur Behandlung von *Geschwüren*.

Die hlg. Hildegard sagt, dass zum Schlafen im Sommer frische Lindenblätter auf die Augen und das ganze Gesicht gelegt werden soll. Dadurch würden sich die *Augen* klären und reinigen.

Naturwissenschaftliche Heilpflanzenbeschreibung

Verwendete Teile:	Blüten - Flores tiliae
Sammelzeit:	Juni - Juli

Wirkstoffgruppe:	Droge mit ätherischem Öl	
Hauptwirkstoff:	Blüte:	äth. Öl (Farnesol)
	Blatt:	Bitterstoff (Tiliacin)
	Rinde:	Bitterstoff (Tiliacin)
Nebenwirkstoff:	Blüte:	Hesperidin, Schleim, Gerbstoff
		Saponin
	Blatt:	Xanthophyll
	Rinde:	Vanillin

Wirkungen

Hauptwirkungen:	schweisstreibend
	fiebersenkend
Nebenwirkungen:	krampflösend
	entzündungswidrig

Anwendungen

innerlich:	bei Fieber
	bei Erkältungskrankheiten
	bei Magen - Darmkoliken
äusserlich:	bei leichten Hautentzündungen

Zubereitungen

innerlich:	als Tee:	1 Teelöffel auf eine Tasse heisses Wasser, Aufguss. Täglich 3 - 6 Tassen, je nach Bedarf.
äusserlich:	als Waschung:	s. Tee

Lagerung: Trocken, vor Licht, Staub und Insekten geschützt!

Besonderes: Lindenblüten müssen locker aufbewahrt werden. Dazu eignen sich ausnahmsweise Leinensäcke.

Volksheilkundliche Anwendung der Linde

Allgemeine Anwendungen:
In der Volksheilkunde ist vieles verlorengegangen. Blatt und Rinde werden nur noch ganz selten angewendet. Ebenso die *Lindenholzasche*, die früher sehr gut bekannt war.
Die Blüten werden noch bei *Katarrhen* und *Hautentzündungen* angewendet. Sie gelten auch als sanft beruhigende und schlaffördernde Mittel.
Der *Lindenbast* kommt hin und wieder noch bei *Wunden* und *Geschwüren* als Breiumschlag zur Anwendung.
Die Blätter kennt man auch bei *rheumatischen Krankheiten* und ebenfalls bei *Hautausschlägen*.
Dann ist noch die *Lindenholzasche* ein sehr wichtiges Mittel. Sie kann vielseitig gebraucht werden. So bei:
- Leber- und Gallenblasenkrankheiten,
- Magenübersäuerung,
- Magengeschwüren und
- Menstruationsstörungen.
Mit der Lindenholzasche gilt es, wieder vermehrt Erfahrungen zu sammeln.

Homöopathische Anwendung:
In der Homöopathie wird aus den frischen Lindenblüten die Essenz zubereitet. Diese kommt bei *Sehschwäche, inneren Blutungen* und *Kopfschmerzen* zur Anwendung.

Esoterische Anwendung der Linde

Allgemeines:
Die Linde hat viele tief verwurzelte Anwendungen, die in diesen Bereich gehören. Sie gilt als Schutz vor Blitzschlag und vor Dämonen.
Ein Lindenbaum wird gepflanzt, wenn in der Familie ein Stammhalter geboren
wird. In manchen Gegenden ist es auch Brauch, eine Linde zu pflanzen wenn
das erste Mädchen in der Familie geboren wird. Beides sind sehr schöne Hinweise auf die Symbolik, die die Linde trägt.
Ein altes Rezept besagt, dass bei allen *Lungenleiden* von der Lindenholz-
kohle dreimal täglich eine Messerspitze voll, in etwas Milch gelöst, eingenommen werden soll.
Oder: 'Jeden Morgen unter einer Linde 150 mal tief ein- und ausatmen, verhelfe
zu einer gesunden und starken Lunge'.

In der rituellen Magie ist die Linde ein Schutzbaum und zugleich stellt sie
die Mutter Erde und den *Lebensbaum* dar.

Pflanzenastrologische Anwendung:
Die Linde steht in enger Beziehung zu den Planeten Sonne, Mond und Jupiter.

Stärkende Anwendung: bei Leber - Gallenentzündungen
                              bei Erkältungskrankheiten
                              bei allgemeiner Müdigkeit
                              bei Grippeerkrankungen

Schwächende Anwendung: bei Entzündungen der Haut und
                              der Schleimhäute
                              bei Fieber
                              bei Leber- Gallen- und Milzstauungen
                              bei Nervosität und innerer Unruhe
                              bei Existenzängsten

Baumheilkundliche Anwendung der Linde

Unruhigen, gehetzten Menschen bietet die Linde einen angenehmen und erholsamen
Platz an. Wer sich unkonzentriert und zerfahren, ja zerrissen fühlt, setze

sich für einige Minuten unter eine Linde. Eine innere Stille und Ruhe, eine innere Sammlung beginnt sich langsam bemerkbar zu machen.
Menschen, die sich innerlich vor lauter Herumrennen in einer dauernden Hitze befinden, bringt die Linde ausgleichende Kühlung.
In der regelmässigen Begegnung stärkt die Linde das Herz und seine Funktionen.

Tierheilkundliche Anwendung der Linde

Hat ein Tier Hautentzündungen, Abszesse und Ausschläge, so wird mit dem Bast der Linde ein lauwarmer Aufguss gemacht. Den Bast lässt man dabei mindestens 1 Stunde ziehen. Mit diesem Auszug können nun Waschungen oder Umschläge gemacht werden.

Als Wildgemüse: *Lindenblüten, -blätter, -knospen*

Im Frühling, wenn die Blätter noch jung und zart sind, sammeln wir sie und bereiten uns einmal Salat, dann wieder Frühlingsrollen, und wenn noch ein kalter Tag dazwischen kommt, eine Gemüsesuppe zu. Es gibt wenige Blätter, die einen so feinen Geschmack haben wie die Lindenblätter. Wenn sie dann etwas grosser sind, jedoch noch nicht allzu zäh, gibt es einen Spinat.
Später dann, wenn die Blüten zu treiben beginnen, sammeln wir diese um Salatmischungen zu gestalten.
Im Herbst finden wir schon früh die Knospen an den Lindenbäumen. Als Salat- und Suppenbeigabe sind sie eine willkommene und gute Abwechslung.

Kosmetische Anwendung der Linde

Eine sehr sanfte Reinigung leicht entzündeter und angespannter Haut, bieten die Lindenblätter. Sie werden als Tee zubereitet, der dann zum Waschen dient. Nach der Haarwäsche können wir den gleichen Tee zubereiten und die Haare damit gut spülen. Sie werden dadurch weich, und was noch wichtiger ist, die Kopfhaut wird entspannt.

Die Linde in der Holzverarbeitung

Die verbreitetste Anwendung des weichen und doch festen Lindeholzes ist in der Kunst des Schnitzens anzutreffen. So wie der Holzbildhauer und der Schnitzer das Lindenholz einsetzten, bearbeitet es auch der Drechsler.

Lindenholz hat oft einen unliebsamen Gast, den Holzwurm. Das Holz ist reich an Eiweiss und Fettstoffen, die natürlich dem Holzwurm sehr willkommen sind.

Die Kohle des Lindenholzes bietet auch eine sehr gute Qualität als Zeichen- und Filterkohle an.

Zudem wird der feste Bast zu Korn- und Flechtarbeiten verwendet.

Bei der Bearbeitung des Lindenholzes erfährt man es als ein allgemein warm anzurührendes Holz. Es gibt keine kalten Hände.

248

Lorbeer

Botanischer Name
Laurus nobilis

Familie
Lauraceae   (Lorbeergewächse)

Vorkommen
Als kultivierte Pflanze ist der Lorbeer auch in nördlichen Gegenden Europas anzutreffen. Er wird als Hecken- und Kübelpflanze gezogen.

Ursprüngliche Herkunft
Die heimatlichen Gegenden des Lorbeers sind die Mittelmeergebiete. Dort hat er eine wichtige Bedeutung in der Hartlaubvegetation.

Blütezeit
April

Aussehen
Der immergrüne Strauch oder Baum kann eine Höhe bis zu 20 m erreichen. Er bildet eine breite, kugelförmige Krone. Die ganze Pflanze ist mit Drüsen besetzt und duftet stark aromatisch.
Die Blätter sind lederartig fest. Sie bilden eine schmale, lanzettliche Form und wachsen wechselständig. Der Lorbeer ist zweihäusig. Die elfenbeinfarbenen Blüten wachsen in Büscheln in den Blattwinkeln. Später bilden sich die schwarzen oder indigofarbenen Früchte.

Anbau
Da der Lorbeer im nördlichen Europa nicht winterfest ist, muss er in hellen Räumen überwintert werden. Er kann aus Stecklingen, die im September durch den Schnitt anfallen, gezogen werden. Zwar dauert es sehr lange, bis der Lorbeer einen richtigen Busch bildet, doch gedeiht er recht gut.
Der Boden sollte lehmig-sandig und der Standort sonnig sein.

Geschichtliches

Bei den Griechen war der Lorbeerbaum dem Gott Apollon geweiht. Apollon selber wollte es so. Die Nymphe Daphne wollte seinen Verführungen nicht unterliegen, jammerte so sehr und rief die Götter um Hilfe an. Alsbald, nachdem ihr Jammern verklungen war, verwandelte sie sich in einen Lorbeerbaum. Apollon liebte die Nymphe so sehr, dass er sie sich weihte.

Obschon Apollon für diesmal der Verlierer war, wurde der Lorbeerbaum sehr bald zum Zeichen des Sieges. Griechen und Römer setzten sich Lorbeerkränze auf das Haupt, wenn sie einen Sieg nach Hause trugen.

Das Lorbeeröl war Plinius d. Älteren als Heilmittel bereits sehr gut bekannt. Die hlg. Hildegard weiss von den schmerzstillenden und rheumawidrigen Wirkungen des *Lorbeeröls*. Sie gibt es für die verschiedensten Schmerzen, darunter auch bei Gicht und Rheuma, an.

Heute sind die Lorbeerblätter als Gewürz sehr gut bekannt, doch ihre heilende und lindernde Wirkung ist fast vergessen.

Naturwissenschaftliche Heilpflanzenbeschreibung

Vorsicht!	Nicht verwechseln mit dem giftigen Kirschlorbeer (Laurus cerasi)!
Verwendete Teile:	Blätter - Folia lauri Früchte - Fructus lauri

Sammelzeit:	Blätter: Früchte:	Mai - September Juli - August

Wirkstoffgruppe:	Droge mit ätherischem Öl	
Hauptwirkstoff:	Blätter: Früchte:	äth. Öl (Cineol, Pinen, Eugenol, Terpineol, Geraniol) äth. Öl (Cineol, Pinen)
Nebenwirkstoff:	Blätter: Früchte:	Bitterstoff fettes Öl, Phytosterine

Wirkungen

Hauptwirkungen:	Blätter:	verdauungsfördernd durchblutungsfördernd
Nebenwirkungen:	Blätter:	anregend wassertreibend hautreizend

Anwendungen

innerlich:	Blätter:	bei Stoffwechselstörungen bei Verdauungsstörungen bei Nieren - Blasenentzündungen bei Müdigkeit

| äusserlich: | Öl: | bei Gicht und Rheuma |
| | | bei Hautentzündungen |

Zubereitungen

innerlich:	als Tee:	1 Teelöffel auf eine Tasse Was-
		ser als Aufguss zubereiten.
		2 - 3 Tassen pro Tag
	als Gewürz	

äusserlich:	als Salbe	
	als Bad:	100 - 200 gr. Blätter oder Beeren
		auf 1 Liter Wasser - Aufkochen und
		Auszug dem Badwasser beifügen
	als Einreibung:	das gepresste Öl aus den Beeren

| Lagerung: | Trocken, vor Licht, Staub und Insekten geschützt! |

Volksheilkundliche Anwendung des Lorbeers

Allgemeine Anwendungen:
Das Lorbeeröl stand füher als Gicht- und Rheumamittel in hohem Ansehen. Heute ist es fast vergessen.
Die Anwendung der Blätter als Gewürz ist bekannt, aber die Möglichkeit der Teezubereitung ist ebenfalls praktisch nicht mehr bekannt.
Als Antiparasiticum, also gegen *Läuse, Flöhe* und *Krätzen* ist das Lorbeeröl noch manchmal in Anwendung.
Hier gilt es, vieles wieder zu versuchen und Erfahrungen zu sammeln.

Homöopathische Anwendungen:
Aus den frischen Blättern wird die Essenz zubereitet.

Esoterische Anwendung des Lorbeers

Allgemeines:
Das Verbrennen von Lorbeerzweigen galt als Mittel zum Schutz vor ansteckenden Krankheiten. Heute wissen wir, dass der Gebrauch von ätherischem Öl entsprechend der Pflanze auch in dieser Form eine Wirkung entfaltet.
Der Lorbeer schützt vor Blitzschlag.
Ein altes Rezept, das dazu dient, in einer bestimmten Stunde in der Nacht zu erwachen, empfiehlt: 'Nimm soviel Lorbeerblätter wie Stunden geschlafen werden wollen. Binde sie in ein Tüchlein, lege es auf den Kopfwirbel und schlafe auf der linken Seite.'.
Natürlich bedeutet das auch zugleich eine *Ein- und Durchschlafhilfe*.

Pflanzenastrologische Anwendung:
Im Lorbeer kommen die beiden Planeten Sonne und Saturn zum Ausdruck.

Stärkende Anwendung:	bei allgemeiner Müdigkeit
	bei Durchblutungsstörungen der Gliedmassen
	bei mangelhafter Verdauung infolge schlechter Durchblutung der Organe
Schwächende Anwendung:	bei Rheuma
	bei Gicht
	bei Abszessen und Furunkeln
	bei Hautgeschwüren

Baumheilkundliche Anwendungen des Lorbeers

Leicht verletzbaren und rasch ermüdenden Menschen bietet der Lorbeer seine Hilfe an.
Die Begegnung mit dem Lorbeer bringt allmählich Durchhaltevermögen zurück und wirkt anregend auf die gesamten körperlichen Funktionen. Zugleich zeigt er dem Betrachter die Möglichkeit, sich vor seiner Verletzbarkeit zu schützen. Lorbeermenschen sind zäh und ausdauernd. Sie setzen sich ihre Grenzen selbst. Solange sie sich innerhalb dieser Grenzen bewegen, kann sie nichts antasten oder ermüden.

Tierheilkundliche Anwendung des Lorbeers

Das Öl dient zu Einreibungen des Felles, wenn die Tiere von *Parasiten* wie Läusen, Flöhen und Milben befallen sind.

Als Umschlag oder auch als Einreibung lindert das Lorbeeröl auch bei Tieren Gelenkschmerzen. Das Öl kann auch unter die Eutersalbe gemischt und bei Euterkrankheiten verwendet werden.

Pappel   (Schwarzpappel)

Botanischer Name
Populus nigra

Familie
Salicaceae   (Weidengewächse)

Weitere Arten
Espe   (Populus tremula)
Pyramiden-Pappel   (Populus pyramidalis)
Silberpappel   (Populus alba)

Vorkommen
Als typischer Begleiter von Flussufern ist die Pappel in ganz Europa verbreitet. Sie wird häufig auch an Strassenrändern und in Parkanlagen gepflanzt.

Blütezeit
Alle Pappelarten März - April

Aussehen.
Das auffallendste Merkmal der Schwarzpappel ist der bis weit hinunter beastete
Stamm.
Die lange, schlanke Form der Pyramidenpappel (Populus pyramidalis oder Populus nigra var.italica) ist das markante Merkmal zur Unterscheidung dieser
beiden Pappelarten.
Die Schwarzpappel erreicht eine Höhe von 30 m und trägt eher eine breite,
gewölbte Krone.
Die spitzen, ovalförmigen Blätter sind auf der Blattoberseite dunkler gefärbt
als an der Blattunterseite.
Die männlichen, etwa 5 cm langen Kätzchen sind im Jungstadium erst grau und
röten sich dann später. Die weiblichen Kätzchen sind während der Blüte bis
7 cm lang und wachsen während der Fruchtzeit in die Länge. Sie können bis
zu 15 cm lang werden. Zur Reifezeit bilden sie eine Kapselfrucht mit kleinen Samen.

Anbau

Das wichtigste, was die Pappel benötigt, ist ein tiefgründiger Boden mit viel Wasser. Sie bildet ein weitläufiges Wurzelwerk und beansprucht daher auch viel Platz.

Die Pappel kann durch Aussaat oder durch Stecklinge gezogen werden.

Geschichtliches

Die Schwarzpappel ist erst seit dem Mittelalter bei uns heimisch. Sie stammt ursprünglich aus dem Süden. Auch die Pyramidenpappel, die wohl bekannteste unter den Pappelarten, stammt aus dem Süden, wahrscheinlich sogar aus dem Orient. Die Espe oder Zitterpappel ist schon viel länger ein bei uns heimischer Baum.

Plinius d. Ältere lässt uns wissen, das die Pappel dem Herkules geweiht ist. Als Heilmittel war die Espe schon lange bekannt, bevor eine andere Pappelart in unsere Gegenden kam. Hyronimus Bock kannte sie, wie auch Galen und auch die hlg. Hildegard. Die hlg. Hildegard gibt uns das Rezept der Pappelsalbe an und sagt, wenn der Saft des gepressten Espenholzes und der Rinde anderen Salben beigefügt werde, so würden diese Salben umso mehr wirken. Sie könnten bei allen, mit Schmerzen verbundenen Leiden, Hilfe und Linderung bringen.

Matthiolus weiss, dass die Salbe aus den Knospen zubereitet, bei Entzundungen und Verbrennungen grosse Dienste erweist.

In der Hauptsache wurde die Zitterpappel bei allen Erkrankungen des Urogenitalsystems (Nieren, Blase, Harnröhre und Gebärmutter) eingesetzt.

Die nordamerikanischen Indianer brauchten das Innere der Rinde als Lebensmittel.

Heute ist die Pappel auch eine der Pflanzen, die mehr vernachlässigt als angewendet wird. Nur die wenigsten kennen ihre Möglichkeiten noch.

Naturwissenschaftliche Heilpflanzenbeschreibung

| Verwendete Teile: | Knospen | - Gemmae populi |
| | Rinde | - Cortex populi |

Sammelzeit:	Knospen:	März - April
	Rinde:	März - Mai von 2 - 3 jährigen
		Ästen

| Wirkstoffgruppe: | Droge mit Glycosiden |

| Hauptwirkstoff: | Salicin, Populin |

Nebenwirkstoff:	Blatt:	Gerbstoff, gelber Farbstoff
	Rinde:	äth. Öl, gelber Farbstoff
	Knospen:	äth. Öl (Humulen, Caryophyllen)
		Chrysin, Gerbstoff, Flavone,
		Harz

Wirkungen

Hauptwirkungen:	harnsäuresalzlösend
	entzündungswidrig
	wassertreibend

| Nebenwirkungen: | schmerzstillend |
| | schleimlösend |

Anwendungen

innerlich:	bei Polyarthritis
	bei Gicht und Rheuma
	bei Prostatakrankheiten
	bei Fieber
	bei Erkältungskrankheiten und Grippe

äusserlich:	bei Wunden	
	bei Furunkeln und Abszessen	
	bei Verbrennungen	
	bei Hämorrhoiden	
	bei juckenden Hautausschlägen	

Zubereitungen

innerlich:	als Tee:	1 - 2 Teelöffel pro Tasse - als Aufguss. Täglich 2 - 3 Tassen.
äusserlich:	als Salbe:	s. 'Rezepte'
	als Einreibung	
	als Umschlag:	Frische oder getrocknete Rinde und Knospen
	als Bad:	100 - 200 gr. Rinde oder Knospen in einem Liter Wasser als Abkochung aus ziehen und dem Badwasser zufügen.
Lagerung:		Trocken, vor Licht, Staub und Insekten geschützt!

Besonderes: Diese Beschreibung gilt für die Espe oder Zitterpappel (Populus tremula), die Schwarzpappel (Populus nigra) und die Silberpappel (Populus alba). Die Pyramidenpappel kann praktisch, mit der Espe und den anderen Pappelarten verglichen, ebenso angewendet werden. Unterscheidungen werden dann innerhalb der esoterischen Anwendungen gemacht.

Volksheilkundliche Anwendung der Pappel

Allgemeine Anwendungen:
Die oben beschriebenen Anwendungen waren einmal bekannt. Zudem wurde die Pappel noch bei vielen anderen Erkrankungen eingesetzt. *Bronchitis, Verdauungsstörungen, Blähungen, allgemeine Schwäche, Gebärmuttererkrankungen, Weissfluss, Würmer* und *Nierensteine* waren einmal Behandlungsbereiche der Pappel. Von all dem ist im Laufe der Zeit sehr viel verloren gegangen, obschon die Wirkungen und Eigenschaften gegeben sind. Ich meine, es ist wichtig, auch die Pappel wieder vermehrt als Heilmittel miteinzubeziehen. Sie wirkt sehr gut und sicher. Zudem hat sie praktisch keine *Nierenschädigungen* zur Folge, wenn sie innerlich angewendet wird. Hier ist sie sanfter in der Wirkung als zum Beispiel die *Bärentraubenblätter* oder die *Wacholderbeeren*.

Homöopathische Anwendung:
Die Homöopathie bereitet aus den frischen Blättern der Zitterpappel die Essenz zu.
Ihre Anwendung erfolgt vor allem bei Prostataleiden, Blasenschwäche und mit Schmerzen verbundenem Urinieren.

Esoterische Anwendung der Pappel

Allgemeines:
Die Espenknospen dienen in der rituellen Magie als Geschenk für die Baum-
und Erdwesen. Die Knospen werden bei einer Anrufung bereitgestellt.
Das feine, aromatische Harz bildet eine Grundlage zu Räucherungen.
In der Heilkunde wird der zu behandelnde Mensch mit den Pappelarten verglichen. Je nachdem, welche Art in ihrem Charakterbild dem Patienten am ehesten entspricht, wird sie auch angewendet.

Pflanzenastrologische Anwendung:
In der Pappel drückt sich der Saturn als Wirkungsprinzip aus.

Stärkende Anwendung: bei schlechter Wasserausscheidung
bei hoher Verletzbarkeit des Ge-
webes
bei starker Reizempfindlichkeit der
Schleimhäute
zur Verbesserung des Vernarbens von
Wunden

Schwächende Anwendung: bei Gicht und Rheuma
bei Polyartrithis
bei nekrotisierendem Gewebe

Anwendung der Zitter-Pappel (Espe) in der *Bach - Blütentherapie*:
Es sind sehr feinfühlige Menschen, die die Espen - Blütenessenz benötigen.
Eine ständige Angst, die sie nicht klar beschreiben können, steckt in diesen
Menschen. Sie registrieren alles, was um sie herum geschieht und verbrauchen
dabei ungeheure Energien. Oft leiden sie unter beängstigenden Zwangsvorstel-
lungen.
Sehr offene, oder durch irgend eine Form von Meditation geöffnete Menschen,
kennen diese Art von Angst meist recht gut.

Baumheilkundliche Anwendung der Pappel

In sich gekehrte Menschen, bei denen eine Art von Stillstand spürbar wird, hilft die Pappel. Sie öffnet und weckt den Wachstumsprozess wieder. Das geschieht zunächst einmal auf der geistigen und der seelischen Ebene. Erst später drückt sich diese Eigenschaft auch im körperlichen Bereich aus. Häufig leiden diese Menschen an Krankheiten, die sich durch verlangsamte Funktionen entwickeln. Stoffwechselschlacken werden nicht mehr rasch genug ausgeschieden. Es bilden sich Einlagerungen, die dann die verschiedensten rheumatischen Krankheitsbilder verursachen. Zu diesen Prozessen sind auch die Krampfadern zu zählen.

Ebenso zu den verlangsamten, organischen Funktionen ist eine schlechte Zellerneuerung einzubeziehen.

Entspricht die Pappel, besonders die Schwarzpappel, dem entsprechenden Menschen, so hilft sie ihm in der regelmässigen Begegnung, sich zu regenerieren.

Als Wildgemüse: Pappelknospen

Die jungen, noch zarten Knospen mischen wir in die verschiedenen Wildsalatzubereitungen. Auch als Suppeneinlage tragen sie zur schmackhaften Abwechslung bei.

Die Rinde kann ausgepresst oder fein geschnitten, gedunstet werden.

Kosmetische Anwendung der Pappel

Die Pappelsalbe verändern wir zu einer Creme oder Milch und erhalten so eine entspannende, leicht desinfizierende Zubereitung.

Mit den Knospen machen wir einen Tee und verwenden ihn als Waschung.

Zum Färben: Silberpappel

Aus der Rinde lässt sich ein gelber Farbstoff gewinnen mit dem wir Leinen färben können.

Die Pappel in der Holzverarbeitung

Das Pappelholz dient oft als Ersatz für Lindenholz. Auf diese Weise werden dann vor allem Zeichentische und Reissbretter hergestellt.

In der Papier- und Zelluloseindustrie nimmt die Pappel einen immer grösser werdenden Platz ein. Sie wächst rasch und liefert in wenigen Jahren schon grosse Mengen Holz. Wir entdecken hier etwas ähnliches, wie es bei der Fichte geschieht. Nur wird die Pappel erst allmählich in Monokulturen angebaut. Es ist wirklich zu hoffen, dass dabei nicht eine weitere Waldform entsteht, die den Menschen in diesem Masse verrät, wie die Fichtenwälder es in ihrer Erscheinung tun. Vergleichen wir das Aussehen der Pappel mit der Fichte, so sind gewisse Ähnlichkeiten zu erkennen. Da ist die schlanke, langgezogene Form, die sich kerzenartig in den Himmel streckt. Dann auch die Nachgiebigkeit und Elastizität, die beiden Bäumen gemeinsam ist. Im Moment kann es kaum ein anderer Baum sein, der als Fichtenersatz herangezogen wird, als die Pappel. Aus ihr werden Sperrholzplatten und entsprechende Artikel wie Koffer und Kisten hergestellt.

Auch als Schnitzholz wird das Pappelholz noch ab und zu verwendet. Dabei bearbeitet man es zu Holzschuhen, Tellern und Spielwaren.

266

Quitte (Echte)

Botanischer Name
Cydonia oblonga

Familie
Rosaceae (Rosengewächse)

Vorkommen
Die Quitte finden wir in allen gemässigten Klimazonen kultiviert.
Der wilde Quittenbaum ist im Iran, in der Türkei und auch teilweise in Italien anzutreffen.

Ursprüngliche Herkunft
Die Heimat des Quittenbaums ist Westasien. Von dort stammt die Urform der kultivierten Quitten.

Blütezeit
Mai

Aussehen
Der Quittenbaum ist kurzstämmig und erreicht als kultivierte Form lediglich eine Höhe von 7 - 8 m, im Gegensatz zur Wildform, die bis zu 12 m hoch werden kann. Beide Arten haben eine breite, ausladende Krone.
Auffallend sind die jungen Zweige, die wollig behaart sind. Die ganzrandigen Blätter sind an der Blattunterseite filzig behaart. Die zarten, rosa-weissen Blüten erinnern an die Apfelblüten. Tatsächlich sind diese beiden Bäume sehr nahe Verwandte. Sie gehören beide zur Familie der Rosengewächse.
Die anfänglich grüne, birnenförmige Frucht, wird mit dem Reifen schön hellgelb. Ein grau-weisser Filzbelag bedeckt die hartschalige Frucht.

Anbau
Der Quittenbaum lässt sich recht gut anbauen. Die Früchte sind in kälteren klimatischen Verhältnissen grösser und schöner in der Form, dafür jedoch auch härter. Der Baum stellt keine besondere Ansprüche, ausser dass er stehende Nässe nicht mag. Ansonsten kann er überall angepflanzt werden. Er lässt sich aus dem Samen ziehen.

Geschichtliches
In Griechenland war die Quitte schon sehr lange bekannt, bis sie durch die Römer zu uns gelangte.
Die Früchte galten damals als Symbol der Liebe und stellten ein Geschenk für Neuvermählte dar. Mit diesem Geschenk wünschte man dem jungen Paar Glück und Segen auf ihrer nun gemeinsamen Reise.
Die Quittenfrüchte galten auch als die 'Goldenen Äpfel der Hesperiden'.
In unseren Breitengraden konnte sich die Quitte nie so richtig einbürgern. Es gab Zeiten, da war sie in hohem Ansehen und dann wieder vergass man sie fast. So erging es ihr auch als Heilmittel.
Hippokrates bezeichnete die Quitte als die nützlichste Frucht und Plinius d.Ä. erwähnt das *Quittenöl* mit dem eine Salbe zubereitet wurde. Ob er damit den Schleim meinte oder tatsächlich das fette Öl, geht nicht aus seinen Angaben hervor.
Auch die hlg. Hildegard hielt die Früchte als ein gutes Heilmittel und schätzte ihre kühlende und entzündungswidrige Wirkung.
In der Volksheilkunde waren die *Quittenkerne* einmal häufiger im Gebrauch als dies heute der Fall ist. Es scheint zwar, dass die Quitte im Moment wieder mehr Beachtung findet, sei es als Lebensmittel oder als Heilmittel.

Naturwissenschaftliche Heilpflanzenbeschreibung

Verwendete Teile:	Samen - Semen cydoniae
Sammelzeit:	September - Oktober
Wirkstoffgruppe:	Droge mit Schleim
Hauptwirkstoff:	Schleimstoffe (Pentosane)
Nebenwirkstoff:	fettes Öl, Amygdalin, Emulsin, Gerbstoff

Wirkungen

Hauptwirkung:	reizmildernd entzündungswidrig kühlend
Nebenwirkung:	zusammenziehend leicht abführend

Anwendungen

innerlich:	bei Reizhusten bei Bronchitis bei Hals - Rachenentzündungen bei Magen - Darmschleimhautentzündungen
äusserlich:	bei entzündeten Augen bei Wunden bei Verbrennungen bei wunden Lippen bei rissiger Haut

Zubereitungen

innerlich:	als Tee:	1 Teelöffel pro Tasse lauwarmem Wasser, ansetzen und 1/2 - 1 Stunde ziehen lassen
äusserlich:	als Umschlag:	s. 'Tee'

Lagerung: Trocken, vor Licht, Staub, Insekten und Mäusen geschützt!

Besonderes: Das Fruchtfleisch der Quitte enthält im unreifen Zustand sehr viel Pektin, das während dem Reifen abnimmt.
In der Frucht finden wir viele Mineralien und Vitamine. Unter anderem: Eisen, Phosphor, Kalzium als Mineralien und Niacin, Thiamin, Ribiflavin, Vit. C als Vitamine.

Volksheilkundliche Anwendung des Quittenbaums

Allgemeine Anwendungen:
Die Quitte wurde einmal viel breiter angewendet, als dies heute der Fall ist. Die Erfahrungen zeigen, dass sie wirklich wieder vermehrt beachtet werden muss.
Die Samenzubereitungen helfen auch beim *Wundliegen.*
Pulverisierter Samen wirkt sehr schön bei *Harnröhrenerkrankungen* und bei *Blasenentzündungen.* Vom Pulver werden täglich 2 - 3 mal 1 Teelöffel mit etwas lauwarmem Wasser eingenommen.

Esoterische Anwendung des Quittenbaums

Allgemeines:
Die angenehm duftenden und sehr schmackhaften Früchte gelten auch als Geschenk. In der rituellen Magie werden sie bei Anrufungen der Venusengel und der Wasserwesen bereitgestellt.

Pflanzenastrologische Anwendung:
Die Quitte steht in Beziehung zum Saturn und zum Mond.

Stärkende Anwendung:	bei Erkältungskrankheiten des Halses, Rachens und der Bronchien bei Magen - Darmkatarrhen bei reizempfindlichen Schleimhäuten
Schwächende Anwendung:	bei allen Formen von Entzündungen bei stark narbenbildender Wundheilung

Baumheilkundliche Anwendung des Quittenbaums

Ihre trockene, schützende Art hilft dem Menschen, der durch seine Sensibilität sehr verletzbar ist.
Die Quitte zieht die Grenzen enger zusammen. Die Durchlässigkeit wird dichter.
Menschen, die immer wieder an Krankheiten leiden, bei denen es sich um auflösende, zerfliessende, verwässernde Prozesse handelt (Schleimhauterkrankungen, Wassersucht) bietet sich die Quitte sehr direkt und ohne Umschweife an. Sie macht ihr Angebot sogar noch sehr schmackhaft.

Tierheilkundliche Anwendung des Quittenbaums

Der aus dem Samen gewonnene Schleim kühlt Schürfungen und andere Verletzungen, die sehr viel Hitze entwickeln.
Der Schleim kann, wie bei uns, auch beim Tier als Umschlag angewendet werden.

Als Frucht: *Quitten*

Langsam erobert sich die Quitte wieder einen festen Platz unter den Herbst-früchten. Eine Zeitlang war es sehr schwierig, Quitten überhaupt zu erhalten. Was vielen unbekannt ist, die Quitte schmeckt sehr gut auch roh gegessen. Sie muss aber richtig reif sein.

Quittenkuchen, Kompott, Marmelade und Gelees sind alles Zubereitungen, die der Quitte gerecht werden. Wir können auch Sirup und Saft herstellen. Den Sirup braucht man dann als Getränk, aber auch zu Griesspudding.

Kosmetische Anwendung der Quitte

Der frisch zubereitete Schleim des Quittensamens tragen wir mit einem Pinsel als Maske auf. Diese Maske wirkt entspannend und heilt auch kleinere Ent-zündungen der Haut.

Rosskastanie

Botanischer Name
Aesculus hippocastanum

Familie
Hippocastanaceae   (Rosskastaniengewächse)

Andere Namen
Bitterkastanie, Chestene, Rosschestene, Sauchestene

Herkunft des Namens
Die Frucht wird nur von den Tieren gefressen. Daher kommen auch die verschiedenen Namensbezeichnungen.

Vorkommen
Süd- und Mitteleuropa
Die Rosskastanie ist vorwiegend als Alleen- und Gartenbaum anzutreffen. Heute hat sie sich stark vermehrt und tritt oft auch verwildert auf.

Aussehen
Der Baum wird bis 30 m hoch. Er tragt eine dicht belaubte Krone.
Die Blätter sind gefingert und gegenständig an langen Stielen. Die Blüten sind weiss, rosa bis gelb gefärbt, je nach Art. Sie wachsen an langen Rispen. Die hellgrüne Fruchthülle ist mit weichen Stacheln besetzt. Die Frucht ist glänzend braun.

Anbau
Einen tiefgründigen, nahrhaften Boden ist das einzige, was die Rosskastanie wünscht. Wenn er noch etwas feucht ist, umso besser.
Die Vermehrung geschieht durch Stecken der reifen Kastanien.

Geschichtliches
Die Rosskastanie wurde erstmals 1576 in Wien aus Samen gezogen. Ursprünglich stammt sie aus den östlichen Balkanländern. Vom 17. Jahrhundert an verbreitete sie sich langsam über ganz Mitteleuropa. Bald wurde der Baum zu einem beliebten Schattenspender.

Als Heilmittel wurde die Rosskastanie bei uns entsprechend spät angewendet. Sie war aber schon damals als Haut- und Blutgefässheilmittel bekannt. Die entbitterte Frucht fand sogar als Stärkemehl Anwendung.

Naturwissenschaftliche Heilpflanzenbeschreibung

Verwendete Teile:	Samen	- Fructus hippocastaniae
	Rinde	- Cortex hippocastaniae
Sammelzeit:	Samen:	September - Oktober
	Rinde:	März - April
		Oktober - November

Wirkstoffgruppe:	Glycosiddroge:	Saponinglycoside
Hauptwirkstoffe:	Aesculinsaponin, Aesculin (Cumaringlycosid), Aescin	
Nebenwirkstoffe:	Fraxin, Gerbstoffe, Zucker, fettes Öl, Flavonoide, Eiweiss, Phytosterin	

Wirkungen

Hauptwirkungen:	zusammenziehend
	gefässdichtend
	venendruckerhöhend
Nebenwirkung:	blutstillend
	vor Sonnenbestrahlung schützend

Anwendungen

innerlich:	bei Krampfadern
	bei Fettleibigkeit
	bei Durchfall
äusserlich:	bei Krampfadern
	bei Hämorrhoiden
	bei Warzen
	bei Sonnenbestrahlung

Zubereitungen

innerlich:	als Tee:	1 Teelöffel Rinde auf 1 Tasse Wasser - Abkochung, 10 Minuten ziehen lassen und dann absieben. 2 x täglich 1 Tasse vor dem Essen.
	als Tinktur	
äusserlich:	als Bad:	250 gr. Rinde auf 1 Liter Wasser und als Abkochung zubereiten. Die Abkochung dem Bad zugiessen.
	als Umschlag als Einreibung	
Lagerung:		Trocken, vor Licht, Staub und Insekten geschützt!

Volksheilkundliche Anwendung der Rosskastanie

Allgemeine Anwendung:
Die Rosskastanie erfreut sich in der Volksheilkunde nach wie vor grosser Beliebtheit.
Äusserlich werden Warzen, Geschwüre, Frostbeulen, Flechten und Rheuma behandelt.
Gebärmutterblutungen, Bronchitis und Darmkatarrh werden mit Tee oder Tinkturen innerlich behandelt.
Interessant ist vor allem die Behandlung von Gicht und Rheuma. Dabei trägt man die Früchte auf sich. Man nimmt sie ganz einfach in einen Sack oder in eine Tasche. Diese Anwendung kommt auch als vorbeugendes Mittel in Betracht.
Ebenfalls vorbeugend werden Rosskastanien in die Tasche genommen, um sich beim Reiten, Velofahren und beim Wandern vor dem 'Wolf' (durch Scheuern entzündete Hautpartien) zu schützen. Erstaunlicherweise führen beide Formen der Anwendung immer wieder zum gewünschten Erfolg.
Die Blüten sind, äusserlich angewendet, ein recht gutes Sonnenschutzmittel.

Homöopathische Anwendung:
Aus den frischen, geschälten Früchten wird eine Essenz hergestellt, die bei Leberschwellung, bei chronischer Magenschleimhautentzündung und bei Prostata verordnet wird.

Esoterische Anwendung der Rosskastanie

Allgemeines:
Alte, esoterische Anwendungen sind das Auf-sich-Tragen von reifen Früchten, als Schutzmittel vor rheumatischen Erkrankungen. Diese Anwendung soll auch zugleich bei krampfhaften Vorstellungen befreiend wirken.
In der zeremoniellen Magie werden Blüten und Blätter zu Räucherungen verwendet, besonders zu Jupiterräucherungen.

Pflanzenastrologische Anwendung:
Die Rosskastanie steht in enger Beziehung zum Jupiter. Auch zum Mars hat sie noch recht starke Anlehnungen.

Stärkende Anwendung: bei Krampfadern
                              bei Fettleibigkeit
                              bei Blutkreislaufstörungen

Schwächende Anwendung: bei Blutungen
                              in den Wechseljahren

Anwendung der Rosskastanie in der *Bach - Blütentherapie*:
Dr. E. Bach empfiehlt die Knospen und Blüten der roten Rosskastanie.
Die Knospenessenz wird bei Unbelehrbarkeit trotz entsprechenden Erfahrungen verordnet.
Die Blütenessenz ist für Menschen, die sich allzusehr um andere ängstigen.

Baumheilkundliche Anwendung der Rosskastanie

Das wiederholte Aufsuchen von Rosskastanienbäumen führt zur Auseinandersetzung mit sich selbst. Kastanienbäume vermitteln eine stille und angenehme Ruhe. Der Rosskastanienbaum fühlt sich allein nicht so wohl. Er liebt Geselligkeit mit anderen Artgenossen.
Die Bäume haben zugleich heilende Eigenschaften bei Krampfadern und befreien von Beckenschmerzen. Die Rosskastanie hat auch im gewissen Sinne eine nervenstärkende Ausstrahlung.

Tierheilkundliche Anwendung der Rosskastanie

Zur allgemeinen Stärkung von Kleintieren ist es empfehlenswert, den Tieren hin und wieder zerhackte Rosskastanienfrüchte unter das Futter zu mischen.

Als Wildfrucht: *Rosskastanie*

Entbitterte und getrocknete Rosskastanien können gemahlen und als Stärkemehl für Suppen und Gebäck verwendet werden. Das Mehl ist nach der Entbitterung sehr schmackhaft und gut.
Die Rosskastanien entbittert man, indem sie über Nacht in Milchwasser eingelegt werden. Am Morgen wird das Wasser abgegossen. In frischem Wasser sind die Rosskastanien nun aufzukochen. Auch dieses Wasser giesst man nochmals ab. Jetzt können sie trocken geröstet werden.

Kosmetische Anwendung der Rosskastanie

Das Mehl der getrockneten Rosskastanien als Breiumschlag und als Maske angewandt, entspannt und reinigt fette, nervöse Haut. Die Anwendung erfolgt 2 - 3 mal in der Woche und dauert jeweils etwa 10 Minuten. Danach wird nur mit lauwarmem Wasser gewaschen.

Zum Färben: *Rosskastanie*

Je nach Beize ergeben die Blätter verschiedene Grün- und Grautöne.

Die Rosskastanie in der Holzverarbeitung

Das Holz der Rosskastanie wird zu den minderwertigen Hölzern gezählt. Entsprechend ist auch seine Verwendung sehr selten. Höchstens Schuhe und Haushaltgegenstände werden noch aus Rosskastanienholz geschnitzt. Ab und zu wird noch etwas gedrechselt.
Rosskastanienholz ist nur trocken gut haltbar.

Sanddorn

Botanischer Name
Hippophae rhamnoides

Familie
Elaeagnaceae(Ölweidengewächse)

Andere Namen
Fasenbeere, Feuerdorn (nicht zu verwechseln mit dem giftigen Feuerdorn - Pyracantha), Haftdorn, Korallenbaum, Meerdorn, Seedorn, Stechdorn, Stranddorn, Weidendorn

Vorkommen
Mittel- und Nordeuropa
Der Sanddorn trägt seinen Namen durch seinen Standort. Er liebt karge sandige Böden. Auch trifft man ihn sehr oft als Böschungspflanze an, denn er festigt das lockere Erdreich.
In vielen Gegenden tritt er in grossen Mengen auf, so dass er auch oft als 'Unkraut' behandelt wird.

Blütezeit
April - Mai

Aussehen
Der Sanddorn ist ein zweihäusiger Strauch, der bis 6 m hoch werden kann. Die Rinde des dornigen, sperrigen Strauches ist dunkelbraun. Die Blätter sind sitzend und wechselständig. Sie sind lineal-lanzettlich in der Form. Die untere Seite glänzt silbrig-weiss. Die Blüten sind gelb bis bräunlich. Die Scheinfrucht ist orange.

Anbau
Der Sanddorn lässt sich recht gut anbauen. Er liebt einen sonnigen Platz mit lockerem, sandigem Boden.
Die Vermehrung geschieht durch Wurzelausläufer oder durch Stecklinge. Wichtig ist, dass ein männlicher und ein weiblicher Strauch gepflanzt werden.

Geschichtliches

Obwohl der ursprünglich aus Asien stammende Sanddorn schon lange Zeit in Mitteleuropa beheimatet war, ist seine Heilkraft erst um das Mittelalter herum bekannt geworden.

Dank seines Vitamingehaltes ist heute der Sanddorn eines der wichtigsten, aufbauenden Heilmittel geworden.

Naturwissenschaftliche Heilpflanzenbeschreibung

Verwendete Teile:	Früchte - Fructus rhamnoideae
Sammelzeit:	September - November

Wirkstoffgruppe:	Droge mit Flavonglycosiden
Hauptwirkstoffe:	Quercitinglycosid, Xanthophyll, Physilin
Nebenwirkstoffe:	Vitamin C, B1, B2, B6, E, P, Provitamin A, Kalzium, Mannit, verschiedene organische Säuren, fettes Öl

Wirkungen

Hauptwirkungen:	allgemein stärkend entzündungswidrig
Nebenwirkungen:	appetitanregend wundheilend wurmtreibend

Anwendungen

innerlich:	nach Krankheiten zur allgemeinen Stärkung zur Krankheitsvorbeugung und Gesunderhaltung bei inneren Blutungen bei Appetitlosigkeit bei Magen - Darmentzündungen bei Nieren - Blasenentzündungen

Zubereitungen

innerlich: als Tee: 2 Teelöffel Beeren auf 1 Tasse
                                          Wasser, als Aufguss zubereiten.
                                          3 x täglich 1 Tasse.
                      als Pressaft
                      als Marmelade und Mus

Lagerung: Trocken, vor Licht, Staub und Insekten geschützt!

Volksheilkundliche Anwendung des Sanddorns

Allgemeine Anwendung:
Der Sanddorn wird in der Volksheilkunde in der gleichen Art und Weise verwendet wie in der offiziellen Heilpflanzenkunde.

Esoterische Anwendung des Sanddorns

Allgemeines:
Vom Sanddorn gibt es nur sehr wenig Altes. Neuere Erfahrungen zeigen, dass er seine gespeicherte Wärme und Kraft, aber auch seine Genügsamkeit, was den Boden betrifft, sehr gerne an den Menschen weitergibt. So hilft der Sanddorn, sich bei Überforderungen wieder zurecht zu finden. Die Anforderungen, die man an sich stellt, werden wieder den wirklichen Kräften des Einzelnen angepasst. Damit verwandelt der Sanddorn die übertriebenen Erwartungen eines Menschen zur Zufriedenheit und Ausgeglichenheit. Der Mensch spürt sich im Gleichgewicht und voller Lebensfreude.

Pflanzenastrologische Anwendung:
Der Sanddorn in seiner Erscheinungsart entspricht stark den Saturnbildern. Dabei kommen auch offensichtlich Marszüge zum Ausdruck.

Stärkende Anwendung:	nach Krankheiten
	zur allgemeinen Stärkung
Schwächende Anwendung:	bei Blutungen
	zur Wundbehandlung
	bei verschiedenen Entzündungen

Baumheilkundliche Anwendung des Sanddorns

Regelmässiges Aufsuchen von Sanddornsträuchern führt Leib und Seele zu einer harmonischen Einheit zusammen. Lebensmut, Ausdauer und Durchhaltevermögen werden mitgegeben.

Als Wildfrucht: *Sanddorn*

Aus den Früchten lassen sich wunderbare und schmackhafte Frischpressäfte, Sirupe und Marmeladen herstellen.
Wichtig ist, dass die Früchte, im Gegensatz zu vielen anderen Wildfrüchten, vor dem Frost gesammelt werden.

Schneeball (Gemeiner)

Botanischer Name
Viburnum opulus

Familie
Caprifoliaceae (Geissblattgewächse)

Andere Namen
Geisschäs, Geisschenk, Gosflirra, Weisse Holftere, Wasserholler, Wasser-Schneeball
Beeren: Blutbeere, Gichtberi, Giftberi, rote Gimpelbeere, Glasbeere, Gugger-Beri, Hühnerbeere, Schlangenbeeren

Vorkommen
Als heimischer Strauch ist der Schneeball in ganz Europa anzutreffen. Auch in Nord- und Westasien gedeiht der Schneeball.
Der Schneeball wächst in Wäldern, an Ufern und als Heckenpflanze.

Blütezeit
Mai - Juni

Aussehen
Der kleine, höchstens 4 - 5 m hohe Strauch fällt durch seine Blätter, Blüten und später durch seine Beeren auf.
Die Blätter sind denen des Feldahorns sehr ähnlich. Sie sind 3 - 5 lappig und grob gezähnt. Ein Kranz von grossen, unfruchtbaren Blüten umschliesst die viel kleineren fruchtbildenden Blüten im Innern des trugdoldigen Blütenstandes.
Die roten Früchte bleiben noch längere Zeit am Strauch, auch wenn die Blätter schon abgefallen sind. Die Beeren werden selbst von den Drosseln gemieden. Sie gelten als giftig (s. a. 'Als Wildfrucht').
Der verwandte *Wollige Schneeball* (Viburnum lanata) unterscheidet sich vom gemeinen Schneeball durch die Blüten, Blätter und durch die Früchte:
Blüten: Alle Blüten sind fruchtbar.
Blätter: Sie sind breit, rauh und gezähnt. Die Blattunterseite ist stark behaart und filzig anzufühlen.

Frucht: Die Beeren sind erst rot, später dann schwarz. An der glei-
              chen Dolde sind sie häufig gemischt.

Anbau

Wird dem Schneeball ein feuchter Boden zugewiesen, so ist es kein Problem, den reichblühenden Strauch zu ziehen.

Geschichtliches

Die Geschichte des Schneeballs ist rasch erzählt. Es gibt darüber nur sehr wenig vorhandenes Material.

Als Heilmittel wurde der Schneeball auch erst in jüngerer Zeit verwendet. Im 15., 16. und 17. Jahrhundert waren lediglich seine abführende und brechreizerregende Wirkung bekannt. Angewendet wurde er nicht. Auch das Volk mied ihn im allgemeinen. Nur ganz selten kam er zur Anwendung.

Die Beeren des gemeinen Schneeballs hingegen werden schon seit langem als gekochter Kompott gegessen.

Die heutige, offizielle Pflanzenheilkunde kennt ihn praktisch auch nicht mehr, obschon die Rinde und die Blätter einmal anerkannt waren. Der einheimische Schneeball wurde auch, wie so viele andere Pflanzen, von einem 'Ausländer' verdrängt, dem Nordamerikanischen Schneeball (Viburnum prunifolium). Leider!

Naturwissenschaftliche Heilpflanzenbeschreibung

Verwendete Teile:	Blätter - Folia viburni opuli Rinde - Cortex viburni
Sammelzeit:	Blätter: März - April Rinde: März - Mai

Wirkstoffgruppe:	Droge mit wenig erforschten Wirkstoffen
Hauptwirkstoff:	'Bitterstoff' Viburnin
Nebenwirkstoff:	Gerbstoff, Glycoside, Pektin, Valeriansäure, Anthocyane, Harz

Wirkungen

Hauptwirkungen:	krampflösend, hauptsächlich im Unterleibsbereich wirksam
Nebenwirkungen:	entzündungswidrig

Anwendungen

innerlich:	bei Menstruationskrämpfen bei drohendem Abort bei Sterilität der Frau, verursacht durch Funktions- schwächen der Fortpflanzungsorgane

Zubereitungen

innerlich:	als Tee:	1 Teelöffel auf eine Tasse heis- ses Wasser - Aufguss. 2 - 3 Tassen pro Tag.

Lagerung:	Trocken, vor Licht, Staub und Insekten geschützt!
Besonderes:	Die oben genannten Eigenschaften sind von vielen Seiten bestätigt. Die Erfahrungen zeigten die Richtigkeit derselben.
Wichtig:	Die Anwendung darf nicht über längere Zeit dauern. Die Dosierung ist einzuhalten. Keine frischen Beeren verwenden. Von der Anwendung des Wolligen Schneeballs durch den Laien ist vollständig abzuraten. Man sollte ihn höchstens auf Verordnung des Arztes hin anwenden.

Volksheilkundliche Anwendung des Schneeballs

Allgemeine Anwendung:
Die Volksheilkunde braucht heute den Schneeball praktisch nicht mehr. Früher kamen noch ab und zu die Blätter zur Anwendung. Der Aufguss davon diente als *Gurgelmittel* bei *Mund- und Rachenentzündungen.*
Der Gebrauch der Rinde und der Blüten des gemeinen Schneeballs bei *Menstruationsbeschwerden* und drohendem Abort ist sehr erfolgreich.
Die Behandlung eines drohenden Aborts muss in Absprache mit dem Arzt geschehen. Diese Möglichkeit der Hilfe sollte vom Laien nicht im Alleingang benützt werden.

Homöopathische Anwendung:
Die Homöopathie kennt den Schneeball sehr gut. Die Essenz wird aus der frischen Rinde zubereitet. Die Verordnungen der Essenz beinhalten sehr ʼviele Formen von Unterleibskrankheiten, Menstruationsstörungen und Schwangerschaftsproblemen.

Esoterische Anwendung des Schneeballs

Allgemeines:
Der Schneeball gilt als Wohnung von Gnomen, Kobolden und Zwergen. Um sie zu Gesicht zu bekommen und mit ihnen sich zu unterhalten, sind die Früchte als Geschenk bereitzulegen.
Diese Kobolde und Gnome sind voller Witz. Ihre Streiche sind herzlich und nie böse gemeint. Werden sie aber missbraucht oder erregt man ihren Zorn, so wird ihr Witz zur dunklen, zerstörenden Wut.

Pflanzenastrologische Anwendung:
Der Schneeball steht in Beziehung zur Venus und zum Mond.

Stärkende Anwendung: bei Menstruationsstörungen

Schwächende Anwendung: bei Unterleibserkrankungen

Wichtig: Von einer Anwendung durch den Laien rate ich grundsätzlich
      ab. Die Möglichkeit einer Vergiftung ist zu gross!

Baumheilkundliche Anwendung des Schneeballs

Es gilt dann zu versuchen, den Schneeball zu erkennen, wenn es darum geht, eine Form der Weicheit, der Durchlässigkeit und der Hingabe, zu finden.

Als Wildfrucht: *Schneeballbeere*

Grundsätzlich gelten die Beeren des Gemeinen und des Wolligen Schneeballs als giftig.
In Nordamerika werden aber die Beeren des Gemeinen Schneeballs gesammelt und lang gekocht. Daraus werden Sirup und Gelees hergestellt. Diese Zubereitungen schmecken sehr gut.

Schneeball in der Holzverarbeitung:

Zwar wird an sich aus dem Schneeball kein verwendbares Holz gewonnen.
Wer aber seine Körbe selber flechten will, der kann dazu auch die kleineren
Äste des Schneeballs gebrauchen.

Schwarzdorn

Botanischer Name
Prunus spinosa

Familie
Rosaceae   (Rosengewächse)

Andere Namen
Dornschleha, Effken, Haferpflaume, Hagedorn, Hageldorn, Heckendorn, Kietsch-
kepflaume, Schlehdorn, Schlechtberi, Schlehe, Schlinge

Vorkommen
Den Strauch trifft man in ganz Europa bis hinauf auf 1600 m Höhe an. Daneben
ist er auch im Kaukasus, Persien und in Nordamerika heimisch.
Hecken und Waldränder sind seine häufigsten Standorte.

Blütezeit
April

Aussehen
Der sparrig-verästelte Strauch kann 6 m hoch wachsen. Seine Rinde ist schwarz-
braun und die Äste sind mit 2 - 6 cm langen Dornen bewehrt.
Im Frühjahr ist der Schwarzdorn sehr gut zu erkennen. Seine weissen Blüten an
dem noch blattlosen Strauch fallen sofort auf.
Die Blätter sind oval-elliptisch und gesägt. Sie sehen dem Blatt des Pflau-
menbaums sehr ähnlich, sind aber um einiges kleiner.
Die kirschengrosse Frucht des Schwarzdorns schmeckt sehr sauer und herb. Sie
hat eine blaue Farbe. Richtig reif sind die Früchte erst nach ein paar eisigen
Frösten.

Anbau
Wenn der Schwarzdorn einen kalkhaltigen Boden findet, ist es für ihn kein Problem, zu gedeihen. Sonne oder Halbschatten sind seine üblichen Standorte. Er
lässt sich sehr gut aus den Kernen ziehen, vorausgesetzt, sie werden in eine
kalkreiche Erde gegeben.

Der Schwarzdorn wird sehr oft als Böschungspflanze zur Befestigung und als Windfang angepflanzt.

Geschichtliches

Als eine der beiden Stammpflanzen für den Pflaumenbaum hat der Schwarzdorn eine recht lange Vergangenheit

In Bra (I) blüht ein bestimmter Schwarzdorn seit 1336 jedes Jahr zur Weihnachtszeit. Er wächst beim Heiligtum der Madonna von Bra. Dass dieser Schwarzdorn auch verehrt und in einen Zusammenhang mit der Maria gestellt wird, ist ganz natürlich.

Als Heilmittel war er allen alten Heilkundigen bekannt. Dioskurides, Plinius und Paracelsus wiesen schon auf seine abführenden und zusammenziehenden Eigenschaften hin. Die hlg. Hildegard verglich den Schwarzdorn mit der Überheblichkeit. Sie sagt, dass er bei Gichtkrankheiten besser als alles Gold sei.

In jüngerer Zeit findet der Schwarzdorn auch vermehrt Beachtung bei Haut- und Schleimhauterkrankungen.

Naturwissenschaftliche Heilpflanzenbeschreibung

Verwendete Teile:	Blüten	- Flores pruni spinosae
	Früchte	- Fructus pruni spinosae
Sammelzeit:	Blüten:	April - Mai
	Früchte:	Oktober - November

Wirkstoffgruppe: Droge mit Glycosiden (Flavone)

Hauptwirkstoff:	Blüten:	Flavonglycoside (Kämpferin)
	Früchte:	Organische Säuren
Nebenwirkstoff:	Blüten:	Cumarinverbindungen, Blausäure-glycosid
	Früchte:	Gerbstoff, Zucker, Pektin, Flavonoide, Harz, Vitamin C

Wirkungen

Hauptwirkungen:	Blüten:	mild abführend
	Früchte:	stoffwechselanregend
Nebenwirkungen:	Blüten:	wassertreibend blutreinigend zusammenziehend
	Früchte:	zusammenziehend blutreinigend allgemein stärkend

Anwendungen

innerlich: Blüten und Früchte:
bei Verstopfung
bei Hautkrankheiten (Flechten, Ekzemen,
Allergien)

bei Schleimhauterkrankungen
bei Erkältungskrankheiten
bei Katarrh
bei allgemeiner Schwäche
bei Ödemen
bei Magenkrämpfen

äusserlich: Blüten:
                   bei Hautunreinheiten

Zubereitungen

innerlich: als Tee: 1 - 2 Teelöffel auf 1 Tasse
                                   heisses Wasser - Aufguss.
                                   Pro Tag 2 Tassen
                   als Sirup: täglich 1 - 2 Trinkgläser mit
                                   Wasser verdünnt.
                   als Saft: Dosierung siehe Sirup

äusserlich: als Waschung: s. Tee

Lagerung: Trocken, vor Licht, Staub und Insekten geschützt!

Besonderes: Schwarzdornblüten sind ein sehr mildes und gut wirk-
                   sames Abführmittel, das ohne Bedenken auch während
                   der Schwangerschaft angewendet werden darf.

Volksheilkundliche Anwendung des Schwarzdorns

Allgemeine Anwendungen:
Innerhalb der Volksheilkunde finden wir noch viele andere Anwendungen. Zudem kennt sie auch den Gebrauch der Blätter und der Rinde.
Der Schlehdorn ist aus der Sicht der Volksheilkunde eines der wichtigsten Mittel bei *Verstopfung* und *Hauterkrankungen.* Im weiteren werden die Schlehdornblüten auch bei *Neurosen* und *Herzschwächen,* ähnlich der *Weissdornblüten* (s. dort), sehr geschätzt.
Die Behandlung von *Nierensteinen, Blasenkrankheiten* und *Prostataerkrankungen* sind in der Volksheilkunde ebenfalls bekannte Anwendungsbereiche der Schledornblüten.
Der Fruchtsaft wird zum Spülen bei Entzündungen des Mund und des Rachens, ebenso bei *Zahnfleischerkrankungen* und *Zahnfleischbluten* verwendet. Neuerdings werden sehr gute Erfahrungen bei der Behandlung von *Heuschnupfen* gemacht. Dabei werden vom Herbst an bis ins Frühjahr täglich 2 Gläser Saft, verdünnt mit Wasser, getrunken. Ich empfehle, im Frühjahr mit dem Saft aufzuhören und an dessen Stelle bis zum nächsten Herbst täglich 2 Tassen *Schachtelhalmtee* zu trinken. Vom Herbst an beginnt dann wieder die Kur mit dem Schlehdornsaft.
Mit dieser Kombination mache ich allgemein nicht nur bei Heuschnupfen sehr gute Erfahrungen, sondern auch bei verschiedenen anderen Krankheiten der Haut und Schleimhaut.

Homöopathische Anwendungen:
Aus den frischen Blüten wird die Essenz gewonnen, die bei *Koliken,* und *Menstruationsbeschwerden* verordnet werden.

Esoterische Anwendung des Schwarzdorns

Allgemeines:
Dem dunkel wirkenden Schwarzdornstrauch wird nachgesagt, dass er der Sitz von Zwergen, Kobolden und Gnomen, aber auch der Dämonen und Hexenwesen sei. Er ziehe diese Kräfte auch an sich.
Früher bereitete man eine Räucherung in der *Haupttrudennacht* (St. Ottilie am 18. 7.) zu, die als zauberabwehrend galt. Die Räucherung setzte sich aus Schlehdornzweigen, *Rauten* und *Wacholder* zusammen. Dieselbe Räucherung wurde in verschiedenen Gegenden auch in der *Walpurgisnacht* vollzogen.
Der Schwarzdorn diente auch als Schutzstrauch vor *Blitz*, *Feuer* und vor *Krankheiten*. Zu diesem Zweck wurde er, ähnlich dem Holunder, gern als Heckenpflanze in der Nähe von Häusern gepflanzt.
Der Beginn der Blütezeit ist noch heute ein *Ernteorakel*: Soviele Tage wie der Schwarzdorn vor der Walpurgisnacht blüht, soviele Tage vor dem Jakobustag (23.10.) wird die Ernte eingeholt.
Als sympathisches Heilmittel werden drei Blütenstengel dreimal hintereinander gegessen. Es schützt vor Gicht, Rheuma und Fieber und das für ein ganzes Jahr. Im folgenden Jahr wird es wiederholt.
Aus dem Holz werden Zauberstäbe zubereitet, die dazu dienen, mit den Kobolden, den Gnomen und mit den Zwergen des Strauches in Kontakt treten zu können. Dabei sind die Früchte als Dankesgeschenk bereitzustellen.
Spazierstöcke aus Schwarzdornholz sind zugleich auch Waffen oder Schutzmittel vor den unsichtbaren, dunklen Wesen.

Pflanzenastrologische Anwendung:
Im Schwarzdorn finden wir ausgeprägte Saturn-, Mars- und Venuscharakteren.

Stärkende Anwendung: bei überempfindlichen Schleimhäuten
bei Heuschnupfen
bei schlechten Abwehrfunktionen

Schwächende Anwendung: bei Gicht und Rheuma
bei Leber - Gallenstauungen
bei Entzündungen des Magen - Darmtraktes

Baumheilkundliche Anwendung des Schwarzdorns

Wer sich nur schlecht oder überhaupt nicht schützen kann, wer sich lieber hinter einer Wand oder eben hinter einem andern Menschen versteckt, weil er so verletzbar und sensibel ist, betrachte einmal den Schwarzdorn etwas näher. Diese Art der Verletzbarkeit, der Sensibilität führt nicht dazu, dass der Mensch als Einzelgänger in sich gekehrt ist, er sucht viel mehr den Kontakt zum Mitmenschen. Dazu braucht er aber unbedingt jemanden, den er erst einmal vor sich hinstellen kann. Allein würde er den Kontakt nicht finden.

Die Unfähigkeit, sich zu schützen, drückt sich nur allzu oft bei vielen Menschen durch *Haut- und Schleimhautallergien* aus. Sie haben *Heuschnupfen*, müssen immer niesen und zeigen damit an: 'Komm mir bitte nicht zu nah!'. Damit diese Menschen dennoch spürbar sind, entwickeln sie Allergien, die die Aufmerksamkeit der Mitmenschen auf sich ziehen.

Dem Schwarzdorn entgegen zu gehen, ist dann wichtig, wenn es sich bei den Allergien um auflösende, zerfliessende Prozesse handelt.

Als Wildfrucht: *Schwarzdornbeeren*

Die Schwarzdornfrüchte sind erst richtig reif, wenn sie vom Frost besucht wurden. Erst jetzt sollten wir sie sammeln und entsprechend frisch zu Jogurth, Früchtekompott und 'Birchermüsli' verwenden.

Aus den reifen Früchten lässt sich alles erdenkliche zubereiten: Saft, Sirup, Mus, Marmelade, alkoholische Getränke und Wein. Bei der Verarbeitung zu Marmelade ist zu bedenken, dass die Früchte sehr sauer sind und es von Vorteil ist, sie mit wenig Äpfeln zu mischen.

Das 'schönste', das mir bis jetzt begegnet ist, ist die Methode des Einfrierens der noch unreifen Früchte, damit man nicht warten muss bis sie mit der Natur gereift sind. Solche Methoden sind absoluter Blödsinn. Wer keine Zeit haben will, abzuwarten bis ein natürlicher Prozess abgeschlossen ist, der soll besser keine Früchte sammeln, denn er bezeugt lediglich dieselbe Haltung beim Sammeln von Pflanzen - hier jetzt Früchte - wie beim Bauen eines Betonhauses.

Zum Färben: Schwarzdorn

Mit den Blättern und der Rinde des Schwarzdorns können wir Wolle und Seide färben. Die entsprechende Beize ergibt einen rotbraunen Farbton.

Der Schwarzdorn in der Holzverarbeitung

Das feinfaserige und harte Holz des Schwarzdorns eignet sich gut für Drechslerarbeiten. Es werden daraus noch oft Spazierstöcke hergestellt. Die Stöcke, die aus diesem Holz gearbeitet sind, sind sehr schön und fein in ihrer Art.

Stechpalme

Botanischer Name
Ilex aquifolium

Familie
Aquifoliaceae   (Stechpalmengewächse)

Andere Namen
Christdorn, Geisspalme, Hülse, Palmdorn, Rosslaub, Stechlaub, Stechle, Stechholder, Wachslaub, Walddistel

Vorkommen
Da die Stechpalme an sich kälteempfindlich ist, gedeiht sie nur in Mitteleuropa Südeuropa bis nach Südwestasien. In Nordeuropa ist sie praktisch nicht anzutreffen. Wildwachsend ist sie ein Unterholz, das hauptsächlich in Buchenwäldern anzutreffen ist. Häufig wird sie auch als Zier- und Parkstrauch angepflanzt.

Ursprüngliche Herkunft
Mittelmeergebiete, Süd-und Westeuropa

Blütezeit
Mai

Aussehen
Die Stechpalme fällt durch ihre glänzenden, lederartigen und immergrünen Blätter auf. Sie sind am Rand in Stacheln auslaufend und meist stark gewellt. (Es gibt noch eine stachellose Abart). Der Strauch kann auch als kleiner Baum auftreten, der bis 10 m hoch wird, sofern er freisteht.
Die weissen Blüten duften angenehm. Später im Herbst sind die korallenfarbigen, giftigen und mehrsamigen Beeren zu sehen. Es sind Steinfrüchte.
Die Stechpalme kann ein Alter von 300 Jahren erreichen.

Anbau
Durch Aussaat, Stecklinge oder durch Ableger lässt sich die Stechpalme recht

gut vermehren.

Sie beansprucht keinen speziellen Boden. Zwar dauert es sehr lange, bis die junge Pflanze zu einem ansehnlichen Strauch gewachsen ist, denn die Stechpalme ist ein ausgesprochen langsam wachsender Strauch. Wer Geduld hat, der versucht sie selber zu ziehen.

Geschichtliches

Mit vielen Legenden umwoben ist uns die Stechpalme bis zur heutigen Zeit als ein wichtiges Heilmittel erhalten geblieben.

Die religiöse Bedeutung, die die Stechpalme im Christentum hat, kommt durch die Erzählung zum Ausdruck, in der gesagt wird, dass die Palmenzweige sich in Stechpalmen verwandelt hätten, nachdem das Volk in Jerusalem rief: 'Kreuzigt ihn!'. So kennen wir die Stechpalme heute noch als gesegnete Pflanze, die am Palmsonntag (7 Tage vor Ostern) zu Hause das Kreuz schmückt. Dahinter verbergen sich die Überzeugung und der Glaube, dass Stechpalmenzweige Haus und Hof vor Blitz, Verhexung und Krankheit beschützen. Tier und Mensch sollen vor Hexen und Dämonen verschont bleiben, wenn sie von Stechpalmen begleitet sind. Als Glückwunsch an Neuvermählte übersandte man ihnen Stechpalmenzweige. Sie sollen alles Glück dem jungen Paar bringen.

Als Heilmittel war die Stechpalme bereits im Altertum bekannt. Zwar ist es nicht ganz klar, ob Plinius von der eigentlichen Stechpalme spricht, wenn er von der Pflanze 'Ilex aquifolia' erzählt.

Anscheinend war dann im Mittelalter das Interesse an der Stechpalme nicht besonders gross, denn wir finden aus dieser Zeit nur ganz wenige Angaben. Zwar wurde schon damals aus den vergorenen Beeren Vogelleim hergestellt, doch als Heilmittel war sie eher verkannt.

Später dann, im 16. Jahrhundert gelangte sie langsam zum Ruhm, ein gutes Mittel bei Gelbsucht zu sein.

Heute ist es unklar, wie die Stechpalme zu bewerten ist. 'Moderne' Arzneibücher führen sie nicht mehr auf. Dennoch wirken die Blätter nach wie vor und zwar mit sehr guten Erfolgen.

Naturwissenschaftliche Heilpflanzenbeschreibung

Verwendete Teile:	Blätter - Folia aquifoliae
Sammelzeit:	das ganze Jahr

Wirkstoffgruppe:	Droge mit noch wenig erforschten Wirkstoffen
Hauptwirkstoff:	angegeben werden: Bitterstoff Ilicin, Gerbstoff
Nebenwirkstoff:	Ilexsäure, Rutin, Ursolsäure, Theobromin, Harz, Kieselsäure

Wirkungen

Hauptwirkungen:	fiebersenkend hustenreizstillend auswurffördernd
Nebenwirkungen:	schweisstreibend wassertreibend harnsäuresalzlösend krampflösend

Anwendungen

innerlich:	bei Fieber bei Grippeerkrankungen bei Erkältungskrankheiten bei Husten bei chronischer Bronchitis bei Krämpfen und Koliken bei Gicht und Rheuma

Zubereitungen

innerlich: als Tee: 1 - 2 Teelöffel auf eine Tasse
                                       lauwarmes Wasser und über Nacht
                                       zugedeckt ziehen lassen. Am Mor-
                                       gen kurz erwärmen und absieben.
                                       Pro Tag 1 - 2 Tassen schluck-
                                       weise trinken.

Lagerung: Trocken, vor Licht, Staub und Insekten geschützt!

Besonderes: Die Stechpalme steht praktisch überall unter Natur-
                    schutz. Das bedeutet: Wenn sie schon das ganze Jahr
                    gesammelt werden kann, braucht es keinen Vorrat.
                    Holt dann Blätter, wenn es notwendig ist und auch
                    wirklich nur in einer Menge, die gerade für
                    2 - 3 Tage reicht. Nachher könnt ihr wieder frische
                    Blätter holen. Zudem nicht gleich die Zweige ver-
                    letzen oder abschneiden, denn das Holz wird nicht
                    gebraucht, also auch nicht gesammelt.

Volksheilkundliche Anwendung der Stechpalme

Allgemeine Anwendungen:
Die Stechpalme gilt in der Volksheilkunde als ein sehr sicheres Mittel bei *Keuchhusten*. Die Erfahrung lehrt mich, dass dem tatsächlich so ist. Nicht nur bei Keuchhusten, sondern bei allen Formen von Husten und Fiebererkrankungen zeigt die Stechpalme ausgezeichnete Eigenschaften.
Zudem wird die Stechpalme auch bei *Seitenstechen*, dann bei *Durchfall* und *Blähungen* angewendet.
Die Beeren (Vorsicht: GIFTIG) sind in einigen Gegenden als spezielles Mittel bei *Epilepsie* in Anwendung. Ich meine, dass der Laie hier nicht selber verordnen darf.
Dann kommen die Blätter auch bei *Schwäche* und *Müdigkeit* zur Anwendung. Sie eignen sich sehr schön in verschiedenen, allgemein särkenden Teemischungen.

Homöopathische Anwendungen:
Die frischen, im Juni gesammelten Blätter werden zur Essenz verarbeitet und verordnet.
Die Anwendungen bewegen sich im obengenannten Bereich.

Esoterische Anwendung der Stechpalme

Allgemeines:
Das Holz und die Blätter sind sympathische Heilmittel. Bei fiebrigen Erkrankungen und bei Lungenkrankheiten wird Auswurf des Erkrankten zur Stechpalme gebracht und an ihren Wurzeln eingegraben. Mit dem Umwandeln des Auswurfs durch die Stechpalme wird der Erkrankte gesund.
Im weiteren stellen Blätter, Holz und Rinde Bestandteile von Weihräucherungen dar.

Pflanzenastrologische Anwendung:
Die Stechpalme steht in Beziehung zum Mars. Die Saturncharakteren treten eher in den Hintergrund, prägen aber doch das Gesamtbild der Stechpalme.

Stärkende Anwendung: bei Erkältungen und Grippekrankheiten
bei Müdigkeit und allgemeiner Schwäche
nach Krankheiten

Schwächende Anwendung: bei Husten und Bronchitis
bei Fieber

Anwendung der Stechpalme in der *Bach - Blütentherapie*:
Hier fehlt dem Menschen die Gewissheit, in seinem Innersten mit allem verbunden zu sein. Es ist ein Gefühl der vollständigen Isolation, getrennt von der unerschöpflichen Quelle der Liebe.
Neid, Hass und Eifersucht sind noch gelebte, negative Gefühle der Liebe. Doch schon hier ist, so Bach, die Stechpalme, als die wohl wichtigste Pflanze in dieser Therapieform, angezeigt. Noch viel wichtiger wird die Stechpalme dort, wo nicht mal mehr das Gefühl der Eifersucht zu verspüren ist. Hier ist eine unterschwellige Verhärtung des Herzens gegenüber der Liebe eingetreten. Es sei denn, der betreffende Mensch stehe wirklich darüber.

Baumheilkundliche Anwendung der Stechpalme

Hin- und hergerissen zu sein und zu spüren, dass es etwas ganz bestimmtes ist, das wir suchen, ist ein unmöglicher Zustand. Nervös und unausgeglichen torkeln wir dann durch die Tage. Bis der richtige Moment da ist, die Stechpalme zu sehen. Sie führt uns dann zu uns und zu dem Etwas hin. Wir erwachen langsam, wie aus einem Dämmerzustand und werden wieder ruhiger und ausgeglichener. Die vorher meist oberflächliche Atmung wird durch die Stechpalme tiefer und gleichmässiger.

Tierheilkundliche Anwendung der Stechpalme

Die Beeren sind für Vögel ein allgemein stärkendes und aufbauendes Mittel.

Die Stechpalme im Gartenbau

In die Saatrillen von Bohnen und Erbsen gestreute geschnittene Stechpalmenblätter halten Mäuse fern.

Die Stechpalme in der Holzverarbeitung

Bauern, die ihre Werkzeuggriffe noch selber anfertigen, ist das Stechpalmenholz gut bekannt, denn aus ihm angefertige Werkzeuggriffe liegen einmal sehr schön in der Hand und zum andern: Beim Arbeiten mit diesen Werkzeugen gibt es keine *Schwielen*.
Das Holz wird auch zu Schnitzarbeiten verwendet.
In der Kranzbinderei sind die Stechpalmenzweige beliebte Schmuckteile.

Ulme

(Feldulme)

Botanischer Name
Ulmus carpinifolia (campestris)

Familie
Ulmaceae   (Ulmengewächse)

Andere Namen
Elfenholz, Elm, Olma, Riesche, Rüster, Rüsterstaude, Ruscht

Vorkommen
In Europa (ausser Nordeuropa) und in Asien ist die Ulme ein weit verbreiteter
Baum. Sie ist sehr formenreich und tritt in den verschiedensten Variationen
auf.
In Wäldern, Gebüschen und in Parkanlagen ist die Ulme ein gern gesehener Gast.

Blütezeit
März

Aussehen
Die Feld-Ulme ist ein eindrücklicher Baum, der bis 30 m hoch werden kann. Sie
trägt eine hochgewölbte Krone. Auffallend ist die Stammrinde, die tiefe und
lange Furchen hat.
Die Blätter sind verkehrt-eiförmig und an der Unterseite weich behaart. Ein
gutes Erkennungszeichen sind auch die Früchte. Das Nüsschen wächst oberhalb
der ovalen Flügelmitte.

Anbau
Durch Ableger, Aussaat oder durch Veredelung sind die Ulmen sehr gut zu ziehen. Sie lieben einen tiefgründigen, genügend feuchten Boden.
Ulmen können bis 500 Jahre alt werden, vorausgesetzt sie werden nicht von der
Ulmenkrankheit befallen. Diese wird von einem Pilz verursacht und führt dazu,
dass erst die Blätter welken, dann die Äste austrocknen und schliesslich der
ganze Baum abstirbt.

Geschichtliches

Als Symbol der Trauer wurde die Ulme bei den Griechen in Totenhainen angepflanzt.

Als Herkules den Nymphen die Äpfel stahl, verwandelten sie sich in Bäume:
In eine Weide Aglaia, in eine Ulme Atrhusa und in eine Pappel die Nymphe Hes-
peria.

Die Götter der Germanen hauchten den beiden gestrandeten Bäumen Leben ein. Sie
wurden Menschen. Aus der Esche wuchs die Frau und aus der Ulme der Mann. Es
sind unsere 'Stammeltern', zum Leben erweckt aus den 'Stammbäumen'.

Als Heilmittel gehört die Ulme auch zu jenen Pflanzen, die schon im Altertum
bekannt waren.

Dioskurides kennt die zusammenziehende, haut- und wundheilende Wirkung der
Ulme.

Die hlg. Hildegard hält die Ulme als Gichtheilmittel in grossen Ehren. Sie
empfiehlt, mit dem Ulmenholz ein Feuer zu entzünden. Der Gichtkranke soll sich
an diesem Feuer wärmen und die Gicht würde weichen.

Weiter sagt sie, wer im Wasser badet, das vom Ulmenfeuer erwärmt wurde, der
würde frei von Bosheit und erfüllt von Fröhlichkeit und guten Sinnen.

Von diesen Anwendungen ist heute leider nicht mehr viel übriggeblieben. Die
Volksheilkunde und auch die offizielle Pflanzenheilkunde kennen die Ulme kaum
mehr.

Naturwissenschaftliche Heilpflanzenbeschreibung

Verwendete Teile:	Rinde - Cortex ulmi int.
Sammelzeit:	April

Wirkstoffgruppe:	Droge mit Gerbstoffen
Hauptwirkstoff:	Gerbstoff, Schleime
Nebenwirkstoff:	Phytosterine, Phlobaphene, Harz, Gummi, Bitterstoff

Wirkungen

Hauptwirkungen:	stopfend
Nebenwirkungen:	wundheilend
	wassertreibend
	blutreinigend
	schweisstreibend
	blutstillend

Anwendungen

innerlich:	bei Durchfall
	bei chronischen Hautausschlägen
	bei Gicht und Rheuma
	bei Blutungen
	bei Fieber
äusserlich:	bei Wunden
	bei Hautausschlägen

Zubereitungen

innerlich: als Tee: 1 Teelöffel auf eine Tasse heisses Wasser - Aufguss.
Pro Tag 2 - 3 Tassen.

äusserlich: als Salbe
als Umschlag
als Waschung

Lagerung: Trocken, vor Licht, Staub und Insekten geschützt!

Volksheilkundliche Anwendung der Ulme

Allgemeine Anwendung:
Die wichtigste Anwendung der Ulme, die meiner Meinung nach vermehrt eingesetzt werden muss, ist als Mittel bei allen chronischen Hautausschlägen, Abszessen und Furunkeln. Dabei soll sie nicht nur als Tee, sondern auch als Waschung gebraucht werden. Die Waschungen bewirken auch eine raschere Vernarbung von Wunden.
Zudem wirken die Rinde und auch die Blätter tatsächlich sehr gut bei rheumatischen Krankheitsbildern.
Die wassertreibende Eigenschaft zeigt sich recht gut bei Ödemen.

Homöopathische Anwendung:
In der Homöopathie wird aus der frischen, jungen Zweigrinde die Essenz zubereitet.
Diese erfährt in den entsprechenden Verdünnungen, bei chronischen Hautausschlägen ihre Anwendung.

Esoterische Anwendung der Ulme

Allgemeines:
In der Analogiereihe der Zahl 7 ist die Ulme auf dem fünften Platz eingeordnet. Sie korrespondiert mit dem Merkur und dem Mittwoch als Tag, mit dem Quecksilber als Metall und Gelb und Orange als Farbe.

Um mit Luftgeistern in Kontakt treten zu können, räuchert man unter anderm auch mit Ulmenrinde.
Als sympathisches Heilmittel dient die Ulme bei Hautkrankheiten, bei Wassersucht, Gicht und Rheuma. Dabei hält sich der Erkrankte so oft als möglich bei einer Ulme auf. Durch die Berührung der Ulme wird die Krankheit an ihr abgestreift und auf sie übertragen.

Pflanzenastrologische Anwendung:
Die Ulme steht in Beziehung zum Saturn und zum Merkur.

Stärkende Anwendung: bei Durchfall
                         zur Wundheilung

Schwächende Anwendung: bei Rheuma
                         bei Abszessen und Furunkeln
                         bei Hautausschlägen

Anwendung der Ulme in der *Bach - Blütentherapie*:
An sich starke Persönlichkeiten erleben auf einmal das Gefühl, nicht mehr durchzublicken. In der Meinung, dass das Problem, oft nur eine Kleinigkeit, von ihnen nicht gelöst werden kann. Sie fühlen sich in diesen Augenblicken schwach, ausgepumpt und überlastet.
In solchen Momenten hilft die Essenz der Ulmenblüte den Betreffenden wieder mit beiden Füssen auf den Boden zu kommen.

Baumheilkundliche Anwendung der Ulme

Grundsätzlich hat die Ulme einen lösenden Charakter. Sie lehrt uns, uns in einer festgefahrenen Situation davon zu lösen und das vermeintlich Unlösbare einmal von der andern Seite her zu betrachten.

Umwandeln, transformieren sind die Stärken der Ulme. Diese Prinzipien wirken bis in die organischen Funktionen.

Verdichtungsprozesse, Verhärtungen löst die Ulme auf, abbauende, auflösende Krankheiten wandelt sie in aufbauende, heilende Kräfte um.

Tierheilkundliche Anwendung der Ulme

Die Ulmenblätter unter das Futter der Schafe und Ziegen gemischt, tragen zur Erhaltung der Gesundheit bei.

Wenn Kühe oder Rinder unter Koliken leiden, so ist folgende Mischung, gemahlen und in einen Liter gezuckerte Milch eingerührt, empfehlenswert:

Ulmenrinde	50 g
Gerstenmehl	20 g
Fenchel-, Anis- oder Dillsamen	50 g

Pulverisierte Ulmenrinde ist ein sehr gutes Streupuder gegen Ekzeme, Hauterkrankungen und Wunden leichterer Art.

Als Wildfrucht: *Ulmensamen*

Aus den Samenkernen lässt sich in geringen Mengen ein fettes Öl gewinnen. Geeigneter und auch schmackhafter sind die Samen als geröstete Beigabe zu verschiedenen Wildgemüsezubereitungen, so zu Suppen und Salaten.

Die Ulme im Gartenbau

In Italien werden in einigen Gegenden die Weinreben an Ulmenstecken aufgebunden. Die Ulme gilt als männlicher Baum und die Weinrebe als weibliche Pflanze.

Die Ulme in der Holzverarbeitung

Da das zähe Ulmenholz stark arbeitet, reissen verarbeitete Ulmenholzgegenstände gern. Trotzdem werden dank seiner herrlichen Maserung Täfer und Möbel aus dem Holz gefertigt. Ulmenholz gilt als eines der schönsten Möbelhölzer. Erwähnenswert ist auch seine Verarbeitung in der Wagnerei. Radnaben, Kufen und Speichen werden aus Ulmenholz hergestellt.

Seiner Dauerhaftigkeit im Wasser verdankt das Holz auch die Verarbeitung zu Brunnentrögen und Wasserrädern.

Wacholder

Botanischer Name
Juniperus communis

Familie
Cupressaceae   (Zypressengewächse)

Andere Namen
Feuerbaum, Knirk, Krammetsbeere, Kranewitt, Machandel, Reckholder,
Räucherstrauch, Rauchholter, Wachteldörner

Vorkommen
Der Wacholder ist praktisch in ganz Europa heimisch. Zudem wächst er auch in
Nord- und Westasien und in Nordamerika. Als recht widerstandsfähiger Strauch
oder Baum gedeiht der Wacholder bis in Höhen von 2500 m. Er ist in Wäldern,
an Hängen und in Weidegebieten zu finden.
In vielen Gegenden ist der Wacholder im Rückgang, da oft durch intensive
Forstwirtschaft seine Standorte zerstört werden.

Blütezeit
April - August

Aussehen
Im Jugendstadium hat der Wacholder eine säulenartige Gestalt, die sich während
des Alterns dehnt und zu einer breiten, ausladenden Krone wird. Der Strauch
oder Baum wird bis zu 15 m hoch. Seine harten, spitzen, blaugrünen Nadeln
wachsen in Dreierbüscheln.
Die Frucht braucht drei Jahre, bis sie ganz reif ist. Noch bevor sie reif ist,
sind bereits wieder ganz junge Früchte angesetzt.

Anbau
Der Wacholder ist an sich sehr anspruchslos. Er kann aus Samen, Stecklingen
und aus Ablegern gezogen werden. Was er braucht ist ein eher trockener Boden.

Geschichtliches

Der Wacholder spielte schon in der alten Heilkunde eine wichtige Rolle. Schon immer wurden ihm Wunderkräfte nachgesagt, was auch verständlich ist, denn diese Pflanze ist wirklich eine Kostbarkeit, die nicht selten unterschätzt wird, sei es in ihren Möglichkeiten oder auch in ihrer Wirkung.

Dioskurides beschreibt die Beeren schon als wassertreibendes Mittel.

Später finden wir bei der hlg. Hildegard sehr rühmende Worte zum Wacholder. Bei Fieber, Schmerzen in der Leber, bei Brustschmerzen und Lungenschmerzen ist der Wacholder ihrer Meinung nach ein gutes Heilmittel.

Leonhart Fuchs (1543) beschreibt den Wacholder als ein universales Heilmittel. Magenerkrankungen irgendwelcher Art fallen ebenfalls in den Behandlungsbereich des Wacholders. Jetzt kommt auch allmählich die Anwendung als Pestschutzmittel zur Sprache.

Den Räucherungen mit Wacholder sprach man auch schon im Altertum heilende und schützende Kräfte zu. Allein schon diese Räucherungen vertreiben Krankheiten, Hexen und Dämonen. Eine Räucherung im Haus, bestehend aus Wacholder, Weihrauch und Myhrre, dazu morgens nüchtern ein wenig Bibernell eingenommen, sollte den Menschen während 24 Stunden vor der Pest schützen.

Mit in Wacholderöl getauchten Edelsteinen zog man Zauberkreise um das Krankenbett eines Patienten.

Becher aus Wacholderholz zeigten an, ob ein Essen gesund oder gar vergiftet war.

Verhexungen gegen die Milch würden kraftlos, wenn die Milch mit einem Stab aus Wacholderholz oder auch nur mit einem Wacholderzweig berührt würde.

Zudem soll der Wacholder Zufluchtsort verstorbener Seelen sein, von dem sie wieder geboren werden könnten. Als Friedhofbaum treffen wir den Wacholderstrauch noch recht häufig an.

Die Gebrüder Grimm haben dem Wacholder ein Märchen, 'Der Wacholderbaum', gewidmet.

Naturwissenschaftliche Heilpflanzenbeschreibung

Verwendete Teile: Beeren - Pseudofructus juniperi

Sammelzeit: reife Früchte, im Oktober

Wirkstoffgruppe: Droge mit ätherischem Öl

Hauptwirkstoff: ätherisches Öl (Terpinolen, Sabinen, Camphen)

Nebenwirkstoff: Zucker, Wachs, Harz, Gummi Gerbstoff,
Flavonglycoside

Wirkungen

Hauptwirkungen: wassertreibend
desinfizierend
hautreizend

Nebenwirkungen: stoffwechselanregend
blähungswidrig
wärmend
durchblutungsfördernd
allgemein stärkend

Anwendungen

innerlich: bei Wassersucht
bei Gicht und Rheuma
bei Nierenentzündung
bei Blasenentzündung
bei Appetitlosigkeit
bei Verdauungsstörungen
bei Husten und Erkältungskrankheiten
bei Hautkrankheiten
bei Nervenschwächen

äusserlich:	bei Durchblutungsstörungen
	bei Gicht und Rheuma
	bei Erkältungskrankheiten
	bei Hautkrankheiten

Zubereitungen

innerlich:	als Tee:	1 Teelöffel als Aufkochung
		1 - 2 Tassen pro Tag
	als Tinktur	
	als Gewürz	
	roh genossen	

äusserlich:	als Einreibung
	als Räucherung
	als Salbe

Lagerung:	Trocken, vor Licht, Staub und Insekten geschützt!

Besonderes:	Von einer innerlichen Anwendung der Beeren während der Schwangerschaft ist abzusehen.
	Vorsicht ist auch nötig bei bestehenden Nierenkrank heiten und Nierensteinen.
	Von einer dauernden Anwendung rate ich ab, da das Nierengewebe angegriffen werden kann.

Volksheilkundliche Anwendung des Wacholders

Allgemeine Anwendung:
Das Volk hält den Wacholder in hohen Ehren. Das kommt auch durch einen Spruch aus der *Pestzeit*, den die Vögel von den Dächern gepfiffen haben sollen, zum Ausdruck: 'Esst Kranewitt und Bibernell, dann stirbts nit so schnell.' oder auch durch die Bemerkung: 'Wer täglich 1 Wacholderbeere isst, der bleibt vor Krankheiten verschont und wird alt.'.
Die Beeren haben ihren festen Platz als Gewürz und als Heilmittel beibehalten. Sie gelten als blutreinigend und fiebersenkend. Sehr geschätzt werden die Beeren auch bei Leberleiden.
Der Wacholder gilt als ein ableitendes Mittel, so auch bei Hautleiden wie Flechten und Ekzemen.
Nebst den Beeren haben auch die Rinde und das Holz sehr wichtige Bedeutungen als Heilmittel. Die Anwendungsbereiche sind dieselben wie bei den Beeren.

Homöopathische Anwendung:
Die frischen, reifen Beeren werden zur Essenz verarbeitet und entsprechend auch verordnet. Wir finden hier ähnliche Anwendungen wie in der Volksheilkunde.

Aromatherapeutische Anwendung:
Hier wird in erster Linie mit dem Öl gearbeitet. Seine Anwendungen sind sehr breit. Zu den bereits aufgezählten kommen noch hinzu:
- als blutzuckersenkendes Mittel
- bei Arteriosklerose
- bei Parasiten (Läusen, Flöhe und Krätze).
Die Anwendung umfasst innerliche, wie äusserliche Formen:
innerlich: 1 - 2 Tropfen auf 1 Esslöffel Honig
                     2 mal täglich,
                     für Kinder höchstens die Hälfte.

äusserlich: als Inhalation

Esoterische Anwendung des Wacholders

Allgemeines:
Der Wacholder spielt hier eine sehr grosse Rolle als Räuchermittel. Dabei werden Krankheiten nicht nur behandelt, sondern auch bereits vorgebeugt. Mit Wacholderräucherungen reinigen wir die Atmosphäre im Haus. Aus dem Holz werden Zauberstäbe zubereitet, denen man eine grosse Kraft zuspricht.

Pflanzenastrologische Anwendung:
Im Wacholder finden wir die Bilder des Saturns und des Mars.

Stärkende Anwendung: bei Nierenunterfunktionen
                               bei Wassersucht
                               bei Verdauungsschwächen

Schwächende Anwendung: bei Rheuma und Gicht
                               bei Nieren - Beckenentzündungen
                               bei Blasenentzündungen

Baumheilkundliche Anwendung des Wacholders

Der Wacholder führt uns auf uns zurück. Er hilft, uns wieder zu finden. Wen jemand den Boden unter den Füssen, die Wurzeln, die Beziehung zur Erde verloren hat oder wenn der Betroffene lieber nicht geboren sein möchte, kommt der Wacholder entgegen.
Diese Form des Entwurzeltseins drückt sich beim Bild des Wacholders dadurch aus, dass diese Art stets mit Durchblutungsstörungen verbunden ist. Kalte Gliedmassen, langsame und schlechte Verdauung sind spürbare Wacholderhinweise. Ihm in diesen Momenten zu begegnen, tut gut.

Tierheilkundliche Anwendung des Wacholders

Die Wacholderbeeren sind ein allgemein stärkendes Mittel für Geflügel und alle anderen Tiere. Die Beeren können als Futterbeigabe verfüttert werden. Bei rheumatische Krankheiten von Rindern, Kühen, Pferden und Eseln sind die Beeren ein hilfreiches Mittel, ebenfalls unter das Futter gemischt, jedoch in einer grösseren Menge. Zudem lassen sich aus dem Tee, der Tinktur oder dem Öl auch Einreibungen und Umschläge machen, die dem Tier Linderung verschaffen. Bei Rindern wirken die Beeren auch noch milchbildend. Das gilt eigentlich für alle Tiere, die säugen.

Als Wildfrucht: *Wacholder*

Die Beeren sind nach der Blütezeit erst zwei bis drei Jahre später reif. Gesammelt werden die Beeren erst wenn sie schwarz sind. Diese sind als Gewürz zu Sauerkraut und verschiedenen Fleischsorten bekannt.
Aus den Wacholderbeeren lässt sich auch durch Quetschen ein Mus herstellen, das als Gewürz verwendet werden kann. Das Mus kann aber auch gesüsst und so eine Art Marmeladen zubereitet werden. Ebenso können wir aus den frischen, wie auch aus den getrockneten Beeren einen Sirup herstellen.
Bekannt sind auch die verschiedenen, gebrannten Wasser, die Wacholder enthalten, so unter anderm Gin.
Die Wacholderlatwerge ist als Brotaufstrich und als Heilmittel bekannt. Dazu braucht es entweder die Beeren oder das trockene Holz.
Beeren und Zweige dienen auch zum Räuchern von Fleisch.

Achtung: Es ist verboten, Wacholderzweige oder deren Spitzen zu
                 brechen! Vorsicht ist auch geboten bei der Verwechs-
                 lungsgefahr mit dem Sadebaum (Juniperus sabina), dessen
                 Zweige unangenehm und übel riechen.

Kosmetische Anwendung des Wacholders

Mit dem Tee aus den Beeren können wir nach der Haarwäsche eine Spülung machen, wenn Schuppen ständige Begleiter sind.

Walnussbaum

Botanischer Name
Juglans regia

Familie
Juglandaceae   (Walnussgewächse)

Andere Namen
Nussbaum, Welschnuss, Welsche Nuss

Herkunft des Namens
'Jovis glans', = Jupiters Eichel, war der ursprüngliche Name. Juglands ist eine Zusammensetzung dieses alten Namens.

Vorkommen
Der Walnussbaum ist heute weit verbreitet. Ursprünglich wurde er nur angebaut. Heute ist er oft auch verwildert anzutreffen. Oft steht er frei im Feld, dann aber zieht er sich ganzen Waldrändern entlang, stets mit gutem Abstand von seinen Artgenossen.

Ursprüngliche Herkunft
Es scheint, dass persische Könige den Walnussbaum nach Griechenland brachten. Von dort verbreitete er sich über Mittel- und Nordeuropa aus. Heute trifft man den Walnussbaum in ganz Europa an.

Blütezeit
April - Mai

Aussehen
Der Baum kann bis 25 m hoch und 150 Jahre alt werden. Die Krone nimmt eine breite, kugelige Form an. Bei den älteren Bäume ist die graue Rinde tief-rissig.
Die Blätter sind unpaarig gefiedert und die Teilblätter sind länglich-eiför-mig, fast ganzrandig. Die männlichen Blüten erscheinen als hängende Kätzchen. Die weiblichen Blüten sind 1 - 5 zählig, endständig und befinden sich an den

vorjährigen Trieben.

Die grünen, fleischigen Schalen umhüllen die Nuss. Die Nüsse sind in zwei Hälften geteilt und durch ein holziges 'Nusskreuzchen' aufgegliedert.

Anbau

Der Walnussbaum braucht sehr viel Platz. Er verlangt einen tiefgründigen, nährstoffreichen Boden. Auf Frost, während der Blütezeit, reagiert der Walnussbaum sehr empfindlich.

Die Vermehrung geschieht durch Samen und durch Veredelung.

Mit der ersten Nussernte kann zwischen dem dritten und fünften Standjahr begonnen werden. Alle zwei Jahre wechselt der Ernteertrag.

Geschichtliches

Der Walnussbaum hat eine lange Vergangenheit.

Nicht nur als Heilmittel, sondern auch als religiöse Kultpflanze war der Walnussbaum einer jener Bäume, denen ganz besondere Bedeutungen zuteil wurden. Griechen und Römer betrachteten die Walnüsse als Speise der Götter. Der Walnussbaum war bei den Griechen dem Zeus geweiht und bei den Römern dem Jupiter. Auf den Walnussbaum wurden viele Symbole, die vorher mit dem Haselstrauch verbunden waren, übertragen, vor allem das Fruchtbarkeitssymbol.

Viele volkstümliche Bräuche um den Nussbaum, die die alten Bedeutungen dieses Baumes noch ahnen lassen, sind uns überliefert.

In der spätlateinischen Zeit warfen Kinder Walnüsse neuvermählten Eheleuten in den Weg. Die Nuss galt auch als Symbol der Unsicherheit des Ehelebens: 'Niemand weiss, was sie bringt, niemand weiss, was in der Nuss zu finden ist, ob süss oder bitter!'. Dann aber wurde der neuvermählten Braut empfohlen, viele Nüsse zu essen, was einer Aufforderung oder auch dem Wunsch nach reichem Kindersegen gleichkam.

Später wurde bei der Geburt eines Knaben oder eines Stammhalters ein Nussbaum gepflanzt (in einigen Gegenden ist es auch der Lindenbaum). In die Wurzelgrube kam zuerst die Placenta und darauf wurde dann der junge Baum gepflanzt. Ähnliches kennt man auf dem Bauernhof. Die Placenta einer Stute wird an den Nussbaum gehängt. Das soll Stute und Fohlen gesund erhalten.

Wie der Haselnusszweig, ist auch der Walnusszweig ein Schutzmittel vor Blitzschlag.

Dass die Nuss schwer verdaulich ist und Kopfschmerzen verursachen kann, war schon Dioskurides bekannt. Plinius d. Ältere ergänzte noch mit der Erfahrung, dass der Geruch des Baumes einen 'schweren Kopf' bringt. Interessant ist auch der Volksmund aus der Türkei und einigen Gegenden der Schweiz, der besagt, dass man sich nicht längere Zeit unter einem Nussbaum aufhalten, geschweige denn gar einschlafen soll. Das könne zum Tode führen. Tatsache ist, dass allgemein Pflanzen und Insekten den Nussbaum meiden (s. a. 'Volksheilkundliche Anwendung' und 'Gartenbauliche Anwendung').

Als Heilmittel, wie auch als Schutzmittel, war der Nussbaum früher wie auch heute noch sehr bekannt. Der König Pontus Mithridates bewahrte in seinem Geheimarchiv ein Rezept auf, das ein Universalgift darstellen soll.

Tabernaemontanus empfiehlt 1731, zu Fisch soll Nuss gegessen werden, denn diese löse den zähen Schleim.

Ähnliches ist einiges früher von der hlg. Hildegard zu vernehmen. Sie lobt den Nussbaum, macht aber ganz klar darauf aufmerksam, dass die Blätter jung und noch vor der Fruchtbildung gesammelt werden müssen. So empfiehlt sie die Blätter bei *Würmern*. Äusserlich angewendet, kennt sie eine Salbe gegen *Lepraausschläge* und bei *Hauterkrankungen*. Die hlg. Hildegard spricht auch vom Schleim, nur in einem etwas anderen Zusammenhang. 'Wer das Öl isst, dessen Fleisch wird schön und es macht ihn fröhlich. Davon nimmt aber der Schleim zu.'

Werden die Blätter zerrieben oder veräschert, so duften sie sehr intensiv. Mit diesem Duft wurden im Mittelalter die Krankenzimmer parfümiert, ähnlich wie mit Rosmarin, Weihrauch oder Wacholder.

Naturwissenschaftliche Heilpflanzenbeschreibung

Verwendete Teile:	Blätter Nussschalen	- Folia juglands

Sammelzeit:	Blätter: Nusschalen:	Mai - Juni August - Oktober

Wirkstoffgruppe:	Droge mit Gerbstoffen	

Hauptwirkstoff:	Blätter: Schalen: Frucht:	Gerbstoff, äth.Öl Gerbstoff fettes Öl, ungesättigte Fett- säuren

Nebenwirkstoff:	Blätter: Schalen: Frucht:	Bitterstoff Juglon, Flavone Bitterstoff Juglon, Flavone, Inosit Vitamin B1, B2, B5, PP, Eiweiss

Wirkungen

Hauptwirkungen:	Blätter:	zusammenziehend entzündungswidrig

Nebenwirkungen:	Blätter:	wundheilend blutreinigend stoffwechselanregend

Anwendungen

innerlich:	Blätter und Schalen: bei Hautunreinheiten (Akne, Herpes, Ekzem, Schorf Flechten) bei chronischen Katarrhen bei Lymphdrüsenschwellungen bei offenen Beinen und Krampfadern bei Magen-Darmkatarrh

äusserlich:	bei Augenentzündungen
	bei Hauterkrankungen
	bei Venenentzündungen und Krampfadern

Zubereitungen

innerlich:	Blätter:	Als Tee: 1 Teelöffel auf 1 Tasse
		Wasser-Aufguss. 10 - 15 Minuten
		ziehen lassen - absieben. 2 - 4
		Tassen pro Tag.
	Schalen:	Als Sirup
äusserlich:	als Bad:	200 gr. Blätter auf 1 lt. Wasser.
		Abkochen und dem Badewasser bei-
		fügen.
	als Umschlag:	Frische Blätter quetschen und
		auflegen.
	als Einreibung	

| Lagerung: | Trocken, vor Licht, Staub und Insekten geschützt! |

| Besonderes: | Walnussblätter vertreiben Mücken, Wanzen, Läuse und |
| | halten Fliegen fern. Ebenso vertreiben sie Mäuse. |

Volksheilkundliche Anwendung des Walnussbaumes

Allgemeine Anwendungen:
Im Gegensatz zur offiziellen Anwendung wird die Walnuss in der Volksheilkunde viel breiter angewendet.
Als *Insektenschutzmittel* kann ein Ölauszug aus den grünen Nussschalen zubereitet werden. Dazu braucht man 100 - 200 gr. frische Nusschalen und 1 Liter kaltgepresstes Öl (Olivenöl, Distelöl u.s.w.). Die Schalen gibt man ins Öl. Am besten verwendet man dabei ein gut verschliessbares Glas. Das mit Öl und Nussschalen gefüllte Glas kommt jetzt 5 - 6 Wochen an einen warmen Ort zu stehen. Danach wird abgesiebt. Jetzt gibt man noch einige Tropfen Citronellaöl oder Nelkenöl dazu. So erhalten wir ein sehr gutes Insektenschutzmittel.
Die Blätter und Schalen werden auch bei:
- Diabetes
- Rachitis
- Gicht und Rheuma
- Würmern, Blutarmut und allgemeiner Schwäche
- Weissfluss
- Milchschorf
- Karies und zur allgemeinen Stärkung nach Krankheiten, mit zum Teil sehr guten Erfahrungen, verwendet.
Die Nussschalen dienen noch besonders zur Entschlackung und *Herzstärkung*, aber auch zur Behandlung der *Zuckerkrankheit*.
Die Volksheilkunde kennt ebenfalls auch die Anwendung der *Nusskreuzchen*. Eine Abkochung davon benützt man zum Wassertreiben und ebenfalls zur Herzstärkung.
Der Nusslikör wird zur allgemeinen Stärkung herangezogen und bei *Impotenz* des Mannes wird die Nusstinktur in einer täglichen Anwendung von 4 - 6 Tropfen, jeweils abends, verwendet.
Zudem werden die frischen Blätter als Auflage zum *Abstillen* gebraucht.

Homöopathische Anwendung:
Aus den frischen Blättern und den Fruchtschalen wird zu gleichen Teilen eine Essenz zubereitet. Diese verordnet man allgemein in den Potenzen D1-D2 bei:
- Skrofulose und
- Magenübersäuerung.

Esoterische Anwendung des Walnussbaumes

Allgemeines:
In der allgemeinen esoterischen Heilkunde sind die Baumnüsse ein Heilmittel bei 'gespaltener Persönlichkeit', beim Gefühl, zwischen Himmel und Erde zu schweben. In der sympatischen Volksmedizin haben die Baumnüsse als gedächtnisstärkende Mittel ein grosses Ansehen. Tatsächlich weist einerseits die Signatur (Form und Gestalt) der Nuss auf das Gehirn hin und andernseits sind die ungesättigten Fettsäuren sehr wichtig für die Funktionen der Gehirntätigkeit, und davon hat es in den Baumnüssen grosse Mengen. Im weiteren werden auch dem Walnussbaum viele Krankheiten untergepflanzt, so wie es beim Holunder oder bei der Eiche der Fall ist. Der Walnussbaum nimmt auch hier eine wichtige Stellung ein.

Baumnussblätter in der Hosentasche getragen, schützen vor dem 'Wolf', der Entzündung, die durch das Reiben des Stoffes auf der Haut entsteht. Ebenfalls kühlen die Blätter, in die Schuhe gelegt, brennende und schmerzende Füsse. Ein Kissen, gefüllt mit Nussbaumblättern, zeigt ausgleichende, beruhigende und entspannende Eigenschaften gegenüber dem Schlafenden. Auch die Träume verändern sich. Wer vorher stets der Verfolgte, der Verlierer war, bekommt langsam zu seinen Verfolgern ein Verhältnis, das als gegenseitiges Verstehen umschrieben werden kann. Man nähert sich einander und beginnt sich zu achten.

Pflanzenastrologische Anwendung:
Der Nussbaum steht in Beziehung zum Merkur und zur Sonne. Ebenfalls legt er offensichtlich Marseigenschaften zu Tage.

Stärkende Anwendung: bei Gedächnisschwäche
                             bei allgemeiner Schwäche
                             bei Hauterkrankungen

Schwächende Anwendung: bei Gicht und Rheuma
                             bei Lymphdrüsenschwellungen

Anwendung des Walnussbaumes in der *Bach - Blütentherapie*:
In der Bachtherapie wird die Baumnussblütenessenz überall dort empfohlen, wo Entscheidungen getroffen werden müssen. Also bei Unentschlossenheit und Ziellosigkeit.

Baumheilkundliche Anwendung des Walnussbaumes

Ist der Mensch zwischen vielen Möglichkeiten hin und her gerissen und kann sich dabei nicht entscheiden, sollte er einmal daran denken, dass ihm durch einige Besuche beim Nussbaum Hilfe entgegenkommt. Auch wenn jemand starken Stimmungsschwankungen unterworfen ist und es ihm dabei so vorkommt, wie wenn jemand anders ihn hin und her wirft, so als ob er das Steuer vollständig verloren hätte, ist es empfehlenswert den Nussbaum regelmässig aufzusuchen. Der Baum vermittelt Klarheit und Willensstärke. Er ist ist dabei auch Vermittler zwischen Himmel und Erde, zwischen 'Götter' und Menschen.

Tierheilkundliche Anwendung des Walnussbaumes

In Kleintierställen, Hundehütten u.s.w. können Walnussblätter wie das Wurmfarn, aufgehängt oder unter das Stroh gestreut, angewendet werden. Sie vertreiben Flöhe, Wanzen, Läuse und Milben.

Als Wildgemüse /- frucht: Walnusschalen /- nüsse

Als Nussgerichte für viele verschiedene Zwecke sind die Baumnüsse sehr gut bekannt. Empfehlenswert ist es, nicht allzuviele Baumnüsse auf die Nacht hin zu essen, denn sie sind schwer verdaulich.
Die gedörrten Schalen der Baumnüsse können als Pfefferersatz gebraucht werden.

Kosmetische Anwendung des Walnussbaumes

Mit Walnussblätterextrakt können Haarausfall und Schuppen gut behandelt werden. Der Tee aus den Blättern dient auch zu Waschungen bei unreiner, grossporiger Haut.
Als Haarfärbemittel ist ebenfalls das Extrakt zu betrachten. Es ist vorwiegend für braune Haare anzuwenden.

Zum Färben: *Walnussbaum*

Walnussblätter und Rinden dienen zum Färben von Wolle und Stoffen. Je nach Beize ergeben sie grüngelbe oder braunfarbene Töne.

Gartenbauliche Anwendung des Walnussbaumes

Wer sein Wintergemüse im Freien in einer 'Grube' lagert, der kann die Grube mit Baumnussblättern auslegen. Dadurch wird das Gemüse vor Mäuseschaden bewahrt. Zwar gelingt das nicht immer, aber dennoch lohnt es sich, es zu versuchen.

Wird ein Nussbaum neu gepflanzt, so achtet darauf, dass er nicht an einen Standort kommt, wo wertvolle oder andere geliebte Pflanzen gedeihen, denn diese werden nach und nach vom Nussbaum verdrängt. Sie gehen ein. Eichen und Nussbäume dürfen nie unmittelbar nebeneinander gepflanzt werden. Die Eiche stirbt.

Walnussbaum in der Holzverarbeitung

Hier begegnet man einer der begehrtesten heimischen Möbelholzarten. Seine wunderbare Farbe und die lebendige Zeichnung machten das Nussbaumholz zu einem wertvollen Holz. Das Holz ist durch das massive Abholzen der Nussbäume sehr rar geworden. Heute darf in der Schweiz kein Nussbaum mehr gefällt werden ohne dass ein neuer gepflanzt und gezogen wird.

Das Nussbaumholz gehört nicht in die Industrie, in der Massenprodukte auf die möglichst billigste Art hergestellt werden. Nussbaumholz ist ein Holz, das dem Künstler, dem Möbelkünstler und Bildkünstler vorbehalten sein müsste.

Auch wunderbare Schnitzereien sind aus dem Nussbaumholz anzufertigen. Übrigens, Nussbaumholz verursacht beim Schnitzen keine Schwielen.

Es müssen nicht immer ganze Wohnungen nur in Nussbaum gehalten werden. Viel vernüftiger wäre es, sich einfach ein Möbelstück, dafür aber ein Kunstwerk, anzufertigen.

Weide   (Silberweide)

Botanischer Name
Salix alba

Familie
Salicaceae   (Weidengewächse)

Vorkommen
Man begegnet der Silberweide in ganz Europa. Sie wird häufig zur Befestigung von Bach- und Seeufern angepflanzt.
Sie ist ebenso in Nordasien und in Nordamerika weit verbreitet.

Blütezeit
April - Mai

Aussehen
Die Silberweide ist ein Strauch oder Baum, der bis 30 m hoch werden kann. Sie bildet eine hochgewölbte, breite Krone mit silbergrauen Ästen. Die Rinde ist netzartig gerissen. Die lanzettlich zugespitzten und fein gesägten Blätter glänzen auffallend silbergrau. Sie sind beidseitig leicht behaart. Die Blüten bilden Kätzchen. Die männlichen Blüten sind gelb und die weiblichen grünlich.

Anbau
Die Silberweide benötigt einen feuchten Boden. Ansonsten ist sie sehr anspruchslos.
Die Vermehrung geschieht durch Stecken von kräftigen, im Winter geschnittenen Trieben. Im Frühling werden diese in humusreiche Erde gepflanzt. Schon recht bald treiben sie dann Wurzeln.
Auch als gute Bienenweide ist die Weide eine nützliche Baum, der schon früh im Jahr den Bienen in grossen Mengen Pollen gibt.

Geschichtliches
Um die Weide ranken sich unzählige Sagen, Legenden und mystische Erzählungen. Gerade die Trauerweide (Salix x chrysocoma) kommt hier immer wieder ins Blickfeld.

Weiden galten als 'Hexenbäume', aber auch als Symbol der unbändigen, sich immer wieder selbsterneuernden Lebenskraft.

Die Zauberbesen der Hexen sollen aus Weidenruten gefertigt worden sein, so hiess es wenigstens in der Zeit der grossen Hexenverfolgungen. Hexen verschwanden als schöne Mädchen in den Weiden und kamen als fauchende Katzen verwandelt wieder hervor. In der gleichen Zeit, in der die Hexenverfolgung und das Foltern von Frauen und Ketzern von der Kirche abgesegnet war, fand die Weide auch als Symbol der Jungfräulichkeit Einzug in die Kirche. Der volkstümliche Gedanke, dass das Essen von Weidensamen unfruchtbar mache, wurde an die Jungfräulichkeit Marias angelehnt und so legitimiert.

Der griechischen Göttin des Wachstums der Erde, Demeter, galt die Weide als geweihter Baum, der hin und wieder auch von Persephone, der Todesgöttin besucht wurde.

Die keltischen Druiden feierten das Fest der Wiedergeburt der Natur zur Zeit der Weidenblüte. Sie steckten Weidenzweige in die Erde um die Fruchtbarkeit der Felder zu erhalten und zu stärken.

So ist die Weide zu einem vielseitigen Symbol geworden. Sie ist Baum der Trauer, Trennung und des Todes. Sie ist aber auch Baum der Fruchtbarkeit, der Wiedergeburt und der Erneuerung. Vielen Dichtern bot die Weide eine Fülle von Symbolen, die in Gedichten, Gesängen und Erzählungen ihren Niederschlag fanden.

Als Baum der Gerechtigkeit und des Ausgleichs findet die Weide sehr schön im Märchen von Christian Anders: 'Alles am rechten Platz' ihren Niederschlag.

Als Heilmittel war die Weide schon im Altertum bekannt. Praktisch alle Kräuterkundige der vergangenen Jahrhunderte schrieben der Weide vielseitige Wirkungen zu. Hippokrates, Dioscurides, Plinius, die hlg. Hildegard von Bingen, Matthiole und Paracelsus, sie alle kennen die zusammenziehende, wundheilende Wirkung der Weide.

Matthiole beschreibt die Weidenblätter im 16. Jahrhundert als schlafförderndes Mittel. Vor ihm beschreibt die hlg. Hildegard die Weide als Ausdruck der Laster. Ihr innerlicher Gebrauch würde die Melancholie erregen und den Menschen 'innerlich bitter machen', ihm Gesundheit und Fröhlichkeit nehmen.

Im 17. Jahrhundert wurde dann die Rinde auch als fiebersenkendes Mittel herangezogen. 1898 gelang es, aus der Weidenrinde die Salicylsäure zu gewinnen und entsprechend synthetisch herzustellen. Damit begann die neue Form der Schmerzbekämpfung, vor allem rheumatischer Schmerzen. Die Anwendung der Weidenrinde als schmerzlinderndes Mittel war aber schon viel früher bekannt. Die schmerzstillende Eigenschaft wurde durch die Entdeckung der Salicylsäure lediglich bestätigt.

Naturwissenschaftliche Heilpflanzenbeschreibung

Verwendete Teile:	Rinde - Cortex salicis
Sammelzeit:	April - Mai

Wirkstoffgruppe:	Droge mit Phenolglycosiden
Hauptwirkstoff:	Salicin
Nebenwirkstoff:	Gerbstoffe, Harz, Oxalate, Enzyme

Wirkungen

Hauptwirkung:	antirheumatisch
	fiebersenkend
	schweisstreibend
	zusammenziehend
Nebenwirkung:	hautreizend
	entzündungswidrig
	schmerzstillend
	wassertreibend

Anwendungen

innerlich: Vor einer innerlichen Anwendung ist im allgemeinen abzuraten. Lediglich in ganz geringen
Mengen in:
- antirheumatischen
- antineuralgischen
- nieren-blasendesinfizierenden Teemischungen.
Auch hier zeigen sich immer wieder Reizungen
der Magenschleimhaut, so dass in erster Linie
eine äusserliche Anwendung in Betracht kommt.

Als Mundspülung und Gurgelmittel bei:
Zahnfleischblutungen
Mandelentzündungen

äusserlich: bei neuralgischen und rheumatischen Schmerzen
bei Entzündungen
bei Hauterkrankungen
bei Wunden
bei Fussschweiss

Zubereitungen

innerlich:	als Tee:	nur als Zusatz. Auf l00 gr. Tee-mischung 10 - 15 gr. Weidenrin-de. Zum Gurgeln wird eine Tee-abkochung zubereitet.
äusserlich:	als Umschlag:	frische Weidenrinde gequetscht auf die schmerzende oder ent-zündete Hautpartie auflegen. Nach 1 - 2 Std. wechseln und erneuern.
	als Pflaster als Bad als Salbe	

Lagerung: Trocken, vor Licht, Staub und Insekten geschützt!

Besonderes: Bei Überdosierung können rauschartige Erregungs-zustände und innere Blutungen auftreten.

Volksheilkundliche Anwendung der Silberweide

Allgemeine Anwendung

Bevor die Salicylsäure synthetisch und entsprechend magenverträglich hergestellt werden konnte, war die Weidenrinde ein vielgebrauchtes Heilmittel bei
verschiedenen Krankheiten.

So wurden innere Blutungen und Magen-Darmkatarrh mit Weidenrindentee behandelt. Auch bei Nieren-Blasenerkrankungen ist die Weidenrinde immer noch ein
beliebtes und gutes Heilmittel.

Die äusseren Anwendungen reichten hin von der Behandlung von Hautrötungen bis
zu Kopfschmerzen. Hier zeigt sich die Weidenrinde nach wie vor als sehr gutes
Heilmittel, insbesondere bei allen Formen von Schmerzen und verschiedenen Arten von Hautausschlägen.

Homöopathische Anwendung:

In der Homöopathie wird aus den frischen Rinden verschiedener Weidearten eine
Essenz zubereitet.

Die Essenz wird bei allen neuralgischen und rheumatischen Schmerzzuständen
verordnet.

Esoterische Anwendung der Silberweide

Allgemeines:
Eine alte, volkstümlich-esoterische Form des Heilens ist das 'Besprechen'.
Dazu werden oft auch Bäume herangezogen. So auch die Weide. 'Bei Zahnschmerzen
gehe man im zunehmenden Mond still und ohne ein Wort zu sprechen auf eine alte
Weide zu. Bei ihr angekommen, ist zu sagen: 'Guten Abend liebe, alte Weide.
Ich bringe dir meine Zahnschmerzen heute und wünsche, dass sie bei dir be-
stehen und bei mir vergehn.'. Auch eine sympathische Form des Heilens ist
bekannt. Bei rheumatischen Erkrankungen und bei Gicht wird der Urin des
Patienten an den Stamm einer kräftigen, alten Weide geschüttet.
Die Weide gilt wie schon erwähnt, als Baum der Trauer, des Todes, aber auch
der Reinheit, der Reinigung und der Erneuerung.
In der rituellen Magie wird die Weidenrinde zu Räucherungen verwendet, die
zur Anrufung der Mondgenien und der Wasserwesen dienen.

Pflanzenastrologische Anwendung:
Die Weide steht in Beziehung zum Mond.

Stärkende Anwendung:	bei Nieren-Blasenentzündungen
	bei rheumatischen Erkrankungen
Schwächende Anwendung:	bei trockenen Hauterkrankungen
	bei eiternden Wunden und Haut-
	ausschlägen

Anwendung der Weide in der *Bach - Blütentherapie*:
In der Bach-Blütentherapie wird die gelbe Weide bei Vergesslichkeit, offen-
kundigem Pessimismus gegenüber sich selber und auch nach aussen hin empfohlen.

Baumheilkundliche Anwendung der Weide

Wem die innere Ruhe fehlt, wer unausgeglichen ist und gestaute Wut in sich trägt, dem hilft die Weide. Sie kühlt und erfrischt. Sie kann aber auch melancholisch stimmen und oft nur schwer zu formulierende Sehnsüchte auslösen. Sie lässt einem in die Ferne schweifen. Verhärteten, in sich zurückgezogenen und verbitterten Menschen ist die Weide oft eine sehr grosse Hilfe. Sie löst und erweicht. Sie erneuert. Auf ähnliche Weise zeigt sie ihre Eigenschaften jenen, die an Gicht und rheumatischen Erkrankungen leiden und den Frauen mit starken Menstruationsschmerzen, beim Besuchen der Weide.

Tierheilkundliche Anwendung der Weide

Die Knospen der Silberweide helfen sehr gut bei Verdauungsstörungen der Rinder und Kühe. Unter das Futter gemischt, beheben sie Neigungen zu Blähungen.

Zum Färben: *Weide*

Mit den Blättern der Weide lassen sich Wolle und Baumwolle sehr schön färben. Je nach Beize ergeben sie ein Goldgrün bis Dunkelgrün.

Die Weide in der Holzverarbeitung

Die Weide ist das wichtigste Material, das zu Flechtwerk verarbeitet wird. Heute werden in erster Linie die Körbe aus Weidenruten geflochten. Früher war das nicht so. Viele andere Haushaltsgegenstände wurden aus Weiden geflochten. So flocht man ganze Betten und andere Möbelstücke. Weidenkörbe sind meines Erachtens das lebendigste Aufbewahrungsmittel, dessen Herstellung auch selber zu schaffen ist. Neben Flechtwerk wird aus der Silberweide auch der Gerbstoff gewonnen, um das dänische Handschuhleder herzustellen. Zündhölzer, Holzschuhe, ja sogar leichte Boote werden aus Weiden hergestellt. Die Wolle, die die Samen abgeben, wurde eingesammelt und damit Polster und Kissen gestopft.

Weissdorn (Eingriffliger)

Botanischer Name
Crataegus monogyna

Familie
Rosaceae (Rosengewächse)

Andere Namen
Hador, Hahnedorn, Hagöpfeli, Handorn, Mehlbeere (nicht zu verwechseln mit der Mehlbeere - Sorbus aria), Moorbeere, Rotdorn, Zaundorn

Vorkommen
Der Weissdorn ist in ganz Europa, bis nach Skandinavien und Westrussland, weit verbreitet. Er kreuzt sich oft mit andern Arten.
Er ist häufig als Heckenpflanze, an Waldrändern und auch in Parkanlagen zu sehen.

Blütezeit
Mai - Juni

Aussehen
Der zerzauste Strauch oder Baum erreicht Höhen von 18 m. Dabei bildet er eine sehr unregelmässige Krone.
Im Frühjahr ist er einer der ersten Sträucher, der zu blühen beginnt. Zum Unterschied des Schwarzdorns treibt der Weissdorn erst Blätter und dann die Blüten.
Die Blätter sind oval und tief eingebuchtet. Sie sind 3 - 5 lappig.
Der eingrifflige Weissdorn hat nur einen Griffel (Name) und entsprechend in der reifen roten Frucht auch nur einen Kern. Im Gegensatz dazu bildet der zweigrifflige Weissdorn zwei Griffel und demzufolge auch zwei Kerne in der Frucht aus.

Anbau
Der Weissdorn ist sehr anspruchslos. Er kann durch Aussaat oder durch Ableger gezogen werden.

Auch das Alter, das er erreichen kann, ist sehr stattlich: 500 - 600 Jahre. Der Weissdorn als Heckenpflanze bildet mit dem Schwarzdorn, der Berberitze und vielen anderen Sträuchern wertvolle Nistplätze. Diese Sträucher sind durch ihre Dornen für Feinde nur schwer zugänglich und bieten so dem Vogel einen natürlichen Schutz und uns zudem oft noch wertvolle Früchte.

Geschichtliches
Die Geschichte des Weissdorns ist eher jung. Im Altertum war er praktisch nicht bekannt.
Um das 17. Jahrhundert herum taucht eine Beschreibung des Weissdorns als Mittel, das die 'Bewegung des Blutes' verstärkt, auf.
Erst nach 1850 gelangte der Weissdorn zu seinem Ansehen als wichtiges Herzkreislaufmittel. Der irische Arzt Dr. Green beschreibt seine grossen Erfolge mit dem Weissdorn bei den verschiedensten Herzleiden.
Im Volksglaube hatte der Weissdorn schon früh eine recht wichtige Stellung als Mittel, das Hexen vertreibt und bösen Zauber abwehrt.
Schon in der Zeit der Römer wurden Weissdornzweige über den Türen angebracht, um das Haus und die Bewohner vor Krankheiten zu schützen.

Naturwissenschaftliche Heilpflanzenbeschreibung

Verwendete Teile:	Blüten	- Flores crataegi
	Blätter	- Folia crataegi
	Früchte	- Fructus crataegi
Sammelzeit:	Blüten:	Mai - Juni
	Blätter:	Mai - Juli
	Früchte:	September - Oktober

Wirkstoffgruppe: Droge mit Bitterstoffen

Hauptwirkstoff: Crataegussäure, Triterpensäure (Ursolsäure und Oleanolsäure)

Nebenwirkstoff: Flavone (Quercitrin), Purinderivate, Gerbstoff, Cholin, org. Säuren

in der Blüte noch: äth. Öl, Trimethylamin
in der Frucht noch: fettes Öl, Zucker, Anthocyane, Carotinoide, Vit. C

Wirkungen

Hauptwirkungen: gefässerweiternd
herzstärkend

Nebenwirkungen: blutdruckausgleichend
herztätigkeitsregulierend
krampflösend

Anwendungen

innerlich: bei allen Formen von Herzkrankheiten und Herzschwächen
bei Blutdruckschwierigkeiten

bei Fieber, Grippe und Lungenkrankheiten
bei Angina pectoris
bei 'Fettherz'
bei Arteriosklerose
bei Altersherz
zur Vorbeugung

Zubereitungen

innerlich:	als Tee:	1 - 2 Teelöffel pro Tasse - Aufguss. 2 mal täglich 1 Tasse.
	als Tinktur:	10 - 15 Tropfen 2 mal täglich
	als Pulver:	1 Teelöffel Blütenpulver 1 - 2 mal täglich

Lagerung: Trocken, vor Licht, Staub und Insekten geschützt!

Besonderes: Kuren mit Weissdorn sollten über längere Zeit (mindestens drei Monate) gemacht werden.

Volksheilkundliche Anwendung des Weissdorns

Allgemeine Anwendung:
Die Volksheilkunde kennt und verwendet den Weissdorn ebenso, wie ich ihn bereits beschrieben habe.
Hinzu kommt noch die Anwendung des Früchtemus bei *Durchfall*. Tatsächlich lässt sich eine leichte stopfende Wirkung durch die Anwendung der Früchte feststellen. Geeignet ist das Mus vor allem für Kinder, die einen Durchfall haben, verursacht durch eine Magen - Darmgrippe.
Im weiteren stelle ich fest, dass der Weissdorntee auch an Kinder im Vorschulalter und im Schulalter gegeben werden darf. Er eignet sich sehr schön bei Interesselosigkeit, Konzentrationschwäche und für Kinder, die unter seelischem Druck Ängste entwickeln und dadurch freudlos und in sich gekehrt sind. Der Weissdorn zeigt hier sehr schöne, befreiende Eigenschaften.

Homöopathische Anwendung:
Die reifen, frischen Früchte dienen zur Herstellung der Urtinktur. Die Anwendung umfasst die Herzerkrankungen, wie ich sie schon beschrieben habe.

Esoterische Anwendung des Weissdorns

Allgemeines:
Als alten, volkstümlichen Brauch kennt man noch das Kriechen durch ein Tor aus Weissdornzweigen. Dabei sollen alle Krankheiten am Weissdorn abgestreift werden und an ihm hängen bleiben. Auch diese Art des Heilens gehört in den Bereich der Sympathieheilkunde.
Im weiteren stellt der Weissdorn ein starkes Zaubermittel dar. Aus seinem Holz werden Zauberstäbe gefertigt, die zur Anrufung der Luftgeister, aber auch zum Abwehren von unliebsamen Gästen aus der Astralspähre, dienen.
Blüten und Holz eignen sich zu Räucherungen, und die Früchte sind als Geschenk bereitzustellen.
Spazierstöcke aus Weissdornholz sollen vor Ermüdung schützen. Auch hier finde ich die sympathische Beziehung vom Weissdorn zum Herzen. Indem ich einen Stock aus Weissdornholz in meiner Hand halte, begleitet mich auf meiner ganzen Wanderschaft der Weissdorn mit all seinen Eigenschaften. Unbewusst verbinde ich mich mit den Bildern und Eigenschaften des Weissdorns und öffne mich dadurch seinen Wirkungen.

Pflanzenastrologische Anwendung:
Der Saturn steht beim Weissdorn mehr im Hintergrund als beim Schwarzdorn. Zunächst zeigt sich die starke Beziehung zum Mars, die den Weissdorn prägt.

Stärkende Anwendung:	bei Müdigkeit und Lustlosigkeit
	bei niederem Blutdruck
	bei Herzschwächen
	bei Blutkreislaufstörungen und
	deren Auswirkungen
Schwächende Anwendung:	bei hohem Blutdruck
	bei allgemeiner Nervosität

Baumheilkundliche Anwendung des Weissdorns

Im Weissdorn sind ähnliche Momente enthalten wie im Schwarzdorn. Zum Unterschied des Schwarzdorns sind Weissdornmenschen überaktiv. Sie verstecken sich hinter ihrer Aktivität. Auch das genaue Gegenteil ist zu finden: Der Mensch ist ganz einfach schlapp und müde. Die Müdigkeit wird zum Vorwand, nicht auf den Mitmenschen zugehen zu müssen. Die Ursachen dieses Verhaltens können sehr tiefgreifende Erfahrungen sein, die bis weit in die Kindheit, ja sogar in die vorgeburtliche Zeit zurück gehen. Der Weissdorn übernimmt hier die Rolle eines Schlüssels.

Müdigkeit läuft mit Blutkreislaufstörungen, Herzschwächen und Verdauungsstörungen einher. Hier setzt der Weissdorn in der organischen Ebene an.

Tierheilkundliche Anwendung des Weissdorns

Zur allgemeinen Stärkung der Hühner, Gänse und Enten mischt man Weissdornbeeren unter das Futter.

Die Zweige wirken vorbeugend und behandelnd bei bestehender Blähungssucht des Viehs.

Besteht bei Rindern der Verdacht, dass sie einen Abort machen, lassen sich erfahrungsgemäss ebenfalls die Weissdornbeeren anwenden. Auch für diesen Gebrauch werden die Beeren unter das Futter gemischt.

Als Wildfrucht: *Weissdornbeeren*

Die Beeren beider Weissdornarten, also auch die des *Zweigriffligen Weissdorns* (Crataegus oxycantha), sind frisch, wie getrocknet vewendbar.

Sie schmecken eher herb und ganz schwach bitter. Dazu kommt noch ihr trockener, mehliger Charakter.

Die frischen Beeren sind erntereif sobald es erstmals einen Frost gegeben hat. Dann sammeln wir sie und pressen sie durch ein grobmaschiges Sieb, damit die Steine zurückbleiben.

Das so gewonnene Mus schmeckt sehr gut in Jogurth und zu Getreideflockenmischungen. Aus dem Mus können wir auch Marmelade zubereiten. Dabei ist es gut, noch eine saure Frucht dazuzunehmen. Eine sehr gute Mischung ergibt sich aus

Weissdornbeeren, Berberitzenbeeren, Holunderbeeren und wenig Äpfeln. Selbstverständlich können die rohen Beeren auch ganz gegessen werden.

Kosmetische Anwendung des Weissdorns

Weissdorntee können wir zu Haarspülungen verwenden.

Der Weissdorn in der Holzverarbeitung

Das Holz des Weissdorns wird noch ab und zu für Drechslerarbeiten verwendet. Werkzeugstiele, Dreschflegel und Spazierstöcke waren häufig aus Weissdornholz hergestellt.

Zwetschgenbaum

Botanischer Name
Prunus domestica

Familie
Rosaceae   (Rosengewächse)

Andere Namen
Kultur - Pflaume

Vorkommen
Der kultivierte Zwetschgenbaum ist in den gemässigten Zonen Europas, Asiens, Südafrikas und Nordamerikas verbreitet.

Ursprüngliche Herkunft
Es wird allgemein angenommen, dass das ursprüngliche Herkunftsgebiet Vorderasien ist. Die heutige Form ist eine Kreuzung, die wahrscheinlich aus dem Schwarzdorn (Prunus spinosa) und der Kirschpflaume (Prunus cerasifera) entstand.

Blütezeit
April

Aussehen
Der Zwetschgenbaum kann bis 12 m hoch werden. Mit dem Erscheinen der Blätter beginnt er auch zu blühen. Die Blätter sind verkehrt-eiförmig und stumpf. Der Blattrand ist fein gezähnt.
Die Steinfrucht variiert je nach Sorte. Meist ist sie eiförmig und länglich. Im Jungstadium noch herb und sauer, wird sie mit dem Reifen immer süsser im Geschmack.

Anbau
Die häufigste Anbauweise ist das Pflanzen von kultivierten und bereits vorgezogenen Jungbäumen. Man unterscheidet dabei zwischen Niederstammbäumen und den Hochstammbäumen.
Zwetschgenbäume brauchen eine warme und milde Lage und einen nährstoffreichen, trockenen, nicht zu schweren Boden.

Bemerkung

Botanisch werden die Pflaume und die Zwetschge klar getrennt:

Pflaume oder auch Haferschlehe: Prunus insititia

Zwetschge: Prunus domestica

Die Pflaume gehört in die Gruppe der *Mirabellen*.

Geschichtliches

Um den Zwetschgenbaum ranken sich viele Legenden und Bräuche.

Heiratsorakel und Geburtsprophezeihung, Glücksbringer und Gesundbaum, alles in einem findet sich beim Zwetschgenbaum zusammen. Kein Wunder, dass er oft in der Nähe von Häusern angepflanzt wurde. Sollte er notwendig werden, war er gleich in der Nähe.

'Wer am Neujahr Zwetschgen kocht, dem geht das ganze Jahr das Geld nicht aus.' In Märchen verwandeln sich die Zwetschgenkerne in pures Gold.

Das fahrende Volk kennt die Pflaume sehr gut. Eine ausgehöhlte Pflaume wird mit *Mistelpulver* gefüllt und bei *Epilepsie*, *Schwindel* und anderen Geisteskrankheiten eingenommen. Übrigens: Die Mistel darf nur vom Mann gesammelt werden. Dabei darf die Mistel den Boden nicht berühren. Der Schwarze Holunder hingegen darf wiederum nur von der Frau gesammelt und verarbeitet werden. So wollen es die Tradition und der Glaube des Fahrenden.

In er Voksheilkunde ist der Zwetschgenbaum auch als *Gesundbaum* sehr geschätzt, das heisst, er eignet sich besonders gut zum 'Übertragen' von Krankheiten.

Die hlg. Hildegard sagt vom Pflaumenbaum, dass er den Zorn bezeichne. Sie empfiehlt die Rinde als Mittel gegen Würmer. Zudem erwähnt sie die Erde, die sich um die Wurzeln des Baumes befindet. Diese Erde hilft bei Menschen, die durch Magie und Verwünschungen von Sinnen gekommen sind.

Nun, heute sind die Zwetschge und die Pflaume eher als Diätetikum, das heisst als allgemein aufbauende und regulierende Mittel während und nach Krankheiten, bekannt.

Naturwissenschaftliche Heilpflanzenbeschreibung

Verwendete Teile:	Früchte
Sammelzeit:	August - September

Wirkstoffgruppe:	Droge mit Vitaminen und Mineralien
Hauptwirkstoff:	Vitamine:
	Mineralien:
Nebenwirkstoff:	fettes Öl, Gummi, Pektin, Zucker, Uralinsäure
	Kerne:

Hauptwirkstoff: Vitamine: Riboflavin, Niacin, Thiamin, Karotin, Vitamin C

Mineralien: Kalzium, Eisen, Phosphor

Nebenwirkstoff: fettes Öl, Gummi, Pektin, Zucker, Uralinsäure

Kerne: Amygdalin

Wirkungen

Hauptwirkungen:	frische und getrocknete Früchte: allgemein aufbauend
Nebenwirkungen:	magensaftsekretionsfördernd blähungswidrig mild abführend

Anwendungen

innerlich:	bei allgemeiner Schwäche und bei Altersschwäche bei Verstopfungen bei Verdauungsstörungen bei Blähungen

Zubereitungen

innerlich: als Tafelobst
                  als Dörrfrucht
                  als Kompott
                  als Saft
                  als Marmelade

Besonderes: Gedörrte Früchte sollten vor dem Essen einige
                  Stunden   in lauwarmes Wasser eingelegt werden.

Volksheilkundliche Anwendung des Zwetschgenbaums

Allgemeine Anwendung:
In der Volksheilkunde gilt die Zwetschge auch als kühlendes, wassertreibendes und krampflösendes Mittel. Gänsefingerkraut in Zwetschgenwasser (Gebrannter Schnaps) eingelegt, dient zu Einreibungen bei *Waden-* und *Fusskrämpfen*. Als krampflösendes Mittel eignet sich die Zwetschge auch bei Magenkrämpfen und als kühlendes Mittel wird sie bei *Sonnenstich* angewendet.
Nierenkranke Menschen machen immer wieder die Erfahrung, dass die Zwetschge Schmerzen im Nierenbereich verursachen kann, sobald sie nur wenig über ihre verträgliche Menge hinaus eingenommen haben.
Endlich hat die Zwetschge auch den Ruf, ein Rheuma- und Gichtmittel zu sein. Dabei mache ich die Erfahrung, dass sie als unterstützendes Mittel oft die eigentliche Therapie einleitet oder überhaupt sogar ermöglicht. Es scheint so, als ob sie zur Trägerin der anderen Pflanzeneigenschaften würde. In der Therapie werden in diesem Moment jeweils am Morgen nüchtern 3 gedörrte und über Nacht eingelegte Zwetschgen gegessen.
Bei Gelbsucht wird eine gedörrte Zwetschge, gespickt mit 2 - 7 Läusen, geschluckt. Hier fällt mir die Anwendung des fahrenden Volkes bei Schwindel und Epilepsie ein (s. 'Geschichtliches').
Aus den Blüten wird noch eine Tinktur zubereitet, der allgemein stärkende und belebende Eigenschaften zugesprochen wird.

Homöopathische Anwendung:
Die Homöopathie kennt die Essenz aus der frischen Rinde.

Esoterische Anwendung des Zwetschgenbaums

Allgemeines:
Ich habe schon auf den Gesundbaum hingewiesen. Als Sympathiemittel wird er angesprochen und berührt, um dadurch Krankheiten wie *Herzklopfen, Fieber, Rheuma, Krämpfe* und *Schwindel* auf ihn zu übertragen.
Auch hier finde ich wieder gewisse Ähnlichkeiten zur Anwendung des fahrenden Volkes.

Pflanzenastrologische Anwendung:
Im Zwetschgenbaum drücken sich der Planet Venus und auch der Mond aus.

| Stärkende Anwendung: | bei Nierenunterfunktionen |
| | bei Verstopfungen |

Schwächende Anwendung:	bei Hautausschlägen
	bei Geschwüren
	bei Verkrampfungen der Gliedmassen

Baumheilkundliche Anwendung des Zwetschgenbaums

Hitzigen und rasch in Wut geratenden Menschen hilft der Zwetschgenbaum einen Ausgleich zu finden.
Seine Begegnung kühlt und entspannt sehr stark. Er löst Verhärtungen, macht weich und durchlässig. Hauptsächlich im Bereich Gliedmassen und Unterleib zeigt der Zwetschgenbaum sehr schöne Eigenschaften. Ich möchte doch aber auch vor seiner Kälte zur Vorsicht mahnen. Er kann für viele Menschen zu stark kühlen, so dass sie anfällig auf Erkältungskrankheiten werden.

Als Frucht: *Zwetschge*

Dazu lässt sich nicht viel ergänzen, denn die Frucht des Zwetschgenbaums ist in den verschiedensten Zubereitungsformen bestens bekannt.

Zum Färben: *Zwetschgenbaumrinde*

Bei entsprechendem Vorbeizen erhalten wir von der frischen oder der getrockneten Zwetschgenbaumrinde orange, schwarze oder auch graue Farbtöne.
Wolle, Baumwolle und auch Seide lassen sich sehr schön damit färben.

Der Zwetschgenbaum in der Holzverarbeitung

Als Intarsienholz ist das Zwetschgenholz wegen seiner schönen Färbung und der
lebhaften Zeichnung schon in frühen Zeiten verwendet worden.
Das spröde, schlecht spaltbare Holz lässt sich nur schwerlich als Möbelholz
bearbeiten. Aus den gleichen Gründen findet es auch im Innenausbau praktisch
keine Verwendung. Hingegen werden verschiedene Haushaltgegenstände, wie Löffel
und Messerhefte, aus dem Zwetschgenholz gearbeitet.
Wie das Holz in der Intarsienkunst Verwendung findet, brauchen es auch der
Drechsler und der Holzbildhauer zu ihren Kunstwerken.

Rezepte

Teemischungen, Tinkturen, Öle, Salben

Sirup, Saft, Marmelade

Teemischungen, Tinkturen, Öle, Salben

Apfelweinmolke

Apfelsaft (alkoholfreier Apfelwein)	1 lt.
Milch	1 lt.
eventuell Honig	3 - 5 Esslöffel

Herstellung:
Milch und Apfelwein werden gemischt und in einer Pfanne bis kurz vor den Siedepunkt erwärmt. Danach durch ein feinmaschiges Leinentuch filtrieren und den Honig, falls er gewünscht ist, dazugegeben. Abfüllen und kühl stellen.
Die Apfelweinmolke sollte etwas temperiert und nicht kalt eingenommen werden.

Die Apfelweinmolke ist ein vorbeugendes und heilendes Mittel, das sehr vielseitige Eigenschaften hat. Entsprechend soll auch der Umgang mit ihr sein. Sie ist kein Genussmittel. Die Apfelweinmolke darf nicht zum Essen, sondern muss in den Zwischenzeiten eingenommen werden und auch da nur Esslöffelweise.
Pro Tag 3 - 5 mal ein Esslöffel voll für Erwachsene,
pro Tag 3 mal ein Kaffeelöffel voll für Kinder.

Die Apfelweinmolke hilft bei:
- Lungenkrankheiten
- allgemeiner Schwäche
- Nervenschwäche
- Blutarmut
- Verdauungsstörungen
- Appetitlosigkeit
- Husten und Erkältungskrankheiten
- Fieber und Grippekrankheiten
- Leberkrankheiten und Gallenstörungen
- Verstopfung

Teemischungen

Arteriosklerose	Weissdornblüten	25 g
	Weissdornfrüchte	25 g
	Faulbaumrinde	20 g
	Birkenblätter	30 g

Blasenentzündung	Birnbaumblätter	50 g
	Pappelknospen	30 g
	Wacholderbeeren	10 g
	Lindenblüten	10 g

oder:

	Birkenblätter	30 g
	Pappelknospen	30 g
	Goldrute	20 g
	Weidenröschen	20 g

| Durchfall | Ulmenrinde | 60 g |
| | Quittenbaumblätter | 40 g |

Entwässernd	Birkenblätter	40 g
	Ulmenblätter	10 g
	Kirschenstiele	40 g
	Lindenblüten	10 g

oder:

	Birkenblätter	40 g
	Birnbaumblätter	40 g
	Brennesselblätter	20 g

Fieber	Ahornholz	20 g
	Weidenrinde	40 g
	Odermennig	40 g

oder:

	Lindenblüten	40 g
	Holunderblüten	40 g
	Pappelknospen	20 g

Grippe	Holunderblüten	40 g
	Lindenblüten	20 g
	Fliederblüten	20 g
	Haselkätzchen	40 g

Hautkrankheiten	Walnussblätter	30 g
(Ekzeme, Flechten,	Pappelknospen	30 g
Akne)	Birkenblätter	20 g
	Quittenblüten	20 g

Herzstärkend	Weissdornblüten	70 g
	Kirschenstiele	30 g

Husten	Holunderblüten	20 g
	Lindenblüten	20 g
	Ebereschenblüten	40 g
	Quittenkerne	20 g
oder:		
	Kiefersprossen	40 g
	Quittenkerne	40 g
	Apfelschalen	20 g

Nierentee	siehe 'Blasenentzündung'

Polyarthritis	Pappelblätter	30 g
	Pappelknospen	30 g
	Birkenblätter	20 g
	Kornblumen	20 g
oder:		
	Pappelknospen	40 g
	Eschenblätter	40 g
	Birkenblätter	10 g
	Baumnussblätter	10 g

| Prostata | Pappelrinde | 50 g |
| | Weidenröschen | 50 g |

Rheumatee	siehe auch 'Polyarthritis'	
oder:	Eschenblätter	30 g
	Pappelrinde	30 g
	Fliederblüten	30 g

Verstopfung	Faulbaumrinde	40 g
	Quittenkerne	20 g
	Pfefferminzblätter	10 g
	Schlehdornblüten	30 g

Tinkturen

Rheuma, Neuralgien, Ischias, Muskelschmerzen und Gicht

Fichtennadeln	100 g
Wacholderbeeren	50 g
Lavendelblüten	30 g
Arnikablüten	20 g
Alkohol 70 %	1 lt.

oder:

Weidenrinde	50 g
Wacholderbeeren	100 g
Rosmarinblätter	50 g
Alkohol 70 %	1 lt.

Herstellung:
Die Kräuter gut zerkleinern und in eine verschliessbare Flasche füllen. Den Alkohol darübergiessen.
Während 2 bis 3 Wochen an einem warmen Platz ausziehen lassen. Täglich wenigstens einmal gut schütteln.
Danach abseihen und anwenden.

Öle

Erkältungen, Rheuma, Gicht, Neuralgien

Lorbeeröl

oder:

Kiefernadeln	100 g
Wacholderbeeren	50 g
Pappelrinde	50 g
Oliven-, Distel- oder Sonnenblumenöl	1 lt.

Herstellung:

Die Kräuter zerkleinern und gut mischen. In ein verschliessbares Glas füllen und das Öl darüber giessen.
5 - 6 Wochen an einem warmen Ort ausziehen lassen. Täglich einmal schütteln.
Nach 5 - 6 Wochen absieben.

Salben

Fichten- und Lärchenharzsalbe (Rheuma, Gicht und Ischias)

Fichtenharz oder Lärchenharz	60 g
Bienenwachs	6 g
Johannisöl (oder Olivenöl, Distelöl, Mandelöl)	50 ml

Herstellung:
Das Harz in einem feuerfesten Gefäss flüssig werden lassen. Bienenwachs schmelzen und unter das erwärmte und flüssige Harz rühren. Das temperierte Johannisöl langsam beimischen.

Pappelsalbe (Rheumatische Schmerzen, Muskelentzündungen, Gicht)

Pappelknospen oder Rinde	100 g
Bienenwachs	70 g
Oliven-, Distel- oder Sonnenblumenöl	500 ml

Herstellung:
Das Öl im Wasserbad erwärmen. Den Wachs schmelzen und dem Öl zufügen. Die Knospen oder Rinde in dieses Gemisch geben und während 3 - 5 Stunden heiss ausziehen.

Kieferharzsalbe (Rheuma, Gicht und Erkältungskrankheiten)

Kieferharz	4 g
Wacholderbeeren	10 g
Rosmarin	10 g
Bienenwachs	20 g
Honig	10 g
Oliven-, Distel- oder Sonnenblumenöl	70 ml

Herstellung:
Kieferharz und Bienenwachs im heissen Wasserbad schmelzen. Das temperierte Öl beimischen und jetzt die fein zerkleinerten und gemischten Kräuter hineingeben und während 3 - 5 Stunden ausziehen lassen. Danach absieben und den Honig dazumischen.

Alte Haussalbe (bei Geschwüren, Furunkeln und Abszessen)

Tannenharz oder Fichtenharz	50 g
Leinöl (oder Olivenöl, Distelöl, Mandelöl)	40 ml

Herstellung:
In das frische Harz wird soviel Leinöl beigemischt, bis es eine gut aufzutragende und geschmeidige Salbe gibt.

Sirup, Saft, Marmelade, Limonaden

Sirup

Schwarzdornsirup	Schwarzdornbeeren	3 kg
	Rotwein	1/2 l
	Apfelessig	1/4 l
	Wasser	1 l
	Zucker	2 kg

Herstellung:
Rotwein, Apfelessig und Wasser zusammengiessen und über die Früchte verteilen. 3 Tage zugedeckt und kühl stehen lassen. Danach abgiessen und den Zucker beifügen. 15 Minuten leicht kochen und dann heiss in Flaschen einfüllen.

Auf diese Art und Weise können aus allen Früchten und auch aus Blüten Sirupe hergestellt werden. Für Sirupe aus Blüten braucht es 80 - 100 g Blüten, die während 3 - 5 Tagen im Wasser-Wein-Essiggemisch eingelegt werden.
Für farbempfindliche Blüten wie Veilchenblüten, Malvenblüten u.s.w. eignet sich dieses Rezept auch, nur wird die Farbe nicht so intensiv, wie wenn der Sirup auf die herkömmliche Art und Weise zubereitet wird.

Die Früchte müssen nicht kompostiert werden. Mit ihnen lässt sich noch Marmelade zubereiten.

Literaturverzeichnis

-Aschner: Paracelsus - Sämtliche Werke - Jena-Verlag, Gustav Fischer

-Bardon, Franz: Die Praxis der mag. Evokationen - Hermann-Bauer-Verlag-
Freiburg im Breisgau
-Bächli, E.: So färbt man mit Pflanzen - Verlag Paul Haupt, Bern
-Beste, Das: Geheimnisse und Heilkräfte der Pflanzen -
Verlag 'Das Beste' - Zürich
-Binz/Becherer: Schul- und Exkursionsflora - Schwabe + CO. Verlag, Basel
-Braun, H.: Heilpflanzenlexikon - Gustav Fischer-Verlag, Stuttgart

-Clausen Anke/Riedel Martin: Plastisches Gestalten in Holz -
Mellinger-Verlag, Stuttgart

-Fischer Susanne: Blätter von Bäumen - Irisiana-Verlag
-Furlenmeier, M.: Kraft der Heilpflanzen - Ex libris Verlag, Zürich

-Genzmer Felix: Die Edda - Eugen Diederich-Verlag, Düsseldorf
-Gessner/Orzechowski: Gift- und Arzneipflanzen von Mitteleuropa -
Universitäts-Verlag, Heidelberg
-Gruyter, de: Pschyrembel 1975 - de Gruyter, Berlin
-Guggenbühl Paul: Unsere einheimischen Nutzhölzer -
Verlag Stocker-Schmid, Zürich

-Heiss Erich: Wildgemüse und Wildfrüchte - Dr. J. Herp GmbH, München
-Hildegard v. Bingen: Heilmittel 3. Buch Von den Bäumen; übersetzt von
Dr. phil Marie-Louise Portmann; Übersetzung des Pariser Textes und der
Handschrift von 1533 - Basler Hildegard-Gesellschaft, Basel
-Hunius, C.: Pharmazeutisches Wörterbuch - de Gruyter, Berlin

-Irion, H.: Drogistenlexikon Band I u. II. - Springer-Verlag, Berlin

-Krumm: Magie der Duftstoffe - Verlag R. Schikowski, Berlin
-König, R.: C. Plinius Secundus d. Ältere, 'Naturkunde' -
Heimeran-Verlag, Tübingen

-Levi, Eliphas: Transzendentale Magie Bd.I. u. II. - Ansata-Verlag, Interlaken

-Mabey Richard: Bei der Natur zu Gast, Heyne-Verlag, München
-Madaus Gerhard: Lehrbuch der biol. Heilmittel 3 Bände -
Georg Ohms-Verlag, Hildesheim
-Maureen/Boland Bridget: Was die Kräuterhexen sagen -
Deutscher Taschenbuch-Verlag, München
-Mercantante Anthony: Der magische Garten - Schweizer Verlagshaus, Zürich

-Papus: Die Grundlagen der okkulten Wissenschaft - Ansata-Verlag, Interlaken
-Parey: Bäume - Verlag Paul Parey, Hamburg

-Scheffer Mechthild: Bach-Blütentherapie - Kailash Buch, München
-Surya, G.W: Die verborgenen Heilkräfte der Pflanzen -
Hermann Bauer-Verlag, Freiburg i. Breisgau

-Udupa/Tripathi: Natürliche Heilkräfte - Ex libris Verlag, Zürich

-Valnet, J: Aromatherapie - Paul Kart Verlag, Lausanne

-Weiss, R.F.: Lehrbuch der Phytotherapie - Hippokrates Verlag, Stuttgart

-Zimmermann, W.: Homöopathische Arzneitherapie -
Verlagsbuchhandlung Johann Sonntag, Regensburg

Zeitschriften

Blumen und Garten - Gesammelte Ausgabe 1975/1976 - Orbis Verlag, Hamburg
Biologie in unserer Zeit - Verlag Chemie, Weinheim
Chrüteregge - Verlag Chrütteregge AG, St.Margrethen
Medizin in unserer Zeit - Verlag Chemie, Weinheim
Pharmazie in unserer Zeit - Verlag Chemie, Weinheim

Stichwortverzeichnis

396

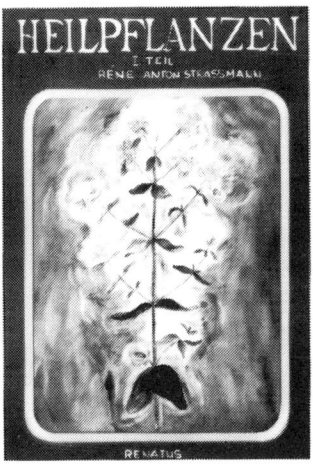  

«Jeder wird die Pflanze finden, die ihm am nächsten steht. Damit beginnt eine grosse Entdeckungsreise zu Gesundheit, Liebe und Harmonie». R.A. Strassmann

Das umfassende, dreiteilige Arbeitsbuch von R.A. Strassmann bietet eine grundlegende Einführung in die Heilpflanzenkunde, die an Klarheit und Vielfalt ihresgleichen sucht. Die in ihrer Ausführlichkeit erstmalige Schilderung von über 100 einheimischen Pflanzen ermöglicht dem Leser, das Wissen unmittelbar in die Praxis umzusetzen und eigene Erfahrungen zu sammeln.

Band 1 - Einführung und Grundlagen, 176 Seiten mit 12 farbigen Abbildungen. Preis: Fr. 18.–

Band 2 - Esoterische Pflanzenheilkunde, 400 Seiten mit 44 farbigen Abbildungen. Preis: Fr. 26.80

Band 3 - Was ist Heilkunde? 350 Seiten mit 55 farbigen Abbildungen. Preis: Fr. 26.80 (erhältlich ab Frühjahr 1984)